■ 和红 著

社会长期照护
保险制度研究
范式嵌入、理念转型与福利提供

经济日报 出版社

图书在版编目（CIP）数据

社会长期照护保险制度研究：范式嵌入、理念转型

与福利提供／和红著 . —北京：经济日报出版社，

2016.12

ISBN 978-7-5196-0051-8

Ⅰ . ①社… Ⅱ . ①和… Ⅲ . ①老年人—护理—医疗保

险—保险制度—研究—中国 Ⅳ . ①F842.684

中国版本图书馆 CIP 数据核字（2016）第 294295 号

社会长期照护保险制度研究：范式嵌入、理念转型与福利提供

作　　者	和　红
责任编辑	杨保华
出版发行	经济日报出版社
地　　址	北京市西城区白纸坊东街 2 号（邮政编码：100054）
电　　话	010－63567683（编辑部）
	010－63516959　83559665（发行部）
网　　址	www.edpbook.com.cn
E － mail	edpbook@126.com
经　　销	全国新华书店
印　　刷	北京市媛明印刷厂
开　　本	710×1000 毫米　小 1/16
印　　张	16.25
字　　数	254 千字
版　　次	2017 年 2 月第一版
印　　次	2017 年 2 月第一次印刷
书　　号	ISBN 978-7-5196-0051-8
定　　价	50.00 元

《华侨大学政治与公共管理学院丛书》总序

蔡振翔

经过几个月的紧张筹备，《华侨大学政治与公共管理学院丛书》第一批一共四种学术著作，即将隆重推出与广大读者见面，丛书中的其他学术著作也将陆续编辑出版，我们的心里感到无比高兴。

华侨大学政治与公共管理学院历史悠久。1960 年华侨大学创办之后不久，就在 1962 年设立了政治系，是华侨大学最早成立的院系之一。先后经历了政治系、社会科学系、国际经济系、人文社会科学系、人文与公共管理学院等不同发展阶段。到了 2009 年 9 月，学校对部分文科院系进行调整，重新组建了公共管理学院，并与思想政治理论课教研部合署办公。2012 年学校成立马克思主义学院，原思想政治理论课教研部的职能划归马克思主义学院。2015 年 11 月，根据学院的实际情况，公共管理学院更名为政治与公共管理学院。

目前，政治与公共管理学院涵盖了政治学与公共管理两个一级学科，拥有政治学二级学科博士学位点、政治学一级学科硕士学位点、公共管理二级学科硕士学位点、公共管理硕士（MPA）专业学位点，拥有公共事业管理、行政管理、土地资源管理、城市管理四个本科专业，具备了从本科教育到博士教育的完整的人才培养体系。包括 MPA 研究生在内，目前政管学院的在校生将近一千五百人。

我一直认为，一个学院的生存与发展，一共有三个关键问题。首先是环境。作为大学，通常有两大任务，一是培养人才，二是学术研究。学院工作也是如此，只不过是更加具体化而已。华侨大学政治与公共管理学院拥有政治学与公共管理两大学科，这样的学科背景，导致我们特别推崇据说是出自明代顾宪成的那幅名联："风声雨声读书声，声声入耳；家事国事天下事，事事关心"，把它作为座右铭，希望政管学院的师生都能有忧国忧民的人文关怀、自由开放的精神风貌，树立起应有的人生观和价值观；其次是制度。也就是说，一定要建立起一套规范的教学、科研及其管理制度。政管学院在学校有关规章制度的基础上，结合学院教学、科研及其管理工作的实际情况，陆续出台的十几项配套的规定或者措施，有的直接照搬学校的规定，有的比学校的宏观要求更加细化更有可操作性，有的比学校提出的要求还要更高一些，以鼓励教师从事教学、科研和服务工作的积极性；最后是目标。换句话说，学院在做好日常性程序性的工作外，既要有着长期的发展战略，又要制定近年应当达到的几个具体目标并且设法做到。可以说，经过全院师生的不懈努力，在教学、科研和管理等方面，政管学院都取得了十分可喜的成绩。

特别值得一提的是，长期以来，政治与公共管理学院重视对学生综合素质的培养，重视对学生专业知识的学习，重视对学生专业技能的训练，使得学生在走出校门时，具备了比较高的适应能力，可以应付遇到的各种困难与问题，而这一切，有赖于政管学院拥有一支结构合理、富有创造力、大多数为中青年的教师队伍。多年来学院科研工作一直保持着良好的发展态势，各级各类科学研究项目、论著、奖项在全校一直位居前列，形成了通过科学研究的深入开展，进而提高教学质量教学水平的政管学院特色。

为了更好地交流研究成果，促进学术的进步与繁荣，我们编辑出版了《华侨大学政治与公共管理学院丛书》。丛书收录的都是政管学院在职教师的学术新著，内容涉及到政治学、公共管理学的方方面面，观点新颖，内容丰富，论证翔实，体现出政管学院的研究水平、重点及其特色。丛书中肯定有这样或者那样的缺点与错误，敬请海内外专家予以批评指正。

蔡振翔

2016 年 10 月 22 日晚八时于山阳馆

作者简介

蔡振翔，华侨大学政治与公共管理学院院长、教授，兼任台湾民主自治同盟第八届、第九届中央委员会委员、福建省第十一届、第十二届人民代表大会常务委员会委员等职。

目　录

第一章 引言

第一节 研究的缘起

我国人口老龄化正处于加速且高龄化的趋势，特别是在社会结构变迁、家庭功能改变引致家庭照护功能逐渐势微的情况下，老年及其他年龄组人口的照护需求性风险的满足已无法完全由家庭担负责任，亟需在统筹国家社会资源基础上建立稳定化且可持续的长期照护制度，以降低照护提供者个人或家庭的社会成本，提供符合照护需求者的人性生活环境，满足民众的需求。

一、高龄化、失能化催生了长期照护需求

我国近年来老龄化现象异常严重。我国第六次人口普查的数据显示，截止到 2010 年 11 月 1 日，我国大陆人口 60 岁及以上人口为 1.78 亿人，占总人口的 13.26%，65 岁及以上人口为 1.19 亿人，占总人口的 8.87%，与 2000 年"五普"数据相比，老年人口增加了 4753 万人，比重上升近 3 个百分点。[①] 2012 年我国劳动力资源总量首次出现了绝对下降的情况，日益加剧的老龄化对我国未来的社会养老保险和老年社会福利服务提出了严峻的挑战。人口结构加速老化会带来老年生活维持问题、医疗费用支出问

[①] 第六次人口普查数据，http://www.stats.gov.cn/tjsj/pcsj/rkpc/6rp/indexch.htm，访问日期：2015 年 10 月 12 日。

题及老年照护问题等多种社会问题，其中，医疗费用支出问题已有社会医疗保险制度来调控，生活维持问题也由社会养老保险制度和社会福利项目来解决，而老年照护问题目前虽已着手开始制度设计，但是制度取向并不明确。我国老年人口的急速增加需要重新思考社会给养结构与资源配置。

老人的年龄增长必然会伴随着各种身体功能退化。罹患各种慢性病的机率增高，2008 年第四次卫生服务调查结果显示，我国 60 岁及以上老年人口两周患病率平均为 43.2%，慢性病患病率为 43.8%。① 这表明有近一半的老年人未达到健康状态或者经常患有疾病，这对他们的正常起居和生活质量产生了严重的影响。研究显示，虽然人类总平均余命增长，但由于采用先进医疗技术来控制老年人的慢性病与致命性疾病，增加了非致命性的疾病与身心障碍状态的发展，因而，也就造成老年人口身心障碍比例与平均身心障碍余命将持续增加，而平均身心障碍余命的增加，最直接的影响就是照护的需要增加。因此，疾病性能的慢性化引致了长期照护需要的增加。传统上，长期照护被视为个人家庭的责任，但因长期照护所牵扯范围非常广泛，包括保健、医疗、社会支持及财务等范围，随着家庭功能式微，照护人力减少，使得老年人口的照护成为社会问题，而不简单是家庭的责任。

二、家庭功能式微，社会安全网络亟需重整

随着家庭规模缩小，工业化和城镇化的推进，我国老年人的居住安排正在发生很大变化，这些变化使得传统的家庭对老年人照料功能逐渐弱化。2011 年中国健康与养老追踪调查（CHRLS）数据显示，无论农村还是城市，与儿子共同居住的比例比"五普"数据显著降低，其中，农村中与儿子居住的比例为 39.9%，城市与儿子居住的比例仅为 30.0%；与此相对应的是，与配偶同居或独居的比例则显著提高，城市中与配偶居住的比例 35%，独居的比例为 16.8%；农村中与配偶居住的比例为 29.24%，独居

---

① 卫生部统计信息中心. 2008 中国卫生服务调查研究［R］. 北京：中国协和医科大学出版社，2009：107.

的比例为 15.6%。① 与配偶居住或独居的显著增加是我国老年居住安排的一种长期倾向，独立的生活空间可以避免由于代际冲突造成的家庭矛盾，提高老年人介入子代家庭的弹性，维护老年人对自身生活的控制权；但是也有消极的一面，独立居住也为老年照料带来较高的照护风险。独居的老年人中，虽然来自子女或子女配偶的照料依然是主要的照料来源，但有32.4%的老年人在遇到困难时得不到任何帮助；与配偶一起居住的老年人中，配偶是最重要的照料来源，比例达到 65.3%，其次是子女或子女配偶，比例为 11.6%；与儿子或女儿居住的老年人中，子女或子女配偶是最主要的照料来源，比例为 59.9%和 67.2%；与子女以外的其他亲人同住的老年人中，配偶、子女或子女配偶为照料的主要来源，比例为 60.2%。② 如果老年人选择居住在养护机构，则长期照护费用对很多家庭而言是项沉重的经济负担。未来老人照顾与安养的问题已无法由家庭来负担，且传统上以家庭为中心的社会安全网络，亦逐渐失去保障老人的功能，而补足老人照顾需要的部分，则有赖医疗与社会福利系统来替代，如医院、安养机构、保险机构。

三、碎片化的照护供给现状，需整合资源建立社会照护制度

面临着巨大和紧迫的照护需求，我国老年长期照护亟待制度化设计。"制度化"意味着面向全体成员，并具有完整的筹资、覆盖范围、给付方式、服务递送机制、支付标准、质量监督和政府责任等内容的统一规定。从这一完整的制度体系来看，我国老年长期照护还未形成完整的制度。我国现有的老年长期照护的政策主要是针对困难老人的最基本需求，属于社会救助的范畴，如农村的无法定赡养、抚养义务人的居民和城市"三无"

① 王晶，张立龙.老年长期照护体制比较——关于家庭、市场和政府责任的反思[J].浙江社会科学，2015（8）：60-68.
② 王晶，张立龙.老年长期照护体制比较——关于家庭、市场和政府责任的反思[J].浙江社会科学，2015（8）：60-68.

老人可依据五保供养条例，通过集中供养方式免费入住公立养老机构或以分散供养方式获得现金补助。前者相当于实物给付，后者是现金待遇，无论何种形式，待遇仅相当于社会救助的水平。除了这些特殊人群外，其他老年人的长期照护问题还没有制度性的应对方案。

我国老年社会福利立法整体滞后，并没有颁布综合的《社会福利法》，现有的《老年人权益保障法》约束效力不够，这也势必造成政府、企业、非营利组织和个人及其家庭在老年社会福利供给上功能定位模糊。我国现有的护理服务和养老服务主要由医疗卫生部门和民政部门来提供，城乡慢性病患者接受的门诊、住院治疗的费用通过城镇职工基本医疗保险，城镇居民基本医疗保险（隶属于人力资源和社会保障部），新农合（隶属于国家卫生与计划生育委员会）给付，而一些特定慢性病预防筛查与保健服务则由基本公共卫生体系通过国家财政来承担。服务体系相互割裂，服务链条断裂。缺乏整合卫生服务提供的设计、高程度的专业分工及细化的专业服务模式，导致卫生服务提供机构在注重服务供给效率提升的同时忽略了居民获取服务的整合性、综合全面性。割裂的卫生服务体系无法给老年人提供连续的卫生服务，老年人所需要的预防服务、疾病诊疗服务、康复服务和养老服务分别由不同类型、不同层级的机构提供，机构间缺乏协作，患者信息不能共享，服务链条的割裂产生了严重的问题。

第二节　国内外相关研究

一、国外研究

（一）制度变迁与制度选择

作为最早建立社会模式的长期照护制度的国家，德国的制度建立过程成为国外学界研究的典型样本。迈耶（Jo rg A. Meger，1996）在《通往护理保险之路》中，从政治学的角度详细描述了德国长期照护保险制度的争论，采用博弈论分析政党体制框架和政党政治，将社会经济与以博弈人为核心的解释性变量结合起来，对长期照护保险制度争论的不同阶段进行分析。他认为在长期护理保险制度的政策讨论中，社会经济压力和强大的利益集团的相互作用发挥着重要影响。哥廷（Ulrike Götting）与之不同，哥廷等对自组合解释中赋予社会人口因素过高的权重，从对长期照护制度起源的分析可得，在分析社会政策扩展的决定因素中，任何社会经济的视角都是不可靠的，德国动辄否决的政治体制（否决政治）尤其是强大的两院制（联邦参议院和联邦议院），强化了政党之间一致性的研究倾向，长期照护保险制度设计的路径具有路径依赖特征。格策（Ralf Götze）等基于财政政策和社会政策的交互作用分析德国长期护理保险制度的产生历程，提出该制度的建立是社会政策伪装下的财政政策的结果，且两大政策的紧张关系仍为现有冲突的根源。

长期照护制度体现了福利多元主义的理念和传统。Evers 和 Olk（1996）在福利多元组合理论框架下提出，照护政策应当在不同部门间创造出一个协同组合以使各部门优势互补，将国家责任、家庭照护潜力、各种类型服务提供者（包括公共性质的、非营利性的、营利性）结合在一起，实现以用户为导向的、有效率的长期照护体系框架。[①] Zimmer（2000）也支持照护提供主体的协同组合的理念，个人社会权利是由国家赋予的在风险状况下平等获得公共照护支持的权利，社会保险能够为由社会风险引致的照护依赖提供团结互助的政策工具，公共性、非营利性和营利性等多样化的提供者能够保障足够多的服务提供主体供自由选择。

在制度分析视角下，一些学者比较不同照护制度模式，并探寻不同模式的优缺点。由于对老年人长期照护风险属性的认识不同，各国在长期照护制度模式、界定各方责任以及公共支出规模上有显著的差异。Ann Reimat（2009）认为在三种属性（个人风险、社会风险、家庭风险）和四种福利体制（自由主义福利模式、社会民主主义福利模式、法团主义福利模式、家庭主义福利模式）下产生了社会救助型、国家保障型、社会保险

① Evers, A., & Olk, T, Welfare pluralism: From welfare state to welfare society. Opladen: WestdeutscherVerlag, 1996.

型和家庭保险型的四种照护制度模式。归纳起来，长期护理保险制度的选择取决于三个条件：首先，长期护理保险市场信息是否对称，如果信息对称，则长期护理商业保险市场不会失灵，这样政府也无须介入长期护理保险市场。其次，老年人的风险偏好程度如何，如果不考虑风险偏好，信息不对称带来的逆向选择或道德风险均能导致长期护理保险市场偏离最优状态。高风险的个体会选择更多的保险合同（Rothschild 等，1976），而长期护理保险市场私人信息是多维的，投保越多并不意味着风险越高（Finkelstein 等，2006）。第三，长期护理保险的替代品的作用如何，如果不存在替代品，即便信息不对称，长期护理保险需求也不会受到限制。S. Fouand 等（2011）认为高龄、失能、失智的老年人丧失消费者主权，无法对自己所接受的服务质量做出评价。因此，护理人员道德风险行为时有发生。居家护理或日常护理的角色极其重要。非正规护理付费早已被认为是解决长期护理市场道德风险行为的有效手段。老年人丧失消费者主权可能会引发护理人员的道德风险行为。在具体国别比较上，Gibson 和 Redftoot（2007）比较了德国和美国的长期护理融资、保障提供、家庭护理选择、护工服务质量等；Campbell 等（2009）比较了作为社会保险模式下的德国和日本制度框架上的差异。

（二）照护需求预测与筹资

国外学者对老年照护需求的研究较为成熟。Wittenberg（2001）认为宏观模拟模型（PSRU）可以用来预测照护费用支出在公共和私人之间的平衡，以及未来国内生产总值用于照护花费的比例，Malle（2006）发展了 PSRU 模型，利用规范分析方法考虑老年人服务的对象、内容和所需的成本。Hancock（2000）利用纳菲尔德社区护理研究组的照护费用微观模型，使用英国家庭资源调查数据，模拟了每个老年受访者在护理院接受护理时需要交纳的费用。Wieland（2013）模拟计算了有身体障碍老年人的健康赤字模型，并为免费获得服务的老年人预测出一种混合的、适度的开支，认为老年人全包式护理方案的人均护理费用最低。此外，一些学者讨论长期护理保障融资与相关政策（如储蓄、税收、经济增长等）的关系，如 Pestieau 和 Sato（2008）从家庭、市场和政府三个角度为长期护理设计了最优的税收转移政策。Comas-Herrera 等（2002）分析了依赖于非正式护理和个人负担的国家引入综合性长期护理保障体系产生的影响。Hemmi 和 Tabata（2007）检验了老年人长期护理融资决策和预防性储蓄动机之间的相互作用。Sevakakh 和 Walker（2007）检验了私人储蓄与美国医疗救助制度利用的关系。

（三）效果评估

这类研究主要基于实证方法考察现有长期护理保障制度的有效性。日本一些学者基于多种测量维度（如死亡率、功能状态、制度化、护理需求水平、营养状况和医疗负担）评估了各种正式服务，如家庭护理中家访，社区照顾中的日托、喘息停留和机构照护等服务，对受益者福利状态的影响。这些研究结果是混合的。Kuzuya M.（2006）的实证研究结论表明更频繁的日托服务的使用与较低的社区脆弱的成人死亡率相关，而 Naoki Ikegami（2010）的研究表明日间照护的效率的正相关更差一些。Tomita N（2010）喘息服务和日间护理服务的使用可以防止老年人被机构化或送往医院。虽然日照和家庭护理似乎对受益者的健康有积极作用，介护保险的总体影响仍然是不确定的。Arai Y（2004）使用双差分估计方法检验介护保险引入对受益者的主观健康状况或进行日常任务的能力，结论较为积极且显著。Finkelstein（2009）、Stone（2002）认为美国资格审查制的医疗救助制度会诱发个人的非理性行为（如为了被纳入救助体系故意花光资产），以及因资产审查而带来的官僚成本。

二、国内研究

（一）长期护理保险需求的研究

长期护理保险的需求与长期护理的需求是两个概念要明确区分。长期护理的需求与身体健康状况有关，而长期护理保险的需求与财务状况有关。老年人的健康状况直接影响老年人的长期护理需求（王新军、郑超，2014）。根据健康状况的不同，可将老年人分为健康的老年人和不健康的老年人，健康的老年人尽管年老，但依然可以为家庭和社会做贡献，属于老年人力资源开发的对象。不健康的老年人需要家庭和社会的帮助，需要"被养"和"被护理"，属于需要长期护理的对象。在不健康的老年人中，特别是失能、失智群体，对长期护理的需求最为明显。老年人的财务状况直接影响老年人的长期护理保险需求。老年人需要长期护理保险，是为了解决因失能、失智不确定性带来的财务风险问题（吕国营、韩丽，2014；景跃军、李元，2014）。这些不确定性包括长期护理时间的不确定和长期护理费用的不确定（吕国营、韩丽，2014）。长期护理时间的不确定包括老年人从什么时候开始需要长期护理和需要多长时间的长期护理。尽管黄匡时、陆杰华（2014）认为，我国老年人的平均预期照料时间为4—8年，其中男性为4—5年，女性为7年，但每个老年人所需要的长期护理时间仍不确定。长期护理费用的不确定是失能、失智老年人面临财务风险的主要原因（吕国营、韩丽，2014；王新军、郑超，2014）。这个不确定性是指一旦需要长期护理，护理费用可能极其高昂。失能老年人的护理费用是同龄全能老人的2倍以上（景跃军、李元，2014）。国内外有关长期护理保险需求影响因素的研究较多，但研究方法不同。荆涛等（2011）选取收入、利率、通货膨胀、社会保险支出4个变量运用对数模型进行线性回归分析长期护理保险发展的影响因素。而国外的研究明显不同，更多侧重某单一影响因素的具体分析，较少涉及所有影响因子的全面分析。

国内对于老年照护需求的研究起步较晚，主要通过问卷调查方法进行研究。黄成礼（2005）通过北京市调查数据得出60岁及以上老年人需要照护的比例为9.9%，80岁及以上的高龄老年人需要照护的比例超过1/3。2010年我国老龄科学研究中心开展的全国失能老年人状况专题研究数据显示，2010年末全国城乡部分失能和完全失能老年人约3300万，占总体老年人口的19.0%。其中完全失能老年人1080万，占总体老年人口的6.23%。戴卫东（2011）通过安徽、江苏两省调查，比较分析了经济相对发达和欠发达地区老年人照护需求的影响因素。也有部分学者通过构建模型预测老年人口规模来反映老年人照护需求。顾大男、曾毅（2006）测算出1992—2002年我国老年人口失能率年均下降1%。曾毅等（2007）运用多状态生命表法估算了老年人生活自理能力失能率和健康转移概率。蒋承等（2009）运用多状态生命表法估测了老年人的照料成本。朱铭来、贾清显（2009）根据我国老年人口特征并参照国外护理服务的标准，测算出未来我国老年长期照护需求数量、总费用开支。此外，还有学者利用 Markov 模型预测老年照护费用。彭荣（2009）用美国长期照料调查（NLTCS）中的失能率和状态转换率，测算了我国 65 岁及以上老年人口护理费用的精算现值。何文炯、洪蕾（2013）利用该模型提出失能状态转移概率和失能状态转移强度的计算方法。魏华林、何玉东（2012）对我国 2010—2050 年的长期护理保险供给进行了动态测算，结果显示，基于政府保障能力和个人支付能力的筹资机制是可行的，甚至完全基于个人支付能力的筹资机制也有一定的可行性。

（二）制度框架的共鸣与争论

关于我国长期护理制度的选择，国内学术界已经达成共识（吕国营、韩丽，2014）。我国长期护理制度应采取保险模式而不是福利模式。与福利模式相比较，保险模式更加强调市场机制的作用，与十八届三中全会精神高度契合。相比而言，商业保险以盈利最大化为目标，保费相对高昂，覆盖面较窄。社会保险不追求经济效益，无需核保，采取强制参保方式，覆盖面更广。有关我国长期护理保险制度的选择，国内学术界观点也有 3 种：一是以社会保险为主体、商业保险作为补充（吕国营、韩丽，2014；荆涛、谢远涛，2014；朱铭来、贾清显，2009；戴卫东，2012）。这种观点主要认为社会保险可以解决长期护理保险市场的逆向选择问题。二是采取商业保险模式（王新军、郑超，2014）。这种观点主要认为社会保险会给企业和政府带来更大压力。三是少数学者建议采取过渡型长期护理策略，作为基本医疗保险的补充在尚未建立长期护理保险制度时，采取"家庭医疗保险包"（过渡型策略），将老年长期护理作为基本医疗保险的补充，这一方案看似可取，实则忽略了制度依赖。一旦长期护理保险制度出台，"家庭医疗保险包"制度被替换，我国社会保险制度将面临较大的转制成本。前两种观点的分歧在于长期护理商业保险的覆盖面问题。支持以社会保险为主体的学者认为，商业保险覆盖面无法解决人口老龄化背景下的长期护理保险需求；支持仅采取商业保险的学者认为，商业保险的逐步发展会扩大其覆盖面，并降低企业和政府的压力。

第三节 研究思路与研究方法

一、研究思路

本书主要在结合国内外已经实施多年的长期照护保险制度的经验基础上，针对长期照护保险制度实施中可能遇到的问题，以及我国老年长期照护制度发展的动向，提出建立我国社会长期照护保险制度的制度框架和运行方案。因此，本书的一条思路是"由外及里"，深入解析代表性国家的社会长期照护制度模式，揭示多样性选择背后的照护制度的起源、运行规律和适用性条件，在此基础上，分析我国长期照护制度的选择，并提出我国长期照护制度的框架性建议。德国作为世界上一个立法实施社会长期照护保险制度的国家，社会长期照护制度已经运行了20多年，依靠良好的制度设计，该制度体系实现了包括受益面的全覆盖、照护质量保证、基金财务的可持续性等多重制度目标。依据德国制度建设经验，日本和韩国在充分考虑自身政治社会文化条件基础上，选择了适合自身发展的制度模式和管理机制。中国和日本、韩国长期护理政策建构的背景较为相似，都深受儒家文化深刻影响，且人口和社会结构方面也有许多相似之处，在社会保障制度设计和实施方面都带有政府强烈干预的色彩。故而，探讨德国、日本、韩国长期照护制度变迁及其经验，进而分析其长期照护制度的变迁路径、动力机制、发展趋势，可为我国社会化长期护理保险政策的出台提供借鉴参考。

另一条思路是，也是贯穿全书的主线，采用制度分析范式分析社会长期照护制度的发展轨迹和变迁动因。制度分析一般泛指以制度演进为对象，普遍联系政治、经济、社会、历史和文化等因素，综合分析制度演进轨迹与规律的一种研究视角和研究方法。制度分析方法的核心在于，不是以任何孤立、抽象和静止的视角来看待社会制度，而是从联系、具体和发展的观点来审视制度及其变迁。事实上，制度分析方法的意义就在于提供一种新的、有别于近代工具理性思维方式的、强调历史分析、总体分析和人文传统的分析框架和方法论原则。制度是一个社会行动的规则，其中，嵌入背景（理论范式）、理念转型（执政纲领）、规则内容（社会政策）是制度分析不可缺少的要素内容。采用制度主义取向分析社会长期照护政策创新发展，主要包含对长期照护制度基本要素的研究，长期照护制度嵌入的理论范式，形成的理念和政策规则结构，制度的具体运行（照护服务的提供的具体管理机制）。

二、研究方法

根据研究需要，本书主要采用以下五种研究方法：

第一，制度主义研究方法。以道格拉斯·诺斯及科斯为代表新制度主义经济学研究者们将制度研究作为解释经济增长和发展的重要原因。社会政策的研究者们借鉴制度经济学家的研究成果将制度分析放置于公共福利和公共政策的发展中，并认为政府机制和政府干预是增强人们福利的有效途径。梅志里（Midly）指出，"制度主义最基本的一点是社会福利通过政府机制可以最大限度地加强……相信社会需要应该通过一系列法定干预达到……制度主义的社会政策和项目有下列特性：法定权威、公共拨款、科层化指示和广覆盖性。制度演进是制度主义研究中的重要议题"。[1] 在前工业社会、工业社会及社会转型过程中，社会保障制度体系也在满足不同成员需要、社会需要、政治需要、经济需要中有表现着不同的制度模式安排。不同的制度模式既表现不同时代赋予的合理性，同时在制度变迁的过程中也会存在某种制度变迁的路径依赖。因此，发现国外长期照护制度变迁的规律具有较强的学理意义。

第二，时间序列分析方法。对于以制度为分析单位的研究来讲，往往需要跨越较长的时间和空间维度进行研究。时间序列分析方法体现了纵向研究的时序性特点并侧重于过程分析，能够通过长期的纵向历史性考察为

---

[1] Midgley, J. The Institutional Approach in Social Policy. In Midgley, J., Martin B. & Livermore, T. M. (eds). The Handbook of Social Policy. Sage Publications. 2000：365.

社会现象提供因果解释，这对于解释型研究而言是一个较好的分析方法。

第三，文献研究法。关于长期照护保险制度的制度架构文献较多，且形成了许多有价值的研究成果。但是对于制度的管理机制、管理流程以及管理人力配置等福利供给实际运行分析的文献寥寥。笔者在研究过程中，通过各种渠道，如相关专著、期刊文献材料、统计年鉴数据资料、相关政策法规，及德国、日本和韩国的政府网站资料，以深入分析长期照护制度的具体运行，为我国长期照护保险制度的建构提供新的理论成果和实际经验借鉴。

第四，比较研究法。比较研究法是指按照一定的标准对某一具体事物对象的相似性或差异性进行分析的方法。一是在对国外长期护理保险制度的制度框架和管理机制分析，以不同国别角度出发，比较不同国家制度设计差异的原因及其优缺点；二是以纵向时序角度出发，比较不同时期长期照护政策的异同及变迁动因，以找出长期照护政策的发展趋势；三是以不同的人群角度出发，比较不同群体间享受社会长期照护保险制度的公平性状况，为从公平效率视角出发构筑社会长期照护保险制度提供有益思路。

第五，实地调研法。为了掌握一手数据和材料，笔者在青岛调研了各种类型和各种等级的护理服务提供机构，并对主要负责人和相关从业人员进行了访谈，以找出我国长期护理制度试点过程存在的问题，为后续政策调整明确方向。

第四节　核心概念的界定

一、长期照护、医学护理和养老服务的异同

美国健康保险学会对长期照护（护理）给出了明确定义："在一个比较长的时期内，持续地为患有慢性疾病，如早老性痴呆等认知障碍或处于伤残状态下，即功能性损伤的人提供的护理。它包括医疗服务、社会服务、居家服务、运送服务或其他支持性的服务。"世界卫生组织认为，长

期照护是指由非专业照料者（家人、朋友或邻居等）和专业照料者进行的照料活动，以保证自我照料能力不完全的人的生活质量、最高程度的独立生活能力和人格尊严。这两个定义都强调长期护理的目的是对患慢性疾病或丧失日常生活能力的人进行修复和修补，并不是指治愈疾病或保全生命。这就是长期照护与医疗护理的显著不同，医疗护理的目标是改善服务对象的身体状况，使其康复或病情好转；而老年人的长期照护是尽可能长时间维持服务对象的身体现状，使其不向更坏的方向发展，这主要是因为老年人的许多慢性疾病通常具有不可逆性。

日本称照护为"介护"。1987 年日本制定的《社会福祉士和介护福祉士法》第 2 条中，把介护定义为支援入浴、排泄、饮食等一系列生活行为，满足人类基本生活需求。《社会福祉实践方式》（1991 年）把介护的对象定义为，由于老龄和身心障碍而难于进行日常生活的个人。介护的内容，以专业支援他人为基准，确保身体、精神、社会三方面健康发展，满足需要介护者生活自立为目的，在日常生活中进行援助，具体为援助日常生活、家事、健康管理及社会活动等。根本博司（1993）提出介护内容重点是帮助照顾身体不便者做饭、购物、清扫、清洗，包括日常生活及社会生活功能方面。金井一熏（2000）指出，介护的内容是通过与生活相关、支援健康的行为，增进现有的健康状态，增强生命力（包括死亡的过程中更接近于自然死亡），最大程度发挥其自身能力，促进生活自立和生活质量的提高。

长期照护旨在为失能、失智或半失能、半失智等失去或缺乏生活自理能力的人提供支持性服务，尽可能持久地维持和增进患者的生理机能，保证其生活质量。理论上，老人长期照护重在照料（照顾）以维持服务对象现状，延缓失能进度；医疗护理重在治疗，目的是通过医疗手段摆脱疾病和失能状况。

从需求内容看，养老服务可简单地概括为三个方面内容，即生活照料、健康保健和精神服务。这三个方面的服务既是机构养老所需要涵盖的内容，也是居家养老、社区养老所需要满足的项目。具体来说，生活照料一般包括家政服务（打扫卫生、洗衣等）、就餐服务、个人卫生服务（理发、洗浴）、购物服务等；健康保健一般包括健康知识普及、体检、紧急就医服务、陪同就医服务、康复护理、临终关怀等；精神服务一般包括日常文娱活动（跳舞、唱歌、棋牌等）、日常文化活动（图书报纸阅览、书法、绘画等）、日常体育活动、节日慰问、聊天、心理咨询、法律咨询等。

从长期照护、医疗护理和养老服务的内容来看，老年长期照护实际上是将社会服务与医疗服务综合起来的服务体系，而且服务对象特指失能、半失能的老年群体。但是，长期照护中的医疗护理建立在病患的老年人医疗需求已经达到稳定性基础上。因此，老年长期照护服务项目和服务对象应当是分层的。按照独立生活自理能力由大到小，老年长期照护可以分为以下四个层次（见图1-1）。由于老年长期照护需求的分层次性，这就要求对照护服务使用者进行事前的需求评估。

一是专业护理。主要面向完全失能的老年人提供全天候护理，除了上述的各种生活照护和基础照护以外，精神慰藉和医疗手段都很重要。

二是基础护理。主要面向失能程度较高的老年人提供洗澡、上下床、翻身、用药管理、伤口包扎、注射、康复等辅助医疗型服务。

三是生活照顾。主要面向失去部分生活自理能力的老年人提供做饭、洗衣、打扫、保健、锻炼、室内活动、陪伴等协助型活动。

四是社会服务。主要是面向独立活动能力较强的老年人提供娱乐、旅游、理财、交友、购物、交通、餐饮、社会活动等自理型服务。

图1-1　长期照护分为四个层次

资料来源：张盈华.老年长期照护：制度选择与国际比较［J］.北京：经济管理出版社，2015.

二、照护需求性与照护需要风险

所谓照护需要风险是指个人因生理的、精神的或心理的疾病或障碍，对于其寻常的、规律的日常生活起居造成影响，以至个人身体照料、饮食起居以及家务处理需要借助甚至依赖他人辅助。此种个人基本生活活动需要他人协助、辅助，才能够实现基本生活的状态，称为照护需要性。有此照护需要者，成为照护需要者（Winters，1996）。所谓照护需要风险制度化满足，是指通过民主法治原则及立法的过程，凝聚整个社会的共识，说服不同立场的团体、专业与民宗，架构有效的需要确认与保障的种种机制，建构具有实质权益含义的长期照护保障制度法律与适时有效的给付传递机制，形成照护需要的制度化保障体系，协助国民对抗照护需要风险事故。

与急性医疗保障与意外事故相比，长期照护风险事故在风险性质上有如下不同特征：

（一）照护需要性不是疾病，而是因生活自理功能丧失，长期需通过第三者协助辅助，才能维持其基本生活的继续。所以照护事故不是指疾病本身及其所需治疗与费用（这是健康保险或工伤保险保障的内容），而是功能缺失（包括日常活动及辨识沟通认知能力）。

（二）低发生率，但期间可能维持至生命终结。个人通常一生中面临一次照护事故，但可能持续到生命终结。相对而言，疾病是人们生活中经常可能面临的事故，故重复发生。几乎每个人在任何时候都可能生病且需要医疗治疗，相对而言，有一定比例的人可能终生不会发生照护需要性。

（三）个案平均费用高昂。从费用总额的角度来看，照护保险体系的总支出远比健康保障体系的总支出要少的多，如荷兰为六比一，德国为九比一左右。但是，就个案的平均费用而言，则照护费用要比医疗费用高出许多。

（四）照护需要性与年龄相关。与患病比较起来，照护需要性与年龄的相关程度较高，年龄越老，照护需要性越高。

（五）常不具恢复性，医疗处置具有有限作用。健康促进或预防行为对患病比对照护风险有较高的影响，疾病常具暂时可通过医疗处置行为恢复身心状态，而照护需要性常具不可恢复性，或仅得维持或延缓恶化，也因此使得照护需要性与医疗保险另一目标"康复"密切相关。在德国长期照护保险制度设计上，"复健"则列为优先照护给付的重要原则。有益健康行为有助于寿命延长，但是人类寿命到了一定年龄后，医疗作为人体机能老年本身的作用有限，因而提升照护需要性风险。

（六）照护需要常伴随慢性疾病或其他疾病同时出现。

（七）专业与实施领域不同。

医疗服务体系中的居家护理，实际上属于为应对各种疫病风险所提供的各种医疗性处置，即在居家服务定义上，包含了两种不同的风险：患病风险和照护风险。以此混淆的方式来探讨长期照护制度的建立将会造成制度保障目标的定义不明确、混乱，配合人口高龄化与家户结构转型趋势下，照护需要者数量也大幅增加，不但照护需要未能获得妥善照顾，甚至因制度混乱引起的社会不公与争议日益扩大。民政部门通过家庭经济调查形式，严格限制长期照护服务辅助接受者人数的增长，然而，长期照护的财务又非一般家庭所能承受，因而在长期照护需要无法被满足或支持的情况下，民众开始向不同的方向寻求支持，如一些失能老年人占用急性病床，采用医疗护理来满足其需要。

由于照护需要事故一生可能只发生一次，但此后可能相伴到老，故其所需的照护需要服务为长期性质，对个人及家庭均带来重大身心及财务压力。在未实施照护需要制度化满足的国家提供照护需要服务为个人或家庭责任，一旦照护需要事故发生，即个体或其家属负担照护服务的费用。此费用可能甚为庞大，个人或家庭往往无法负荷，或压力即为沉重；如果由家属自行照护，除非自家有剩余人力可以使用，即便如此，也会发生照顾儿童与照料老年人的竞争有限资源困境。而对无法匀出人力的家庭则可能在就业和照护中煎熬。照护需要性的满足常常并不只是照护需要是否获得满足而已，也牵扯到照护提供者，及其甚多无法估量的社会经济成本。更何况现行家庭机构小型化，独居少子的家庭越来越多，其满足照护需求能力远远不足。但建立长期照护制度对个人家庭而言，不是取代家庭的功能，而是补充或协助家庭功能的发挥。让照护需要者主观偏好以及客观家庭能力决定，意愿在家照护者能够在家照护，而通过制度提供的其他给付能够减轻家庭照护的负荷；但制度并不强制居家照护，主观不愿意或客观不能者，也能选择其他照护给付方式，满足照护需要。

三、长期照护保险与医疗保险的关系及分工

从长期护理保险的产生来看，其根源于长期住院和"社会性住院"造成的高额医疗成本支出。长期住院是指在医疗机构的住院时间超过 30 天，多数长期住院患者属于"延迟出院"，即疾病治疗后符合出院条件，但因

疾病康复需要、暂时未找到符合继续治疗的机构或者出院后家庭或者社区无法提供后续支持性治疗、康复，以及个人和社会等其他种种原因不愿出院，继续滞留医院。老年人长期住院现象突出，严重浪费医疗资源，降低医疗服务质量。这样，社会保险制度家族中的"老五"——长期护理保险应运而生。这项保险制度的面世，显然是为了解除医疗保险的危机。

从医疗保险到长期照护保险的变化过程大致为：一部分护理和康复服务逐渐地划归社会服务这一边，长期照料服务就变成了长期照护服务。这样，护理与康复也被分成了两个部分，一部分是医疗性质的护理和康复，一部分是生活照料性质的护理和康复。前者的目标是治愈和恢复，而后者的目标是维持和延缓。相应地，前者被划入成本较高的医疗服务，后者则被划入成本较低的社会服务。长期照护服务实际上是将原来属于医疗范畴的一部分服务划分出来，归到社会服务的范畴中。因为社会服务的经济成本和机会成本都大大低于医疗服务，长期照护服务就是用这样的方式帮助医疗服务。同样，因为有了独立运作的为长期照护服务筹措资金的长期照护保险制度，也减轻了为医疗服务筹措资金的医疗保险制度的沉重负担。

长期护理通常是指老年人长期护理，周期通常较长，一般可长达半年、数年甚至十年以上，护理费用高昂。1988年有学者研究伤残老人护理的费用筹资和费用补偿问题（Alice等，1988）。较多是利用保险的大数法则机制分散老年人长期护理费用支付的风险。美国健康保险学会认为，长期护理保险是为消费者设计的，对其在发生长期护理时存在的潜在巨额护理费用支出提供保障。美国寿险管理协会和科隆通用再保险公司等也对长期护理保险进行了定义。纵观国内外机构与学者观点，长期护理保险是对因年老、慢性疾病等导致生活部分或完全不能自理的老年人的护理费用进行的一种补偿。

第二章　社会长期照护保险制度改革：
福利多元主义的范式嵌入

第一节　福利多元主义与长期照护保险契合

一、福利多元主义的哲学基础与理论内涵

福利多元主义（Welfare Mix）与北美大陆复兴的社群主义在哲学基础具有一定"相似性"。20世纪80年代社群主义开始在英美文化中复兴，且与当时对"福利国家"的批判思潮具有一定联系。传统的福利国家理论认为，福利国家产生于工业化和城市化的进程中，传统社会角色如家庭、家族、行会、职业协会及教会功能性衰退使得社会出现了"福利真空"。在传统社会角色式微的过程中，国家的福利供给地位日益重要，福利国家逐步取代了家族、部落和行会的角色，主导福利产品的供给（Ullrich，2005）。社群主义对传统的福利国家观点进行了批判，认为"福利国家"的建立容易导致国家权力的扩张和异化，使得国家管制的范围日益扩大，这样，其对家庭和社会领域的全面介入容易引致国家公权对私权的侵犯。更为重要的是，福利国家的膨胀损害了社会自治的传统，削弱了家庭内部和社会提供福利产品的动机，削弱了公民社会以自治为基础的相互援助和情感纽带，也削弱了家庭内部有机联系的纽带。换言之，福利国家损害了公民社会的自治和自助精神，削弱了社会团结，而公民社会的自治才能真正体现社会的"善"，这一时期德国社会学家腾尼斯的"礼俗社群"的观点与之（Ferdinand Tnnies，1887）相呼应。社群主义在思想理念层面既反

对资本主义制度的个人主义，认为个人主义将社会置于一种"原子化"的局面，削弱了社会的整合；同时社群主义也批判福利国家，反对国家包办一切，尤其反对以"一元主义"理念为基础的福利产品的供给，认为福利国家从另外一个层面损害了社会的自治基础，提出了"重振社会"和"重塑社会责任和义务价值观"的观点（Chandhoke，2001）。以社群主义为基础，社会角色如非营利组织、教会和社会中间型组织被动员起来承担更多福利产品供给的社会责任。

福利多元主义继承社群主义对于福利国家"一元主义"倾向的批评，但在诸多层面与社群主义有所区别。福利多元主义并不否定国家在供给福利产品中的作用，但更多受到现代"社会功能分化"思想的影响，将国家视为政治系统的一部分，并将政治系统视作社会诸多子系统中的一个系统（Luhmann，1997）。福利国家并非高高在上、居于穹顶来干预一切的一个"利维坦"的角色，而是社会各子系统的分化使得现代社会更像一个"群龙无首"的"去中心化"的社会。社会系统理论认为，在社会功能日益分化的现代社会，政治系统仅仅是与其他社会子系统，如家庭、教育、科学、经济等一样相并列的一个平行存在的社会系统，而非一个主导社会其他子系统且以垂直关系为基础的中心系统。而福利国家不断扩张其对社会各子系统管理的边界，终将导致由于受限于福利国家自身"能力边界"，而在组织上和财政上不堪负荷，无法完成日益扩张却期望实现的社会福利目标，其他社会副作用也不断产生（Luhmann，1981）。

与社群主义相比较，福利多元主义的思想并不追求解构国家在福利产品供给中的角色，而是强调的是社会语意上的"多"，即"多元结构"取代了"一元结构"，"社会多中心主义"逐步取代了"国家中心主义"的观点，进而"福利混合"取代"福利国家"成为福利制度中的中心内涵。在"福利多元"和"福利混合"的理论流派中，一个基本的分析框架为：社会中不同的角色如国家公法权力体制、市场、社区、家庭、邻里、社会慈善福利组织和社会非营利组织等分别提供不同的社会福利产品，众多福利组织者发挥着协同作用来共同完成社会福利目标。

罗斯（Rose）是对"福利多元主义"进行清晰界定的第一人，他认为社会中的福利来源于家庭、市场和国家三个部门，三者所提供的福利形成了一个社会的福利整体，故也称为"福利三角"。德诺贝格（Chris de Neu-bourg）提出的福利五边形（Welfare Pentagon）的观点，认为任何一个家庭或一位居民在一个社会中可以获取多种社会福利的渠道，公权（国家）、市场、家庭、社会网络（如亲戚圈层和熟人朋友圈层）以及会员组织（如教会成员和其他社会组织的成员）都提供了福利产品的来源。一个家庭和一位居民可以从工作市场获得收入以增进个人福利，也可能从国家的社会福利制度那里获得养老金或是国家社会救济，当然也存在着从家庭、亲友和社会网络那里获得社会福利甚至财政转移支付的可能性，进而，作为协会和社会团体的成员，会员组织也可以为居民和家庭提供广泛的社会服务（de Neubourg，2002）。

伊瓦斯（Evers）将福利三角置于文化、社会经济与政治情境中，将三者具体地解构为对应的组织形式、投射的价值意涵和内生的关系结构。基于不同的组织形式，三者提供了选择与自主、平等与保障、团结与共有的价值内涵。市场、国家、社群和公民社会四种福利机制（见表2–1），分别相对应的是市场、国家、非正式和非营利领域，核心福利供给角色分别为企业、等级化的行政制度、家庭及社会网络和社会中间性协调组织，四个领域的核心价值基础分别为自由、平等、互惠和团结，其辅助的价值理念分别为福祉、安全、个人参与和社会政治的积极进取，通过这些机制获取福利的条件分别为：货币支付能力、作为合法公民的资格受益权利、预先赋予的角色和福利需求。可以说，伊瓦斯的研究使福利三角的研究延伸至实务领域，为西方国家解构自身的福利体系和制度架构提供了一个视野开阔的理论框架。将家庭上升为与国家、市场三足鼎立的福利供给制度是有失偏颇的，尤其是在国家—社会分界相对鲜明的西方国家，这也是后续学者进行拓展的出发点所在。

实现"多元"的具体途径为"分权"和"参与"。分权一方面意味着在福利领域中央政府将职权下方到地方政府；另一方面也暗含着诸种力量的"参与"，即将政府的福利责任分散到市场、邻里与小型组织中，使社会力量介入社会服务的制定与传输过程。两者交织并行，促成了政府范式向治理范式的转型，分权是减弱中央政府权力的有力途径，也是社会成员成功参与的前提条件，因为只有在一个集权分化的体制中，人们才能获得参与的空间；而参与是福利供给者与消费者在福利服务决策与传输过程中的共同介入。两者都暗含着反官僚与反专业的内涵，也部分地解释了福利多元主义的深远影响力。值得注意的是，福利多元主义并非倡导"小政府"，而是希冀形成由多元力量介入、参与的多元福利主体。尽管政府在福利供给方面的作用降低了，但它仍然扮演着积极且重要角色，如供给框架的界定与操作、良性发展条件的创造与维系、资源公正分配的主导与保障、资金来源的筹集与协调等。因此，福利多元主义所倡导的是一种整合各个福利主体的系统论观点。

表 2-1　多元主体在产品供给领域里的特征分析

机制	市场	国家	社群	公民社会
福利产品领域	市场领域	国家领域	非正式领域/家庭产品领域	非营利领域/社会中间领域
1. 行为协调准则	竞争	等级	个人责任	自愿
2. 核心集体角色（供给方）	企业	公共管理机关	家庭（邻居、扩散的亲戚网络、企业同事、朋友关系）	协会
3. 消费方的辅助角色	消费者、顾客	社会公民	社群成员（例如家庭、国家等）	协会成员/团队公民
4. 获取资格的规定	支付能力	合法及公民化的受益资格	预先赋予角色/合作	需求
5. 交换的媒介	货币	法律	尊重/重视	论据/沟通
6. 核心价值	（选择）自由	平等	互惠/利他主义	团结

机制	市场	国家	社群	公民社会
7. 其他标准	福祉	安全	个人参与	社会政治的积极进取
8. 主要缺陷	不平等，交易导致无货币支付能力的压力性后果	忽略少数群体的需求，限制人们的自由支配，弱化人们自我救助的动机	限制有道德义务而来的选择自由，排除非团队成员	待遇和产品分配的不平等分配，削弱管理和组织机构的效率

资料来源：A. Evers，Shifts in the Welfare Mix：Introducing A New Approach For the Study of ransformations inWelfare and Social Policy，in A. Evers & H. Wintersberger（eds.），Shifts in the Welfare Mix：Their Impact on Work，Social Services and Welfare Policies，Bloomington：Campus Verlag，1990，pp. 7~30.

　　伊瓦斯的福利多元主义认为每一种福利供给机制皆有优缺点，例如，使用货币虽可以立即购买福利产品，但不可避免地带来不平等的社会分配和社会排除效应等后果；国家公法机构的科层化官僚体制固然可以通过垂直的上下关系迅速提供福利产品，但无法满足社会多样化服务的需求，而且限制了服务利用者的支配自由，削弱了公民自我救助的动机；家庭固然可以提供以亲情为基础的照护服务，但归根结底家庭福利是以部落主义和互惠为基础，无法复制到整个社会，而协会组织提供的福利也难以完全保证服务质量和提供公共产品的有效性。福利多元主义恰恰观察到了多种机制相互交叠交叉、相互重合和相互取长补短的局面，各种机制的优势互补恰恰可以创造一种相互嵌入的新福利模式来提供社会服务。这也正是与一般强调福利多元角色与社会福利组织的"协同作用"不同的是，德国福利专家更加强调各个福利部门重合、交叠和相互交叉的局面，其核心思想基础在于，超越近现代以来西方深受黑格尔哲学影响所产生的对"国家"和"社会"的界限性区分，以及后来对"国家""市场"和"社会"的三元区分。

　　福利多元主义的理论目标是建立以"市场契约连带"为主体，辅以"家庭契约"和"社会契约"为补充的福利体系，突出强调公共部门、市场经济和公民社会间的相互联系，以缓解从"福利政府"的过渡到"积极的福利社会"（active welfare society）的转型成本①。这一"超越政府机制分配福利服务"② 建立在福利提供部门的交互组合过程中，其中公共服务可借助第三部门在本地联系和社会资本等方面的优势，第三部门的组织发展也依赖于政府的财政拨款和管制制度。③ 福利多元组合不仅能够充分发挥第三部门的潜力，以构建政府与第三部门间富有建设性的合作伙伴关系，而且能够客观评估公共服务财务成本，并防止经济目标优于社会发展目标④。但是各个国家具体的福利多元主义模式不同，法国是政府控制的福利组合；德国是分散的"社团主义"（corporatist）或"社会伙伴"（social partner）的社会福利系统；英国是自由的制度、独立的慈善机构和受政府领导的社会福利组合⑤。

二、福利多元主义理念符合长期照护制度建立与运行

与其他社会保险和社会福利政策相比，长期照护政策的理念定位、规则定位乃至实施执行都更为复杂，它不仅需要社会保险政策通常所需的缴费、支付、基金运作、监管等要素，也需要各种类型的组织和专业技术人才提供专门"照顾"和"护理"服务，具有跨行政边界、长期性和利益相关主体多层次性等属性。照护资源和照护政策的存在并不能直接带来政策

---

① Andreotti A., Mingione E. and Polizzi E, Local Welfare Systems: A Challenge for Social Cohesion, Urban studies, 2012, Vol. 49, No. 9, pp. 1925–1940.

② Spicker, P., Social policy: Themes and approaches, Bristol: Policy Press, 2008.

③ Evers, A., Mixed Welfare Systems and Hybrid Organizations: Changes in the Governance and Provision of Social Services, International Journal of Public Administration, 2005, Vol. 28, pp. 737–748.

④ Haugh, H. and Kitson, M., The Third Way and the third sector: New Labour's economic policy and the social economy, Cambridge Journal of Economics, 2007, Vol. 31, pp. 973–994.

⑤ Ingo Bode, Disorganized welfare mixes: voluntary agencies and new governance regimes in Western Europe, Journal of European Social Policy, 2006, vol. 16, No. 4, pp. 346–359.

对象获得福利，照护服务能否有效惠及居民受到诸多条件制约。长期照护服务体系不仅需要具备完整的照护政策框架，及周到细致的照护项目，并且也需要健全的照护服务传递机制，以及相应的有效协调与治理机制。从已经建立长期照护制度的国家来看，国家、市场、家庭和第三部门都在照护资金筹集、服务提供和质量监管中发挥着重要作用，但是四个部门在照护供给中发挥作用的范围、重要性、基本原则、规制形式上存在明显的国别差异，凸显了较强的建构特征。自由主义国家倾向于把家庭照料责任推向市场，以市场机制弥补家庭照料的不足，政府承担有限责任；社会民主国家最初倾向于以公立机构替代家庭照料功能，但是随着老龄化的加剧，这些传统福利国家或者在公立机构中引入市场机制，或者通过提供照护者津贴缓解公立机构的照护压力。照护体制是各国政治、经济、社会制度的结晶体，反映出一个国家特定的历史文化发展脉络，表达出特定的家庭—市场—国家的三角关系。福利多元主义在照护保险领域中的价值在于，致力于建构网络化的互动关系和制度体系，而不是单纯倚重国家—市场—社会中的某一方，开拓的立足于三方合作互动基础上的公民结社力量将有助于制衡政府与市场的勾连，从而真正保障公民权利的实现。

　　Evers 和 Olk（1996）在福利多元组合理论框架下提出，照护政策应当在不同部门间创造出一个协同组合以使各部门优势互补，将国家责任、家庭照护潜力、各种类型服务提供者（包括公共性质的、非营利性的、营利性）结合在一起，实现以用户为导向的、有效率的长期照护体系框架。[①]Zimmer（2000）也支持照护提供主体的协同组合的理念，个人社会权利是由国家赋予的在风险状况下平等获得公共照护支持的权利，社会保险能够为由社会风险引致的照护依赖提供团结互助的政策工具，公共性、非营利性和营利性等多样化的提供者能够保障足够多的服务提供主体供自由选

[①] Evers, A., & Olk, T, Welfare pluralism: From welfare state to welfare society. Opladen: WestdeutscherVerlag, 1996.

择。① 在长期照护供给中，福利多元组合倡导的是一种整合各个福利主体的系统论观点，每一主体通过自身的特定位置为个体提供有效福利，若所有主体完成各自的功能，整个结构就能呈现稳固的合作状态（见表2-2）。

表2-2　长期照护领域福利多元组合特征分析

	公共部门	商业部门	第三部门	非正规部门
基本内涵	政府的福利服务行动，建立了正式组织框架，并拥有决定福利项目范围和发展方向的权威和能力。	通过商业需求提供和动态竞争性手段分配社会资源，消费者的选择和竞争是保证质量和响应能力的最佳机制。	主要是基于群体团结和奉献的组织，被视为公共部门的补充，在许多方面可以优势互补。	由家庭、朋友、邻居和社区成员提供照护和保护，传统上为家庭内部成员构成。
准入原则	社会权利	现金交易	归属和合作	应得需求
协调基础	等级制度	竞争	个人责任	自愿奉献
基本价值	平等准入和社会保险制度上的团结互助	自由选择	互惠	团结与支持
存在缺陷	因反应迟钝而受到批评	不均匀的地理分布和覆盖面，以及个人选择不能保证民主方式的社会选择和社会优先事项。	因福利供给上的选择性和反应迟钝而受到批评。	照护质量很难得到保证

资料来源：Spicker, P., *Social policy: Themes and approaches*, Bristol: Policy Press, 2008.

---

① Zimmer, A., Welfare pluralism and health care: The case of Germany, In A. Zimmer (Ed.), The Third Sector in Germany, (pp. 95-115). Münster: University of Münster, 2010.

传统的福利多元主义视角所强调的提供、递送福利产品组织角色的"多样性"，与此类似，社会照护保险制度更显示出"多样性"的创新含义，社会照护保险制度中的受众——具有照护需求的失能人士可以从家庭照护、上门流动照护、住院式照护中选择不同的照护递送模式，甚至可以在照护递送的方式上根据主观愿望和需求进行组合式搭配选择，例如同时选定家庭照护和上门流动式照护或是同时选择半住院式照护、半居家式照护等。照护递送方式的多元选择和多元组合不仅为传统的福利多元主义带来了崭新视角，也可以为未来福利多元主义研究提供新理论路径和更宽阔的理论思维。

价值观念对政策过程的影响虽然常常是潜移默化的，但却不是可有可无或可以忽视的。无疑社会价值观念影响政策工具的选择，在某种意义上说，价值观念是以这样的方式来影响政治系统对政策工具的选择空间，即政治家会因为某种价值偏好而不自觉地将某些政策工具踢出可供选择的空间之外，而对另外某些政策工具却可能更为偏好。正如诺思指出的，正式的制度或规则可以即时改变，而非正式的规则却不会。在这之间出现差距、造成张力。人对制度变迁或规则变化的反应是一个极其复杂和缓慢的适应过程。思想和意识形态对于制度变迁来讲很重要，因为它们是对人头脑的约束。制度变迁要求规范、惯例和非正式准则的演进。社会长期照护制度改革或变迁与体制转型的过程，在这一漫长的过程中深深打上了"福利多元主义"的理念与范式。

第二节　德国社会长期照护制度的建立：福利多元主义内嵌于新公共管理

一、德国社会长期照护制度建立背景

德国长期照护保险制度产生，主要缘于 1995 年以前机构安置费用不断攀升，许多照护需求者难以支付机构费用，只能依赖社会救助协助。1994年约有三分的一的社会救助支出用于资助照护需求者，破坏了社会救助作为社会福利最后一道防线的功能，而社会救助主要有基层的社会福利局支付，这引致基层的财政不堪重负；此外，作为补充家属所提供的居家照护或尽量节省住宿型照护机构支出的社会服务站（soziale Dienst），在照护需求者逐渐增加的情形下，呈现供给不足。因而，立法者希望通过独立的照护保险来缓解不同的社会保障项目的照护负担，避免社会保障项目为长期照护这一本身制度之外的目标过度担责。

20世纪70年代初，德国开启了改革长期护理政策的讨论，当时共有社会保险制度、强制商业保险计划和基于税收制度三个方案可供选择。由于德国统一带来的高额财政负担，基于税收的制度被认为是不现实的，获得较少支持；自民党、雇主组织、私营保险业和巴登—符腾堡州，青睐商业保险方案，强调护理的个人责任；基民盟、社民党和大多数的工会组织，选择社会保险解决方案，强调社会保险方案中社会群体再分配的必要性。因私人保险保费取决于个人风险，使慢性病或失能者比健康者要缴交更高保费，因而，以私人保险方式推动长期照护保险，不被当时的立法者所接受；而以税收支付长期照护给付，将使长期照护给付的提供，受限于无法独立的财源。最后，政府成立由联邦州议会成员（社民党控制）和联邦社会事务部代表组成的工作组来制定政策。由于基民盟不断施压，自民党同意实施社会保险计划，但条件是社会保险中应强调个人责任和市场倾向。最终，德国长期护理保险融合了社会政策中强调个人保险责任和成本控制的传统。经历了近20年的政策与法律讨论后，最后决定以法定社会保险方式保障人民的照护需求性风险，并于1994年立法通过长期照护保险法，纳编于社会法法典第11篇。德国因此也成为世界上第一个将长期照护需求纳入社会保险政策领域的国家。

考虑保险给付的提供需备有相当的财力，德国长期照护保险给付采取分阶段方式实施。首先，由被保险人于1995年1月起开始缴交保险费，3个月后累积相当财力后，于当年4月开始实施居家照护。之所以先实施居家照护主要是因为，长期照护给付的方式有现金给付、实物给付与混合给付，现金给付提供于被保险人自己寻找照护人力的居家照护，保险人支付的费用较实物给付较低，因而，先实施居家照护对保险财务支出负担较轻。而在开办一年半后，累积更多财源后，1996 年 7 月开始实施机构式照护，至此，长期照护保险正式全面施行，并成为健康保险、年金保险、职业灾害/意外保险、失业保险之后，德国社会保险的第五支柱。

据统计，德国于 2010 年底约有 240 万长期照护需求者，预估 2030 年将达到 340 万人①，在总人口不断下降中长期照护需求者急剧上升。这样人口结构转型，使得照护服务与财源在后续的发展遇到严峻考验；选择居家照护方式的长期照护需求者约占所有照护需求者的 2/3，该照护工作多由配偶、子女或孙子女等家属负担，这些照顾者除对尽心尽责照护亲人外还需兼顾其他家人及职业，导致其身心受到耗损。因此，提升这类照顾者权益并实施相关保障措施，成了 2012 年修法重要原因。此外，在高龄人口中平均每两位女性或每三位男性即有一位可能罹患失智症，失智症患者比一般照护需求者需要更多的安全看视与引导②。在 2010 年底所统计的 240 万长期照护需求者中，即有约 90 万失智症患者③，而在所有人口里，失智症患者约占 1.45%，其中满 60 岁者约 16.80%，预估 2050 年失智症患者将达到总人口数 3.02%，满 60 岁者将达到 23.40%。④ 失智症患者总数的增加，以及对失智症患者提供照护给付所带来保险支出的攀升，成了立法者对长期照护保险进行修法的动力。这一修法重点包括提高保险费率、对失智症患者提供更好的给付、对提供照护的家属给予更多支持、改善咨询与评估、提供住宿型照护机构更好的医疗照顾、强化复健优先于照护原则、对于额外购买私人长期照护保险的法定长期照护保险被保险人提供私人长期照护保费补助，以及照护的去科层化等。

---

① http：//de. statista. com/statistik/daten/studie/157217/umfrage/prognose – zur – anzahl – der–pflegebeduerftigen–in–deutschland–bis–2030（访问日期：2013.08.10）。

② 同前注。

③ Pflege–Neuausrichtungs–Gesetz, Das neue SGB XI, Vergleichende Gegenüberstellung/Synopse Gesetzesmaterialien Neugestaltung der sozialren Pflegeversicherung, Walhalla, 2012, S. 8.

④ http：//de. statista. com/statistik/daten/studie/245519/umfrage/prognose – der – entwicklung–der–anzahl–der–demenzkranken–in–deutschland/（访问日期：2013.08.10）。

表2-3　德国社会长期护理保险制度立法历程

生效时间	制度改革内容
1995 年 4 月 1 日	社会长期护理保险制度中的家庭护理
1996 年 7 月 1 日	社会长期护理保险制度中的机构护理
2002 年 4 月 1 日	补充护理师法案
2002 年 1 月 1 日	质量保障和消费者保护法案
2002 年 1 月 1 日	改革 1975 年制订的机构护理法案： 涉及机构中居住者的权利、相关合同义务，机构的责任和质量控制等。
2003 年 8 月 1 日	制定联邦层面的标准化护理职业培训规范
2005 年 1 月 1 日	将 23 岁以上没有子女的投保者的缴费率额外增加 0.25%，达到工资总额的 1.95%。
2006 年 9 月 1 日	州负责机构护理方案的制订
2008 年 7 月 1 日	综合改革： ①质量保障和消费者保护法案；②补充护理师法案；③实施护理基地项目；④实施个人免费的护理或病例管理服务；⑤实施鼓励非正式护理者计划，鼓励家庭成员特别是女性承担家庭护理；⑥全部缴费率调整为工资总额的 1.95%，无子女的成员调整为工资总额的 2.2%；⑦2008、2010、2012 年给付调整（见表 3-1）；⑧增加日间护理服务给付水平。
2009 年 10 月 1 日	修订联邦层面的机构护理法案： 在签订合同前受益人拥有获得护理机构服务质量和护理设施成本等信息的权利；护理服务变化与调整、合同终止的相关规定。

资料来源：参见 Bundesregierung, Bericht der Bundesregierung über die Entwicklung der Pflegeversicherung und den Stand der pflegerischen Versorgung in der Bundesrepublik Deutschland，http：//bmg. bund. de/fileadmin/dateien/Publikationen/Pflege/Berichte/Bericht _ der_ Bundesregierung_ ueber_ die_ Entwicklung_ der_ Pflegeversicherung_ und_ den_ Stand_ der_ pflegerischen_ Versorgung_ in_ der_ Bundesrepublik_ Deutschland. pdf，访问时间：2016-01-25.

二、宏观制度架构：新公共管理要素的内嵌于福利多元组合

20世纪70年代末，在工业社会占据主导地位的官僚制政府陷入了举步维艰的地步，其近乎刻板、僵化的体制越来越不适应瞬息万变的信息化社会对管理的要求。正是在这样的历史背景下，西方各国的公共行政走上被称为"新公共管理"的变革的路。概括来讲，这场改革主要是国家的退却，公共产品提供的市场化和社会化，试图充分发挥市场和社会的优势，探索化解公共管理危机的途径和道路。新公共管理一般都以官僚制政府为批判对象，倡导运用效率、分权、去官僚化和市场化的原则来改革官僚机构。公共服务提供的市场化，即打破政府机构作为公共产品及服务的唯一提供者的垄断地位，让私人公司、社会团体参与公共产品及服务的提供，形成新的供给公共服务的制度安排，并推动竞争以提高公共服务的质量与水平。合同外包、客户竞争等方式是普遍采用的政策工具。在新公共管理改革的潮流中，不同于激进派的英、美、新西兰等国，德国属于温和型国家，在确保地方政府行政合法性和公共服务责任主体的前提下，采取了较为稳健的改革策略①。

在德国长期照护改革路径中，一些学者认为福利多元组合理念与新公共管理要素是冲突的②，具体表现在：一方面，传统福利多元组合中第三部门照护供给专业化的缺乏、管理能力和效率的低下，为新公共管理要素的实施铺平了道路。照护服务提供者间的竞争机制和向私人企业管理理念的转型，能改善其照护服务的提供效率，因此，新公共管理要素改善了传统的福利部门间的协同组合。另一方面，德国福利多元组合并不是私有化

---

① 赫尔穆特·沃尔曼等：《比较英德公共部门改革》，王锋等译，北京大学出版社，2004：196-203.
② Evers, A., and Ewert, B, Hybrid organisations in the area of social service. A concept, its background and its implications, In T. Klatetzki (Ed.), Social, personal service organizations, 2010：104-128.

公共支持，而是更加强调照护提供中公共责任的价值和公民社会参与的角色。与之相反，也有学者认为福利多元组合的价值理念和实践特征，契合了新公共管理改革运动的基础假设，致使新公共管理改革运动改变了照护福利组合的行动机制，重塑了福利多元组合中国家、家庭、市场和社会的关系①。在新公共管理改革推动组织形式与公共价值普遍转型的背景下，依赖于法定组织的传统治理边界已不足以满足公民多元化的公共福利需求，要实现福利目标的路径突破，不同行动主体的介入、权力（权威）形式的转型及作用机制的融合势在必行。新公共管理改革不仅为实现照护服务的有效供给提供了组织效率和问责制等技术手段和中立框架，而且，更为重要的是，新公共管理坚持产出控制、强化市场竞争机制的原则成为长期照护供给体系运行的基本原则。

传统上，德国长期护理服务主要由地方政府和慈善组织合作提供，筹资渠道为地方的医疗保险基金、社会救助和公共补贴，联邦政府不承担筹资责任，五大慈善组织，联邦工人福利协会（Federal Workers' Welfare Association）、德国博爱协会（Caritas Germany）、基督教会执事协会（Diaconates of the Protestant Church）、德国红十字会（German Red Cross）和平权协会（The Paritätische），依据"辅助性原则"传递机构护理和家庭护理服务。"辅助性原则"为，个人的身体健康首先是个人责任，然后才是家庭连带、社区支持和政府等公共责任。据此，地方政府将护理服务的管理和提供责任授权给了慈善组织，自身职责仅为向护理设施、慈善组织提供服务资助，或以津贴形式发放给护理需求者。政府和慈善组织的合作关系早在魏玛共和国时期就已开始，并被二战后的法律确立，1961 年的联邦法律明确规定在公共资金资助的护理服务中慈善组织享有优先提供权。德国护理体系呈现出以使用者为中心的并由政府、家庭、慈善组织组成的福利多元组合特征，这也是新公共管理改革中实施市场化原则、效率与自由选择等新自由主义要素的历史背景。

建立社会长期护理保险的首要目标是实现长期护理服务的有效供给。

---

① Vabo, Mia, New public management: The neoliberal way of governance, http://ts.hi.is/Working% 20Paper.

新公共管理改革不仅为实现护理服务的有效供给提供了组织效率、问责制等技术手段和中立框架，而且，新公共管理坚持产出控制、强化市场竞争机制的原则成为长期护理供给系统运行的基本原则。

第一，护理市场对营利组织和非营利组织平等开放，以增强市场竞争。制度实施前，慈善组织与行政机构合作提供护理服务，并获得护理津贴资助。制度实施后，慈善组织原有的优势地位不复存在，营利组织和非营利组织要在平等条件下进入市场。这一变化主要是基于维护市场原则和保障用户自由选择权的新公共管理要素，也符合当时社会各界提高服务传递效率和实现用户自主选择的迫切要求①。传统上，慈善组织凭借其社会基础，能够调动志愿者和捐助者，降低护理服务成本，因而成为主要的护理服务提供机构。然而，从 20 世纪 80 年代开始，慈善组织的社会基础逐渐削弱，使得其不再是政府富有吸引力的合作伙伴。再加上批评慈善组织"福利财团"的社会运动，要求大型慈善组织实现服务资金运行透明化和市场非歧视性平等进入。这时，慈善组织更为独立地提供护理服务，通过谈判达成服务价格，确定的服务价格甚至对营利组织也有利润空间。慈善组织在较高的价格上还获得政府补贴，使其更加受到社会质疑，其管理效率和服务质量也备受批评。这是促成护理市场对营利组织和非营利组织平等开放的直接原因。

第二，政府与护理机构间的普遍合作关系被合同管理所取代。联邦法律对新的合作关系进行了明确定义，以促使护理服务在全国范围内平等供给。法律规定，社会长期护理保险基金拥有与护理机构就护理服务相关事项签订合同的权利。这也迫使保险基金必须接受任何一家护理机构，只要其满足具有一定资质等级的护理人员、高效和优质的护理基础设施等规定条件。该法规的目的是使保险基金能够有效监督护理机构，促进护理供给市场良性竞争，确保护理机构给出合理的价格，并确保用户拥有较大的选择权。护理服务成本主要由社会保险支付，较小比例由使用者个人自付。传统的"辅助性原则"下政府和慈善组织间的合作关系，为慈善组织提供

---

① Annette Zimmer, Welfare pluralism and health care: The case of Germany, in Annette Zimmer, *The Third Sector in Germany*, Münster: University of Münster, 2010: 95-115.

了影响政策制订和进行服务谈判的机会。慈善组织凭借为弱势群体提供护理服务的经验，阐述其护理服务的原则和社会政策理念，拥有护理服务直接提供者和弱势群体支持者的双重角色。随着护理市场平等开放和市场化原则的实施，慈善组织也被认为是市场化取向的组织，所具备的经验和能力也不再如过去那般能够对社会政策制定施加影响。

第三，联邦政府和准公共机构严格监管护理服务传送，以保证护理服务质量。2002 年，护理质量保证和消费者保护的联邦法律开始生效，要求护理机构必须执行持续改进的高质量保障措施，并遵守合同中具体规定的政府制定的权威标准。此外，法定医疗保险基金的医疗服务部门执行外部质量控制。2008 年，新政要求从 2010 年开始，每年至少进行一次服务质量抽查，抽查的结果要以普通公众能够看懂的方式发布，进一步加强外部监管。尽管护理机构接受质量保障措施，但是他们反对质量保障措施带来的繁琐文档记录和官僚化的审查形式。此外，政府不仅扮演监管角色，并且界定护理机构的类型和资格等级。这也就意味着，国家仍然保持着在社会保障领域的主导地位，无论是营利组织、非营利组织的"社会责任"还是"个人责任"都尚未替代德国以"社会团结"观念为基础的"国家责任"，还对政府如何优化现行社会福利体系的顶层设计和提高供给效率等方面提出了更高要求。

三、微观供给主体：重构福利多元组合

（一）强化非正式的家庭护理责任

建立社会长期护理保险制度的第三个重要目标，是在正式和非正式的护理供给基础上，激励居家护理模式替代机构护理模式。这符合德国社会福利政策的传统，通过社会福利政策加大对家庭的各项支持，使家庭的经济功能、情感功能、抗风险功能等得到增强，使家庭利益与公共利益相结合，推动家庭服务于公共利益。

社会长期护理保险通过现金给付和正式家庭护理服务的提供，在强调家庭责任的同时重视对家庭的支持，并赋予受益人较大自由选择权。对家

庭护理的重视、对非正式护理者的支持及其质量控制符合大多数人的偏好。在所有给付类型中，家庭偏好的策略较为凸显，绝大多数的受益者选择在家里获取现金给付。虽然现金给付占主导地位，家庭护理和机构护理的使用也在逐渐增加，机构护理的受益者总数从 1999 年的 554000 人（占总受益者的比例为 27.7%）增加到 2009 年的 717490 人（占总受益者者的比例为 30.7%），这也反映出选择机构护理的受益者在老年群体中所占份额较为稳定[①]。为鼓励家庭成员承担家庭护理，法律对非正式家庭护理予以认可并给予政策支持，由保险基金为每周提供 14 个小时以上护理服务的家庭非正式护理人交纳养老保险保费；对其提供不限制用途、不需要纳税的现金支付；考虑到家庭护理工作的时间弹性，2008 年政府还面向其推出多项"请假制度"，允许给予 10 天不付薪的假期以用于进行护理安排或调整，为了护理家人，就业可在不付薪的条件下被中断 6 个月。

（二）发展护理服务供给市场

护理市场的平等开放和合同管理模式，引致了护理供给市场迅猛扩张，特别是非营利性的居家护理和机构护理的提供机构稳步增长。2009年，非营利组织所占份额为 61.5%，主导居家护理提供；非营利组织还控制了绝大多数机构护理的运营，2011 年所占份额为 54.8%，而同期公共组织所占份额仅为 5.4%[②]。从非营利组织内部治理来看，其向商业部门管理主义转型的倾向越来越显著。这主要是因为政府强势监管地位促使服务提供的市场化与等级化两个原则结合在一起，引致非营利组织也要像商业部门一样，基于相关条款、客户及其偏好、成本控制等市场行为方式来运行。护理供给市场的合理扩展，既实现了护理市场的平等开发，也给予了获益者更大的选择空间。然而，广泛的市场选择范围使得获益者往往难以

---

① Hildegard Theobald, Combining welfare mix and New Public Management: The case of long-term care insurance in Germany, International Journal of Social Welfare, 2012-02-07, pp. 561–574.

② Hildegard Theobald, Combining welfare mix and New Public Management: The case of long-term care insurance in Germany, International Journal of Social Welfare, 2012-02-07, pp. 561–574.

做出正确选择并合理组织护理安排，这对失能老年人的选择和判断提出挑战。为此，2008 年政府启动"护理基地"（Pflegestützpunkte）项目，作为地方层面的唯一据点向使用者提供信息咨询服务和个案管理服务。

（三）规范护理工作者队伍

社会护理保险制度实施后，正式护理工作者从 1995 年的 32 万人增加到 2009 年的 89 万人，其中，有资质的和助理护理的人数显著上升。2009 年，护理工作者中约有 39% 的人参加了 3 年的护士或老年护理的职业培训课程，7.6% 的人接受了护理助理的培训，10.7% 的人参加了更高层次的护理培训，只有 35.5% 的人没有参加或较少参加正式职业培训。在护理人员专业素质不断提升的同时，非正式就业关系也迅猛增长，体现在各种形式的兼职工作中，居家护理中兼职工作者所占比例从 1995 年的 54.2% 增加到 2009 年的 73.2%，机构护理中兼职工作者所占比例从 39.1% 增加到 66.7%[①]。没有参加正式培训或培训不足的护理工作者的工资待遇水平较低。这就形成了护理就业市场的失灵，护理工作者间存在着严重的层级关系和差别待遇。

该矛盾可由新公共管理要素和政府加强监管的交互作用来解释。护理服务内容的复杂性和多样性加大了对有资质工作者的需求，实际的资质要求往往会超过法律规定的资质要求。20 世纪 90 年代，法律规定护理机构中 50% 的护理工作者应为具有至少 3 年护理工作经历或护士职业培训经历。非正式就业关系和不同护理工作者的层级，是由合同管理、价格竞争和成本削减策略形成的。合同谈判的约束，造成护理机构会实施成本缩减策略，降低雇员的工资水平，实行具有资质和没有资质的工作者差别工资。劳动力市场就产生了悖论，对劳动者资质要求的提高不仅没有提升其工资水平，反而大幅度引致工资水平下降。为了解决这一悖论，2010 年 8 月德国实施最低工资标准以保障初级护理工作者的收入

---

① Hildegard Theobald. Combining welfare mix and New Public Management：The case of long-term care insurance in Germany［J］. International Journal of Social Welfare. 2012（2）：561–574.

和待遇。2010 年，在 1991 年前为前联邦州的地区每小时最低工资为 8.50 欧元，2013 年上升到 9 欧元；在前东德的地区为 7.50 欧元，2013 年增加到 8 欧元。经过工会、雇主组织和联邦劳动部达成协议后，最低工资标准在全国范围实施。

德国照护保险领域不仅在组织供给角色上呈现出"多样化"的特征，更呈现出了递送方式选项"多元混合"的特征，而递送方式的组合也正体现出了德国社会福利体制特殊的宗教伦理和文化价值观。在分析德国的宗教及文化对于德国福利制度的影响中出现了"悖论"现象：根据传统福利国家分类研究，德国被划分到"保守主义"和"法团主义"福利国家的范围（Esping–Andersen，1990；Siaroff，1994；Kaufmann，2003a，2003b），而"保守主义"体现出德国新教教派路德宗的基本价值观，即路德教派强调的"爱邻人意识""慈善意识"和"社会团结"意识，从这个角度来说，家庭、邻舍和教区的慈善意识得到宗教伦理价值观的支撑，"保守式"的福利体制更强调的是家庭福利和社区福利，性别上突出将女性的社会角色固定为"家庭教育和照护员"的角色，这种"福利家庭"和"福利社会"不利于男女两性平权，更不利于现代福利国家建设。这样的理论路径虽然有一定的合理性，但忽视了德国走向现代社会的另外一个特征，即浓厚的"国家主义"（Etatismus）倾向。普鲁士强国之路是以其高抬国家理性地位和国家精神为基础的，国家成为超越社会各个分散团体、从更高层面来理性凝聚社会的一种超越性力量，国家精英应具有非凡的见识和远见，为国家未来发展的路进行长远谋划，而普鲁士国家精神后来也演化成为德意志民族精神的一部分，这样，"国家"的地位又得到强化。这就是为什么现代意义上的国家立法介入的社会保险制度产生于德国，"福利国家"的雏形也产生于德国。德国的照护保险制度恰恰体现了德国福利国家文化的两个层面，即一方面重视家庭和社会自治的传统，同时也重视国家介入和规划福利产品供给的作用，"家庭""社会"和"国家"三边交汇点即产生了现代的社会照护保险制度。

第三节　日本介护保险制度的建立：福利多元主义和地方分权改革的融合

一、日本介护保险制度建立的背景

由于期望寿命不断延长，而出生率维持在较低水平，日本人口老龄化加速。65 岁及以上老年人比例从 1970 年的 6% 增长到 1998 年的 16%，到 2010 年增长到 23%，达到 2900 万人，为世界最高水平。据估计，2030 和 2050 年日本 65 岁及以上老年人的比例将达到 31.8% 和 39.6%①。其中，75 岁以上老年人的增长速度最快，而这部分人恰恰是需要医疗和长期照护最多的群体。据估计，卧床、痴呆或其他日常生活需要照顾的老年人将从 2000 年的 280 万增长到 2025 年的 520 万。② 日本传统家庭和社会价值的转变导致家庭照护减少。传统日本家庭照顾老人的责任通常由女儿和儿媳妇承担，他们与老人住在同一个地方，提供 24 小时照护。但现代家庭的孩子越来越少，且由于妇女受教育水平提高，越来越多的妇女进入职场，家庭成员提供的照顾减少。另外，日本老人的居住生活方式逐渐发生了变化，1960 年超过 80% 的 65 岁及以上老年人与子女同住；但 2010 年的口普查数据显示，这个比例下降到了 41%。③

日本传统的价值观强调子女孝顺和尊敬老人，将对老年人的照顾放在首位。这些价值观影响着日本老年人健康和福利政策的发展。日本政府一

---

① UN Population Division. World population prospects：the 2010 revision population database. ［EB／OL］［2015-12-10］. http：//esa. un. org/unpd/wpp/index. htm

② Ministry of Health. Labour and Welfare. Long-term care insurance in Japan. ［EB／OL］［2015-12-10］. http：// www. mhlw. go. jp／english／topics／elderly／care／

③ Ministry of Health. Labour and Welfare. Comprehensive Survey of People′s Living Conditions（CSPLC；Des-ignated Statistical Survey）（Kokumin Seikatsu Kiso Chosa）［EB/OL］.［2015-12-10］. http：//www. Mhlw. go. jp/toukei／list／20-19-1. html

直以来都很关注脆弱的老年人。早在 20 世纪 60 年代政府财政就已经覆盖了护理院和家庭辅助，尽管规模比较小。1963 年《老年人福利法案》重新修订，所有老年人照护服务均由地方政府或地方政府密切监督的专门福利机构提供。当地政府的社会福利部门负责审批进入这两个机构的申请，一般情况下有家庭的老人不能申请，而且对收入有限制。因此，照护的可及性较差，服务提供不足，而且选择性差。20 世纪 70 年代早期，在战后经济繁荣和政治面临严峻挑战的背景下，执政的自由民主党规定为老年人提供免费的医疗服务，包括住院服务。由于长期照护的需求很大，而机构照护和家庭照护服务非常缺乏，老年人只能选择住院，因此日本住院服务被滥用于非医疗照护，长期住院现象普遍存在，称为"社会性住院"。为了替代长期照护服务，43% 的老年人住院时间长达半年，30% 长达一年，致使老年人长期住院费用占卫生总费用的 1/3。① 缺乏长期照护服务造成的"社会性住院"导致卫生保健费用持续快速增加。1982 年，《老人保健法》颁布，1986 年进行了修正。

1989 年，民主党决定再一次扩大政府照护脆弱老年人的责任，立法通过"金计划"（老年人健康和福利的十年战略），目标为 10 年内机构床位增长一倍，而家庭和社区老年人服务增长三倍。"金计划"仍然是在税收为基础的社会福利系统内进行的。但是，"金计划"造成了严重的问题，费用急剧上涨威胁税收增长，人员不足的当地政府面临严重的管理困难，各地的运行标准如资格认定、服务的类型和数量、是否收费等存在巨大差异。1995 年日本修订了"金计划"。至此，日本老年人的照护服务均由税收为基础的社会福利系统提供，仅覆盖那些收入较低且没有家庭照护的老人。而且卫生和福利部门分开运行，互不协调，老年人必须分开申请福利和卫生服务来满足他们的长期照护需要。

20 世纪 90 年代经济泡沫破裂，日本经济处于二战后最长的不景气时代，整个 90 年代经济增长率几乎为零，政府财政压力极大，成为社会

---

① Ogura S, Suzuki R. Concentration and persistence of health care costs for the aged [M]. Ogura S, Tachibanaki T, Wise D A. Aging issues in the United States and Japan. Chicago: University of Chicago Press, 2001.

保障制度面临的最大难题。政府有动机改革社会保障制度，缩减财政支出。90 年代中期，卫生和福利部发布了系统规划，通过建立社会保险提供长期照护服务解决这些问题。1997 年长期照护保险立法通过，2000 年正式实施。此后，分散在卫生和社会福利部门的基金得以统一。日本长期照护保险的目标为：一是通过实施长期照护社会保险减轻家庭提供照护的负担；二是通过税收、保险费和共付建立长期照护的费用分担机制；三是引入将社会服务和医疗服务整合但筹资分开的制度，以便于提供整合服务的同时更高效地分配资源；四是减少由于缺乏长期照护服务而导致的住院床日，节省费用；五是确保需要长期照护服务的老年人不受收入、家庭状况的限制，维护老年人尊严，帮助他们根据自己的自理能力独立完成日常生活；六是允许和鼓励私立机构加入长期照护服务市场，保证老人可以自由选择服务，满足迅速增加的服务需求，而且服务提供者的间的竞争也有助于改善质量。最终实现从家庭照护到社会照护，促进老年人照护的社会化。

二、地域共同体与福利责任的下移

政府执政的理念是推动护理政策建立和转型的基础。20 世纪 90 年代，日本第一次开始了大规模的地方分权改革运动。由于当时的财政危机所带来的中央政府能力的弱化，日本意识到有必要确立地方政府的责任意识和主体性，同时出于应对公共需求的多样化以及公众政治能力、政策能力的提升等新课题。更是出于公共服务的基本特性，日本进一步认识到地方政府的积极作用，推动了 90 年代"第一次分权改革"的实施。此次地方分权改革取得的最大成果是，一是全面废除了机关委任事务，将其分割为地方政府的自治事务和法定的中央委托地方的事务。地方可以制定地方性法规来控制管理，因而提高了地方政府的自治性和自律性，促进地方政府向宪法意义上的完全自治单位回归。二是通过引入新的行政程序和规则以及司法救济等干预法制主义手段，对中央政府的干预加以严格规制，规范了中央与地方的关系。

随着地方分权的改革，日本市町村的福利行政功能得到了强化，而这种功能在介护保险中表现得更加突出。在介护保险运营中，市町村每三年制定和调整介护保险实施计划，具体包括介护保险服务的种类和需求量、"要支援"和"要介护"的间的连带关系以及提供优质介护服务的具体方案等。市町村通过介护服务的行政计划，确定介护服务供给体系和供给总量，承担征收保险费、管理被保险人、判定护理服务等级、审议保险给付申请、支付保险费用等介护保险的一般事务。据预测，到2025年，日本老年人口占总人口比例从四分的一到三分的一，75岁以上老年人增加到总人口的五分的一。① 在充分考虑人口结构预测结果基础上，政府提出"向整个日本老年人口传递医疗和社会服务"政策愿景，旨在建立一个地方的、综合的总照料供给，被视为"2025愿景"。在日本，即使是重度失能状态的老年人也习惯居住在原来的环境下，直至走到生命的最后尽头，因此，护理政策的实施需要住所、医疗、护理、预防、生活支援等服务在辖区内系统化提供。虽然辖区内的护理综合系统涉及到市町村、都道府县和NPO、民间企业、社会福祉法人及各种类型的服务供给主体，但是从系统的角度来看，市町村处于系统建构的主体地位并具有较强的自主性（见图2-2）。以最基层的市町村为保险人和系统主体，在护理保障层面有利于实现对服务需求和服务资源的匹配及监督管理，在公共治理层面符合事权向下的趋势，有利于公共治理结构的完善和治理能力的提高。

---

① Mayumi Hayashi. Japan´s long-term care policy for older people：The emergence of innovative "mobilisation" initiatives following the 2005 reforms ［J］. Journal of Aging Studies，2015（33）：11-21.

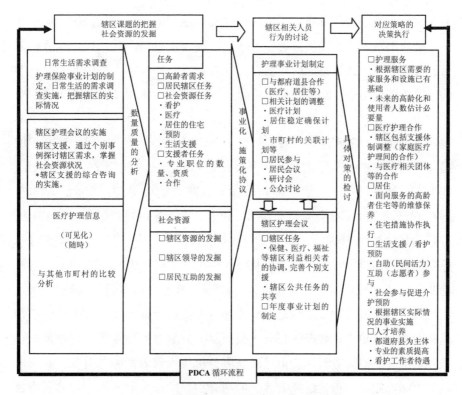

图 2-2　市町村护理系统 PDCA 循环流程

资料来源：日本厚生劳动省，http：//www. mhlw. go. jp/stf/seisakunitsuite/bunya/ hukushi_ kaigo/ kaigo_ koureisha/chiiki-houkatsu/，访问日期：2015 年 7 月 25 日。

三、介护保险的市场化服务传递理念

　　介护保险制度中福利服务提供理念是引入服务传递的市场机制，即引入选择和竞争以提高服务质量和效率。这种理念使得护理服务供给系统由市町村独家运行（以前的社会护理系统）转型到一个指派的护理经理帮助下的符合资格的老年人和护理提供组织间的直接的、自由的合同关系。市场化机制意味着向私营和志愿组织开放了介护保险制度下的社区基础的服务，同时市场化容易造成服务提供机构和服务使用者的逆向选择和道德风险。新政加强了市町村的控制权和自由裁量权。新政禁止私人机构为他们的客户申请护理需求资格，不允许护理院对他们的居住者执行护理需求评估，进而限制了私人提供者诱导需求。因此，市町村对长期护理服务的数量、质量和类型拥有更大的控制权，且对新成立的社区支持中心和社区导向的服务的自由裁量权也在加强。介护保险的市场化特征主要表现在两个方面。

一是建立服务利用者与提供机构间的契约关系。随着国民福利意识的提高、福利需求的多样化以及国民经济的增长，应对战后诸如战争孤儿、残疾人、贫民问题而形成的福利救助制度难以适应形势的变化。日本从1997年开始在改革社会福利基础结构的名义下，探讨福利服务传递系统的改革，并在2000年5月对社会福利事业法进行了修改。至此，日本废除了原有的福利供给方式，在社会福利服务中引入市场化原理。在旧的福利救助制度为基础的老年福利制度中，行政部门承担着福利服务供给的责任，而在具体运营过程中，多数是由行政部门委托社会福利法人组织提供直接的福利服务，相当于政府购买老年照护服务。服务利用者不能自由地选择服务供给者，而服务利用者也仅仅是服务机构经营者的服务对象，利用者的需求和愿望难以传达给经营者。但在介护保险中，服务机构经营者直接与利用者签订合同，利用者可以选择经营机构，成为签订合同的当事人。

二是服务供给主体多元化，特别是营利性组织迅猛增长。在日本介护保险中，民间营利企业进入到介护服务中，尤其是在居家服务中，民间营利企业参与的比例大幅度增长。由于在介护保险中引入了市场化原理，无论是政府还是民众都期待着服务供给量的增加和服务质量的提升。介护保险的实施加快了日本老年护理服务领域的市场化速度。2000年，护理服务市场规模为4万亿日元，预计到2025年达到10万亿日元。参与介护服务的民间企业也不断扩大，2007年从事访问介护业务和日间服务的营利法人数量分别为21069所和20997所，比年增长了近2倍。在2008年的居家介护服务中，营利法人占55.1%、社会福利法人占26.5%、非营利组织占5.6%。营利法人参与介护服务，使介护服务的利用者也迅猛增长。2000年4月实施介护保险之初，服务利用者是149万人，其中，机构入住者为52万人，居家服务利用者为97万人，但到了2005年，机构利用者数量增长了50%，达到78万人，居家服务利用者为251万人，增长了159%。①
这种增长中固然有老龄人口增长的因素，但更是介乎保险制度自然而然地
刺激了以营利为目的的企业法人迅猛发展，这类企业出于利益最大化考虑
不断挖掘服务对象。

但是，这种市场化的照护服务传递方式不可避免也存在"道德风险"
和市场失灵。在介护保险中，介护经理人起着联系服务利用者和介护保险
给付的作用。在介护保险实施之前，这些活动是在行政窗口由政府部门职
员实现的。但是实施介护保险的后，介护管理专员（或称介乎经理人）承
担着这一职能。在营利法人介入介护服务市场后，经营者首先要根据机构
盈亏底线，决定销售目标和控制经费支出，为了确保机构的最大利润，向
所属介护管理专员和社会福利从业者分配任务，以此为基础进行人事管
理。介护管理专员作为市场中介人，有可能选择性地挑选服务对象，如介
护管理专员有可能优先选择诸如身体介护等单价比较高的服务对象介绍给
介护机构经营者，而排挤诸如家务援助等保险给付量相对少的服务，甚至
可能会拒绝与的签约。那些低收入者如果不能支付个人负担费用，也有可
能从福利服务市场中被排挤。这些现象都是由于福利服务市场化导致的结
果。

四、社会动员策略

为了支持"2025愿景"，后续介护政策的实施采取了广泛的"动员"
策略，利用整个老年人口中"身体好"的老年人发挥"身体差"老年群体
的同伴支持者的作用，建立了一系列新的服务传递平台和框架。这些平台
使用专项资金（占市町村长期照护资金预算的3%）进行运作，市町村作
为地方层面动员行为的潜在"领导"者。动员背后的原理是，为需要救助
的失能老年人提供一些低水平的和辅助性的帮助，而身体好的老年人加入
了有意义的、有生产性的服务活动和社会参与。

---

① 高春兰.老年长期护理保险中政府与市场的责任分担机制研究——以日本和韩国经
验为例［J］.学习与实践，2012（8）：103-109.

（一） 邻里守望计划

为了解决的潜在风险老年人数量增加引致的社会隔离和其他需要，从上世纪 80 年代末第三部门组织和社区团体结合在一起独立地（没有市町村的参与）在全国范围内发展邻里计划。在"动员"的策略下，这些邻里计划扩展为包括市町村政府领导、护理政策改革驱动的提供形式，37%的市町村在他们所管辖范围内发展该计划。[①] 市町村领导邻里守望计划是由分承包的地方组织运行和管理，主要采取两种形式。

一是利用自愿性的"社会福利企业"和"邻里协会"的基层网络等本地资源作为分承包计划提供者。该模式是传统的、广泛传播的、经济可行的模式，因为其运作很大程度上依赖于"指派"的老年志愿者，老年志愿者成为社会福利企业的主要部分，大多数的邻里协会受益于近乎强制性捐款和会费。社会福利公司作为一个管理机构，动员邻里协会，邀请上年纪的当地人成为固定和志愿的服务提供者。这些志愿者定期走访在项目中注册的老年人，记录走访情况，并将数据送入不断更新的邻里监测数据中。但是，被探望的老年人认为从邻居志愿者那里接受免费的访问或者帮助是"尴尬"的，这也与由来已久的地方组织支持的获益者被"社会污名化"的传统观念相关。因此，这种模式的实施需要认可和了解受益者的感情和尊严。

二是在地方组织动员所有年龄的有偿劳动力模式。正是认识到纯粹志愿者依赖模式的一些缺点，一些市町村建立了有偿劳动力模式。市町村将其专项护理资金投入地方组织，这些地方组织对计划中登记的老年人提供服务者。这种模式的优点是，能够实现与前置存在的福利需求相符合的更有效的服务传递。在大都市中，市町村的环境部门利用废弃物和垃圾处置工作力量，去执行计划中登记老年人两周一次的检查。垃圾车的团队需要每个街道挨家挨户检查指定的老年人是否倒垃圾。如果没有将进行跟进调查，以确定老年人的具体情况。因为该模式将受益者从被动的和脆弱的角

---

① 介護保険制度の見直しに関する意見，http：//www.mhlw.go.jp/file/05-Shingikai-12601000-Seisakutoukatsukan-Sanjikansh-itsu_ Shakaihoshoutantou/0000033066.pdf

色转变为"积极的福利消费者"，建立有支付的提供者和受益者的间更为平等的关系，受益者较少尴尬，也较少的污名化。

尽管两种模式各有千秋，但是政策制定者偏重推动传统志愿依赖模式，强调老年志愿者能够得到积极的和充实的生活和社会互动等收益。

(二) 日常生活支持计划

人口老龄化带来了越来越多的日常生活保障需求项目。日常生活计划支持内容分为两个部分：一是个人护理，主要为日常生活活动帮助，如洗浴、更衣、如厕和喂养；二是家内支持，主要为工具性日常生活活动的帮助功能，如做饭、清洁、洗衣、购物、餐传递、垃圾收集、园艺及其他辅助活动。这些弥补了原有长期护理政策和其他现有的日常护理支持服务的不足，日常的生活支持计划成为改革护理政策和政府"2025愿景"的优先选择。具体项目由第三部门单独提供，一些也可与市町村合作提供。参加此计划的第三部门往往依赖于来自于中央政府专项拨款的启动资金，用于招聘和培训"志愿支持者"，以在各地部署计划。虽然得到政府的拨款，但第三部门缺乏持续的财务资助。这些组织为了解决财务困境，要么选择大幅修改项目内容，没有按照原计划提供服务项目；要不引入用户收费以产生收入流，向志愿者提供以市场工资下的劳动补偿作为激励，以平衡提供者和受益者间的关系。也正日常照护计划复制性较差，只在个别市町村得以实施计划。

政府想将计划在更大范围内推广，可从政府资助"银人力资源中心"（Sicver Hwman Resources Centres）的发展看出。该中心是一个在20世纪70年代中期开始建立的由位于市町村的自愿性组织组成的网络，受到都道府县财政补贴，在1986正式形成。到2012年，日本3000个中心共有76万个60岁以上的注册老年人，成为潜在的大规模动员样本。[1] 中心在一个半支付半志愿基础上，向成员提供工作的机会。该中心的目标是重新建立注

---

[1] Silver Human Resource Centre. What is the SHRC? http：//www. zsjc. or. jp/about/about _ 02. html（date：2015/05/15）.

册会员的联系，挖掘他们的专业知识，促进他们积极的、健康的生活和福祉，构建充满活力的社区，培养社区共生和凝聚力。由于其包含了广泛的工作机会，日常生活支持计划被确定为该类中心的主要功能。该计划的成功和可持续性是因为"社会联系""集群"和"团队合作"发挥了重要作用。计划也遇到许多挑战，从服务提供者角度来看，其如果认为经济利益高于社会利益而会选择更高薪酬工作；从服务用户的角度来看，政府间接补贴小就会增加用户付费，而抑制计划发展。

（三）志愿支持者奖励计划

在 2007 年，市町村发起了对社会福利企业中的志愿支持者的奖励计划。身体好的老年人注册成为志愿者，为身体差的老年人提供同伴支持，作为对志愿者的回报，根据志愿服务的小时给予其"点数"，这些点数可以用来支付志愿者每月的护理保险缴费。奖励计划的目的是认可志愿者的努力，而不是经济上补偿他们。此外，奖励计划的目的是通过社会联系的机会和行为，尽可能减少志愿者内部照料的需求，降低护理成本和保险缴费，同时也将加强整个社区的情感和护理政策的凝聚力。该计划不涉及用户付费，主要资金来源为专项护理预算资金，这使其能够达到更广阔的人群范围。此外，计划早期成功可能反映了简单的方案设计和对志愿者的适度奖励，可以确保服务整体提供的成本效率。重要的是，该计划的目的是补充而不是取代现有的护理供给模式。实际上，短期内对志愿者额外的收益意味着制度的额外成本，这点是被政策支持者忽视的一个财务细节。长期中该计划可以获得巩固护理系统结构、增强居民对制度的普遍支持，降低护理需求进而节省成本的好处。

总的，日本动员策略的具体计划，被当成护理成本削减措施而扩展运用，但是计划的启动与后续运行离不开政府的经济补贴。此外，如邻里守望计划一样，日常生活支持计划都面临潜在志愿者的动员困境。

第四节　韩国社会长期照护保险制度的建立：福利多元主义与央地竞争

一、韩国社会长期照护保险制度建立的背景

韩国在 1960—1990 年人口结构发生转型，65 岁及以上老年人口占总人口比重增长缓慢，从 3.7% 上升到 5%，此后，老年人口比重迅速增长，2012 已达到 11.1%，老龄化加速趋势还将持续，预计 2020 年老年人口比重将上升至 15.7%，2030 年达到 24.3%，2050 年达到 34.3%；2010 年 80 岁及以上的老年人口重为 2%，预计 2050 年将上升至 15.%，这部分人群是长期照护服务的最紧迫需要群体。① 在韩国人口老龄化和高龄化加速的背景下，实施长期照护保险成为一个极为重要的政治问题，因为老年人是关注长期照护服务的高投票率的政治选民。因此，韩国政府有强烈的政治动机实施照护服务制度。在社会层面上，老年人也强烈支持照护制度以缓解照护负担和确保家庭财产的继承，因为随着妇女就业的增加和家庭照护观念的衰减，孩子中通常是长子的妻子负责照护年老父母的模式容易引致家庭内部的冲突。

2000 年韩国开始建立长期照护保险制度，最初的构想是从已建立的社会医疗保险制度体系内分割出一个体系，因为当时的社会保险制度面临着巨大赤字，并不适合成为建立长期照护保险的平台。韩国在 2003 年和 2004 年进行三个试点，2008 年 7 月正式实施，使用社会保险框架为相关照护费用筹资。以社会保险基金支付医疗服务，这一制度在试行时期可行性较高，政治风险不大。从一个社会层面上来说，老年人的家属也极力支持这一制度，因为可以减轻他们看护照顾老人的负担，并确保能在老人故去后得到合理的遗产。女性护理压力的增加以及传统孝文化（通常是长女和

---

① Korean Statistical Information Service. Population/householdstatistical database. http：//ko-sis. kr/eng/statisticsList/statisticsLis（date：2015/05/15）.

长女婿）对于老人看护的责任，也引发了许多家庭冲突。这一政策的推出也标志着政策从关注经济增长转向民生问题。

二、保险人的选择：国民健康保险公团与地方政府的竞争

保险人有两个可供选择的方案：一是国民健康保险公团；二是地方政府。在方案形成过程中，保健福利部、劳动者团体及国民健康保险公团都认为，因健康保险和护理保险参保范围一致，利用业已形成的健康保险管理系统可以节省管理成本，提高运营效率，因而，主张应该由公团作护理保险的管理主体。企划团和实行委员会也认为如果地方政府成为保险人，虽然易于与现有的老人福利机构联系，把握社区居民的实际现状，但会造成管理费用增加，区域间不平衡的现象，而且地方政府也没有社会保险管理经验，因而主张公团应成为护理保险管理主体，而地方政府承担护理对象的发掘、对护理机构的扩充及指导管理等业务。但部分市民团体、一些学者和医疗界认为，如果公团作保险管理主体，虽然可以减少管理运营费用，但会脱离地方实际，弱化与社区居民的间的联系，因而主张地方政府应成为护理保险管理者。保健福利部虽然支持公团成为保险人的主张，但同时又认为公团参与从资格认定到服务质量监督等全程管理，会引起组织的官僚化，因此主张建立主管护理等级判定、给付对象审查等业务的独立的老人护理等级评定委员会。但是这一主张遭到了公团、预算处、市民团体的反对，理由是这需要增设管理机构，加重管理费用，造成管理上的二元结构，导致效率的低下，为此保健福利部也取消了建立独立的评定委员会的主张。

在国会审议阶段，何者为保险人的问题又成为争议焦点。2006 年 8月，部分国会议员组织召开了"关于老年护理保险管理运营的政策讨论会"，会上分为健康保健公团成为保险人的赞成派和反对派并展开了激烈的争论。大国家党、开放党等部分国会议员强烈主张市、郡、区等地方政府负责护理保险的给付业务，市民团体、学界、老年福利协议会也坚持这一主张，认为诸如护理服务申请的受理、护理等级的判定、护理计划的设计等给付环节与社区服务是紧密联系在一起的，因而主张这部分业务应该

由地方政府负责。有学者认为护理保险的财政责任和服务给付可以分离，中央政府承担财政责任，市、郡、区地方政府以服务利用者为中心，为其提供服务。这样既能保障财政支付的可持续性，又能提高服务质量。与此相反，保健福利部和健康保险公团则认为应该建立全国统一的护理保险管理机构，如果让不承担护理保险财政责任的地方政府负责护理保险的给付任务，将会造成无节制地扩大服务支出的现象，如果地方政府负责保险给付任务，同时也应该让其承担保险的财政责任。

从国会最终通过的法案来看，公团负责管理参保者、征收保险费用、调查保险申请者、管理和指导护理等级评定委员会的运营、制定护理等级认定书及利用护理计划书等业务，而地方政府负责指导、监督和管理护理机构，可以指定或取消护理机关，可以推荐护理等级评定委员会成员，同时要承担老年性疾病预防保健事业。

三、产业制度化的服务供给者

当时建立长期照料制度的一个困境是，长期照护医院和社区配套设施的有效供给严重不足，受过训练的专业照料者和机构提供者也较为缺乏。此外，与许多其他发达国家相比，韩国没有强大的宗教和非营利组织体系来支持长期照护服务的需求。所以，政府采用两种方法来加快提供服务能力的增长。首先，从2005年开始，一部分资金被分配到偏远地区用以建立家庭护理、社区服务等基础设施。由于担心这一措施将会造成机构严重的预算负担，政府还大力推进私营部门参与项目，允许营利护理服务供应机构和非营利性组织平等准入机制，放开或者消除法律壁垒，并举办项目介绍会，解释新的长期护理政策以及流程。通过这一举措，护理服务提供机构和家居服务提供机构的数量显著增长。因此，政府推出刺激基础设施发展计划，期望迅猛增加的老年人口能够使用到长期照料服务。韩国产业制度化的社会服务方式有利于保障正规职业和交易费用的增加而带来的经济指标的提高（如GDP的增长），但是对实现照护服务的生产目的（如幸福感、人性化服务）是不起作用的，有时反而会影响照护服务目的的实现，因为产业化的思路也带来了服务质量监督不足。

第三章　社会长期照护保险制度：
理念转型与框架设计

第一节　德国制度模式：兼顾普遍主义和成本控制

一、普遍主义与成本控制的学理冲突

为了避免收入审查程序和中产阶级因失能致贫风险的发生，普遍的公共资助成为德国社会长期护理保险实施的重要目标。普遍主义基本原则在于平等地给予全体公民获得福利分配的成员资格。普遍主义基本原则在于平等地给予全体公民获得福利分配的成员资格。社会政策学科的奠基人蒂特姆斯（R. Titmuss）这样解释："采取普遍性原则的基本的历史原因是，……使接受社会供给的人不产生劣等自卑、贫困被救济、羞愧和污名的意识，不把这些人归因为已是或将会变成'公共的负担'，而把物品和服务更有效地、更方便地提供给有关的全部人口。"① 保证这种资格实现的具体方式是建立一种覆盖全体社会成员、让所有的人得到实惠的福利体制。西比拉（Sipilä）和安托宁（Anttonen）认为普遍主义是一个多维的概念。首先，它主要考虑要保证全体公民都能享受福利和服务。其次，它有一个延伸到全国全体公民的统一的福利设施。第三，普遍主义意味着大多数公民在实际中能够依靠并在需要时能享受这些福利。第四，普遍主义包括公民

---

① Titmuss, M. Richanrd, Commitment to Welfare, London: Allen and Unwin, 1968: 128.

有享受这些福利的合法权利的思想。与普遍主义原则对应的福利体制被称为"制度型的模式"，即指覆盖民族国家以内的所有人的福利机制。这个福利制度让"社会有一个集体的责任来保障全体人民一个最低的生活水平。"制度型模式是一种基于国家设计的、通过再分配形式和福利设施，给全体公民提供社会保障和社会服务的社会福利制度。

"普遍主义"的反面是"选择性"，即对部分人特别是特殊困难群体提供福利和服务。选择性福利分配需要对个人或家庭的财产和收入状况调查，来界定需要帮助的人，给予减免费用的服务或现金补贴。家庭财产调查作为手段，区分了接受服务和非授予服务的公民。鉴于伊丽莎白济贫法时代的救济有惩罚的含义且和改造有关，所以受救助者被贴上了标签，接受救济的穷人有被羞辱和污名化。因此，有学者认为"选择性"政策是一种根据破坏完整性并带有羞辱性的调查来决定申请人是否符合资格的政策。与"选择性"相对应的是"剩余型的福利模式"，即在个人福利需要满足我国家扮演的只是"剩余的"角色。只有在两大提供主渠道——家庭和市场失灵致使个人的某些福利需要不能得到有效的满足时，国家提供的福利服务才介入，起到补救的作用。国家的服务是有弹性的、可变的、暂时性的，常取决于其他二者的前提，一旦家庭和市场恢复功能，国家则撤出相关福利领域，此模式亦被称作"残补式"或"补救型"。还有另外一种区别于"普遍主义"原则的是"与收入挂钩"的福利模式。它根据每个人出资贡献，即投入多少来决定。这种模式通常表现为社会保险形式。

普遍主义的社会福利必然会带来高额的社会保险支出。普遍性模式的好处是它的目的在于使全社会都能享受这些利益，也就是说不是由官员们来认可区别"符合资格公民"和"其他人"；如果在申请时不带附加条件，则可避免欺骗的申请或人为的错误等通常认为社会政策实施过程中缺陷；此外，当所有受惠者都是社会纳税成员时，分配的成本也较容易有理由成立；还有这些模式符合市场（能对存款、就业等负面动机做出补偿）机制等。然而，普遍主义的福利模式由于高额的社会福利支出的难以为继，国家所能支配的分配越来越捉襟见肘，即使心怀社会民主福利国家的愿望也力不从心。由于经济的危机，必须削减福利预算与支出，修改指标体系，提高服务收费比例，建立减低报酬水平、收入审查和福利津贴冻结制度。

基于普遍主义和成本控制的学理冲突，社会长期护理保险制度改革的每一历程，甚至是制度内部的每一个自环节的设计，都一直围绕着普遍的社会权利如何处理相关资金风险和成本控制展开。

二、依据被保险人收入和职业的差别覆盖

依《社会法法典》规定，长期照护保险所保障的对象为法定健康保险的被保险人，即全体国民原则上均为长期照护保险所保障的客体，但根据保险人的职业与收入投保类别有差异。除公务员适用于由国家负担法定保险及公务员个人负担私人保险，其他人均负有投保义务者；2014 年税后年收入低于 53550 欧元者，属于法定长期照护保险的被保险人，若高于53550 欧元，则须加入私人长期照护保险。被保险人的身份与收入的所以影响其加入法定或私人长期照护保险制度，主要是因为就公务员保障另有一套制度，2014 年要求高收入者加入私人保险主要是为了改善保险人财务，又基于法定长期照护保险并非"全包"的保险制度，所提供的给付无法完全满足被保险人的需求，因此，鼓励被保险人同时购买私人保险，以补充法定长期照护保险给付的不足。这是 2012 年 7 月修法的理由的一。新条文规定，法定长期照护保险的被保险人，若另购买私人长期照护保险，国家补助其每年 60 欧元；不过，私人长期照护保险保费甚高，国家一年只补助此类被保险人 60 欧元，平均一个月仅 5 欧元，对被保险人而言，显然不具诱因，立法者的初衷无法实现。

此外，德国采用家庭保险制度，即被保险人的无职业配偶、同居人或受抚养子女附随原被保险人投保，无须缴交保险费，且与原被保险人同一保险人及同一保险期限，并有向保险人提出给付的请求权。其中，所谓"同居人"，指依同居法规定向主管机关登记为同居关系的同性或异性伴侣；受抚养的子女包括未满 18 岁、未满 23 岁但无工作能力、未满 25 岁但仍在学或接受职业训练的子女，惟患身心障碍的子女不受年龄限制。

三、筹资上强调个人保险责任和保险精算平衡

社会长期护理保险将德国社会政策中强调个人保险责任和成本控制措施的两个传统结合起来。按照保险精算原则，社会保险基金收入为护理保费支出的封顶，因此，是社会保险收入而不是护理需求决定公共资助的可得性。成本控制目标设定的缴费率也反映了 20 世纪 90 年代初对福利国家高额支出的批判。德国长期照护保险制度采用现收现付制的财务处理方式，其主要财源来自于雇主及被保险人所缴交的保险费，保险费高低并不取决于被保险人个人风险，而决定于被保险人所得收入。保险费率自 2013 年起已提高为 2.05%，由雇主和受雇人各负担 1.025%，但无子女者须额外负担 0.25%，成为 1.275%。对于无子女者需额外负担 0.25% 并不违反平等原则。联邦宪法法院于 2001 年 4 月 3 日作出判决，认为养育子女对"现收现付"制度具有维系给付的功能，为平衡被保险人因为养育子女而负担不公平现象，长期照护保险费费率应依被保险人是否育有子女，而有差别。换言之，司法认为对于有无子女的家庭收缴不同的费率，是合理的差别待遇，不违反平等原则。然而，对无子女者课收缴额外的保费负担，对于非自愿无子女者，如不孕症者并不公平，联邦宪法法院的判决引致争议。此外，长期照护给付体系是对被发现的照护需求性进行给付，而对现代工作人口负担上一代工作人口的财源筹措而言，不单仅是保费缴交，更含有对下一代的教养问题，如果对子女的教养无法固定提供，那么，长期照护制度也应对这样的父母提供平衡措施，那就不仅只是负担不同保费费率的问题，且如果此规定与联邦宪法法院判决都合理的话，那么同样采用现收现付制度的其他社会保险，其保险费费率的负担，似乎也应如长期照护保险法，对无子女者也课予额外保费负担，才较为稳妥。保费原则上由雇主和受雇人各负担一半，但萨克森邦比全国其他邦多一天法定假日，既然多一天法定假日，雇主就减少一天收入，因此，萨克森邦的雇主负担较低的保费，受雇人则依法比雇主多负担 1%，也就是雇主负担 0.525%，受雇人负担百分 1.525%。

而在商业保险基金缴费上，法律仅规定了缴费率的下限。社会保险基金保障普通公众，覆盖率为 88%，商业保险基金主要覆盖高收入人群，覆盖率为

11%，长期照护保险基本上实现了全覆盖。由于投保人的社会地位、医疗风险和长期护理风险的交互作用，商业保险和社会保险的财务状况迥异，商业保险拥有较大盈余，而社会保险却存在较大历赤字（见图3-1）。为了协调商业保险和社会保险的收支差异，2004 年，社民党、绿党、左翼党、工会和左翼福利协会提出了"全民保险模式"（Bürgerversicherung），意在将所有人口都纳入社会保险制度，以避免两种制度并存引致的风险，同时扩大社会保险的缴费基数，除工资外的其他收入来源，如股票投资收益，都应成为缴费基数，以期实现社会保险的财务平衡。与之相反，基民盟、自民党和雇主组织反对"全民保险模式"概念，倾向采用资本积累模式①，或至少在社会保险框架内实施一部分资本积累。"全民保险模式"这一改革思路并没有成行。

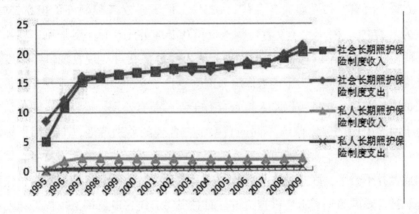

图 3-1　德国社会长期护理保险和商业长期护理保险财务状况对比　（单位：十亿欧元）

资料来源：参见 http：//www. bmg. bund. de/themen/pflege/pflegeversicherung/zahlen–und–fakten–zur–pflegeversicherung. html，访问时间：2016–01–25.

---

① 德国金融体系的一个重要特征是银行体系在整个国家金融体系中处于主导地位，因此德国的金融体系较为平稳，这也为保险公司的保险金运用提供了一个稳定的投资环境，但是保险公司保险金运用的投资回报率并不高。与平稳的金融体系相适应的是德国的保险金投资结构也较为稳健，它在银行存款和抵押贷款方面的资金投入比重要高于美国这样的直接融资体系国家。但近年来，随着欧盟一体化的深入，德国的保险公司也开始逐步加大了对股票的保险资金投入，以求获得更高的收益回报。

四、给付形式与内容

被保险人一旦发生风险事故而成为照护需求者，有权请求长期照护保险人对其提供给付，此类给付原则上依照护等级而异。凡在个人卫生、营养摄取或身体活动部分，至少有两项日常事务每日需至少 1 次，家务处理每周需多次扶助；由照顾者每天提供基本照护至少 45 分钟、整体照护服务至少 90 分钟者，属于"等级一"的显著照护需求者。在个人卫生、营养摄取或身体活动部分，每日不同时段需至少 3 次协助及每周多次的家务处理；由照顾者所提供的基本照护每日至少 2 小时，整体照护服务至少 3 小时者，为"等级二"的严重照护需求者。在个人卫生、营养摄取或身体活动部份，日夜需受协助且每周需数次的家务处理，且由照顾者所提供的基本照护每天至少 4 小时，整体照护服务至少 5 小时者，属于"等级三"最严重的照护需求者。除此三种照护等级，被保险人若有密集、每天日夜至少 6 小时且夜间需更多照护人力时，属于严重个案，给付数额高于照护等级三。

在设计给付类型时，仅提供"实物服务"被所有政策参与者否定，因与现有的护理模式相违背，并且实物给付的成本较高，难以被所有公众使用。医疗保险基金和工会偏好于实物倾向的制度；民间社会组织，如老人或残疾团体、福利协会和市场自由主义者，则倾向现金给付以增强受益人的自主选择权；大多数的政策参与者，包括基民盟和社民党在内，提出既有现金福利以体现非正式家庭护理的重要性，又有护理服务以保障护理供给质量的混合系统。最后，长期护理被定义为非正式的家庭护理、专业的居家护理和机构护理三种方式，较低水平的现金福利可以实现对非正式家庭护理服务的认可，避免对家庭护理责任的忽视；采用更高水平的服务给付，以促使居家和机构护理服务能被公众接受和使用。

不论哪一等级的照护需求者，保险人提供的给付方式有两种：

一是居家照护给付。被保险人于申请照护需求评估时，可就实物给付、现金给付或混合给付作选择。实物给付为由照护服务站的专业照护人员到宅对照护需求者进行照护；现金给付则是照护需求者依个人所需自行寻觅照护人员，照顾者可能为家属、朋友、邻居或志工；混合给付则是实物给付与现金给付的混合，照护需求者可决定其所需的实物给付与现金给付比例，但此比例须于决定采用混合给付方式的 6 个月内执行。当照顾者因生病、度假或其他原因无法进行照顾时，照护需求者有权请求 1 年最长 4 周的替代照护，不过前提是照顾者已在家中为照护需求者进行至少 6 个月的照顾工作。此外，保险人也依照护需求者的请求，提供适当辅具或改善居家环境，以减缓疼痛、方便照护工作进行或帮助其独立生活。

二是机构照护给付。除社区式居家照护服务站提供居家照护实物给付外，保险人也提供机构式照护实物给付，包括日间照顾、夜间照顾、短时照顾与住宿式照顾。日间照顾与夜间照顾属于部分机构照护，是为了避免照护需求者于照护风险发生后马上进入住宿式照护，而让照护需求者暂时留在机构，但也仍有机会留在居家环境，落实长期照护保险法居家照护优于机构照护的原则。若居家照护暂时无法提供，或日、夜间照护对照护需求者而言，属于不可能或仍不足够，照护需求者有权请求短时照护，也就是，照护需求者有权请求暂时性的住宿式机构照护，但对于具照护需求的儿童而言，类似对身体障者提供协助的机构，比一般照护机构（养护的家）更适合对儿童提供短时照护。居家照护与部分式机构照护或短期照护无法提供照护需求者的需求时，抑或照护需求者个人有特殊状况（例如不再有适当的照顾者）时，照护需求者可向保险人请求提供住宿式照护给付，但照护需求者若居住在属于医学复健、医学治疗等住宿式机构，因该机构非属于照护机构，保险人不负担此费。

除对照护需求者提供给付，保险人也对照顾者提供给付，但此"照顾者"限于无工作而于居家对照护需求者进行照护服务者而言。此类给付包括照护课程、照护假期间的额外给付与社会保险保障。

政策制定者初步预期，社会长期护理保险将会与社会医疗保险的资金规模相当，并基于德国社会医疗保险高额支出的现实，提出护理给付水平的设置必须防止未来出现财务失灵。执政联盟基民盟和自民党与反对党社民党在联邦议院进的最后谈判中，一致同意，社会长期护理保险只提供基本的资助，保险提供的总给付并不能覆盖由失能水平和给付类型决定的所有护理需求。非营利组织也同意了基本资助的原则，提出通过社会救助补充收入审查程序后的低收入受益者的护理需求，该建议也被采纳。2008年，由于给付水平已与消费者物价指数上涨引致的18.8%购买力下降不相适应，大量受益者需要依靠社会救助提供护理服务，政府相应增加了给付水平①；2010年、2012年进一步提高给付水平（见表3-1）。机构护理给付水平一直较高，目的是减少受益者对其他补充社会救助支持的依赖。这一政策初衷并没有实现，在得到社会保险给付的同时，许多贫困老人仍然需要依赖额外的支持和地方政府提供的福利项目（见表3-2）。

表3-1 德国社会长期护理保险制度给付水平调整

	失能等级判定		
	一级护理	二级护理	三级护理
现金给付：欧元/每月			
2008 年 7 月	215	420	675
2010 年 1 月	225	430	685
2012 年 1 月	235	440	700
家庭护理服务：欧元/每月			
2008 年 7 月	420	980	1470
2010 年 1 月	440	1040	1510
2012 年 1 月	450	1100	1550（1918）
机构护理服务：欧元/每月			
2008 年 7 月	1023	1279	1470（1750）
2010 年 1 月	不变	不变	1510（1825）
2012 年 1 月	不变	不变	1550（1918）

注：括号内数值为给付上限。

资料来源：参见 Bericht der Bundesregierung über die Entwicklung der Pflegeversi-

①　Heinz Rothgang, Solidarität in der Pflegeversicherung: Das Verhältnis von Sozialer Pflege-versicherung und Privater Pflegepflichtversicherung, Sozialer Fortschritt, 2011 - 04 - 05, pp. 81 - 87.

cherung und den Stand der pflegerischen Versorgung in der Bundesrepublik Deutschland, ht-
tp：//bmg. bund. de/fileadmin/dateien/Publikationen/Pflege/Berichte/ Bericht _ der _
Bundesregierung_ ueber_ die_ Entwicklung_ der_ Pflegeversicherung_ und_ den_ Stand_
der_ pflegerischen_ Versorgung_ in_ der_ Bundesrepublik_ Deutschland. pdf，访问时间：
2016-01-25.

表 3-2　德国政府社会救助中长期护理支出

	1994	1995	1996	1997	1998	1999	2000	2001	2002	2003	2004	2005	2006	2007	2008
支出	9.06	8.93	7.10	3.50	3.00	2.90	2.88	2.91	2.94	3.01	3.14	3.15	3.12	3.22	3.26
受助者	563	574	426	328	289	310	324	332	313	323	328	344	366	372	397

注：支出的单位为百万欧元，受助者单位为千人。

资料来源：参见 http：//www. bmg. bund. de/themen/pflege/pflegeversicherung/zahlen-und-
fakten-zur-pflegeversicherung. html，访问时间：2016-01-25.

五、给付覆盖范围

社会长期护理保险并没有覆盖家庭服务，覆盖范围为个人卫生、饮食或流动性的护理服务。资助对象主要面向功能性障碍，忽视心理或认知障碍，如老年痴呆症被排斥在外。尽管受益者总量较大，但在老年人口中所占比例并不高，例如，2009 年 65 岁以上老年人获得给付的比例仅为
11.5%。[①] 因而，后续改革主要围绕着重新定位护理保险的功能和对老年痴呆症患者的制度覆盖。所有政策参与者，包括老年痴呆症协会、慈善组织、专家和行政人员在内，一致认为需要加大对老年痴呆症患者的支持，但基于保险支出成本的考虑，采用了渐进式的改革策略。

2002 年的补充法案规定，补充护理法案扩展了失能等级认定范围，将认知和心理障碍也纳入进来，患有老年痴呆症的受益者每年可得 460 欧元，

---

① Heidi Oschmiansky, Wandel der Erwerbsformen in einemFrauenarbeitsmarkt. Das
BeispielAltenpflege, *Zeitschrift für Sozialreform*, 2010-01-14, pp. 29-55.

用于购买日间护理、短期护理服务及低阈值的服务。这项改革备受欢迎，但其给付水平过低并不足以缓解非正式家庭护理者的负担和改善受益者的护理状态。2008年，给付水平从每年460欧元增加到1200欧元，在特殊情况下每年最高可达2400欧元；给付资格标准也发生改变，使得原来不符合一级护理资格的申请者，也可以满足补充法案定义的资格标准获得给付，导致给付总量显著增加。心理和认知障碍患者长期被政策忽视的一个重要原因是，这些患者的失能等级认定较为困难。目前，护理专家已提出一个基于护理学和医学标准的新的失能等级评估工具，但考虑到新工具采用后受益者总量迅猛增加及相应保费支出压力，新的评估工具是否实施还不明确。

第二节 日本制度模式：持续的成本控制措施及调整

一、日本介护制度初始：慷慨的普享设计

日本介护保险制度的方案设计一方面延续原有"金计划"的相关政策措施，另一方面吸收了德国和北欧国家长期照护模式的经验。但总体而言，日本介护制度可以称为"慷慨的普享"设计，所谓"慷慨"是指给付比例和给付内容相比其他国家较高，所谓"普享"是指以全部老年人群和部分年轻人群为制度覆盖范围，而非仅以困难老年人群为对象。

第一，日本采用与德国一样的社会保险原则来运行照护系统，而不是选择北欧风格的税收筹资地方服务的模式，主要是因为金计划已是税收筹资的照护服务，税收筹集的财政困境也已显现，而社会保险费比增税更能够让人接受。具体筹资为：老年受益者负担接受服务费用的10%，其余费用一半来自介护保险的缴费（每个人40岁就开始缴费），而另一半来自中央和地方税收，中央政府承担保费的25%，其中5%作为"调整支付金"以平衡各市町村的负担，都道府县和市町村各承担保费的12.5%。市町村

是介护保险的承保人，基于中央的方针管理介护保险制度，从 47 个都道府县获得技术和行政支持，确定各自介护保险的预算和居民的保险费，并依据国家标准的需求评估制度确定申请人的给付水平。

与北欧模式的另一个显著不同是，日本赋予受益者一定量的具体给付选择权，受益者可以自由选择他们所需要的服务类型以及相应的服务提供者。而在北欧模式下，给付资格、给付规模和给付服务及其提供商的选择决定，是由市政府部门工作人员在考虑受益者的收入和家人照护的可及性后做出的。这也是日本"金计划"的运行模式，由于给付评估指导原则的模糊和地方行政能力的缺失，往往导致给付相关决定的主观随意性较大。介护保险的政策制定者坚持稳定的给付资格原则，将服务及其供应商选择的权力赋予受益者，而非地方官僚机构，这也是对坚持北欧模式的社会福利专家的一个重要反击。

第二，日本介护保险覆盖范围和给付相当慷慨，致使其长期护理的公共支出高于德国和美国等其他国家（表 3-3）。日本给付资格评估的方式原则上与德国相似但更不严格，65 岁以上老年人口中约 17% 已被认证为符合资格，而德国仅为 10%；此外，在同等的疾病水平上，日本给予的社区照护服务数量是德国的两倍。日本制度的慷慨性是因为相当多的低照护需求老年人在"金计划"下已经得到了相当多的给付，新的长期照护制度只能刚性上涨，进一步提升老年人的福利水平。

第三，与北欧制度的较为相同的地方在于，日本介护保险仅仅依靠正式的服务。在传统的日本家庭中，照顾年迈的父母责任落在了长子的妻子身上。照料被视为尽一切所能做的事的责任且生活在同一个家庭中 24 小时内可实现。虽然与任何孩子居住在一起的老年人的比例已大幅下降，所占比例约为 40%，这仍被认为是家庭照料的常态模式。保守主义者认为家庭照料是日本家庭价值观的体现，而女权主义者认为这是剥削。儿媳照料为剥削的观念盛行，导致日本介护保险旨在用正式服务替代部分家庭责任以减轻家庭照顾者的负担，从而给他们更多选择工作或追求其他兴趣。而现金不会减轻照料者的沉重负担，所以给付类型没有选择现金形式。这一政策与德国的现金津贴形成了较为鲜明的对比，德国的现金津贴通过奖励和鼓励家庭照顾支持传统家庭价值观，德国也包括照顾者的养老金缴费和提供假期时间，类似于支付雇佣者。

表 3-3　2005 年美国、德国和日本的 65 岁以上老年人平均公共照护支出

单位：美元

	美国	德国	日本
1. 居家和社区基础的服务	512	480	617
（1）家庭的护理	477	441	236
家政服务	474	140	236
没有医疗的服务	277	140	197
有医疗的服务	197	0	39
现金津贴	0	290	0
看管	0	237	0
照料者的获益	0	52	0
喘息服务	3	11	0
（2）家庭外部的照护	0	17	368
日间护理	0	5	293
没有医疗	0	5	203
有医疗	0	0	90
喘息服务	0	12	75
在非医疗设施	0	12	59
在医疗设施	0	0	16
（3）物质援助	35	22	14
辅助器械	35	0	3
家居装修	0	0	11
无故障	0	22	0
2. 机构照护	1094	654	1061
（1）护理院	1094	654	730
（2）一般医院的介护	0	0	222

	美国	德国	日本
（3）居住区公共设施的照护	0	0	109
痴呆老年人的家	0	0	78
私人付费的家	0	0	31
3.行政管理	0	51	74
医疗管理	0	16	74
报告	0	35	0
总支出	1605	1185	1751

资料来源：Campbell JC，Ikegami N，Gibson MJ. Lessons from publiclong-term care insurance in Germany and Japan. Health Aff（Millwood）2010，29：87-95.

二、日本介护政策的调整：持续的成本控制

（一）改革的动因

日本的"慷慨的普享"原则下的服务体系必然是昂贵的，保持成本管理一直是政府重点关注领域。第一个五年长期照护保险总支出已迅猛增长，到2005年不包括10%的个人公摊部分的年支出已上升到5.5万亿，以购买力平价折算为440亿美元，高于原先预测20%。成本过高有以下几个方面的原因。

首先，照护服务资格的手段测试的取消及制度的普及，带来的照护服务需求迅猛增长。在第一个6年（从2000年4月至2006年3月）被认证人数增加109%，增至456万，远远超出65岁及以上的人口、75岁及以上的人口增速（分别为20%和34%），其中家庭护理使用者增长了180%，至2724100人，机构服务使用者增长了56%，至813200人，但介护保险的预算增长率为97%，增至645亿美元（约合15110日元），明显低于使用者的增速，可能是因为低需求且需要较少服务的使用者数量超过了高需求

者数量。大于预期的增加主要源于自由资格标准导致准入高于预期。如果使用德国准入资格标准，⅔的资格者将是不符合资格的。

第二，受益老年人有强烈的经济刺激进入照护服务机构。照护服务机构的等待目录已经遍布全国，如2002年等待总人数为4230000人，比1988增加了五倍。为了发展照护服务市场和避免传统服务机构提供者的对抗，机构服务的报销政策遵循医疗和福利系统政策，引致老年人住在机构比在社区更加便宜。2002年，护理院的获益者的每月负担费用为509美元/月（共享房间）到736美元（私人空间）不等，涵盖住宿、食物，生活区、全天候护理和安全等相关费用，该公摊部分低于日本绝大多数公寓的房租和水电费；社区中的获益者，如为认知问题和需要辅助生活设备的人服务的特殊群体之家，却为各种费用、食物和费用公摊部分支付1000美元/月到1725美元/月。显而易见，进入机构比待在社区里更实惠，但是护理院的每位获益者总护理成本是社区的3倍多，2006年4月机构的每位护理成本为2635美元/月，而社区成本为860美元/月。因此，机构照护服务的需求不断增加会严重影响到介护保险的财务稳定。

增加私营部门的参与被认为是满足日益增长的照护需求的必不可少的一个环节，这一发展战略认同了照护市场利润的存在和供应商的诱导需求，引导了大量的营利性供应商进入了家庭护理市场。截至2004年10月，48%的家庭护理机构是盈利性质的。护理院同时也接受着政府因其资本投入而提供的公共补贴或奖励。因此，政府就需要控制每个地区的护理院的总床位数量，防止营利性供应商自由进入市场。然而，营利机构已经开发了大量特殊群体之家，这在技术上被定为"住宅"。长期照护服务是日本第一个向营利性部门开放的人口和健康服务领域。政策的初始发展引致机构发展的经济刺激并产生供方诱导需求，而与社区为基础的政策愿景相违背。

第三，管理者的市政府部门无法控制提供服务的数量和类型。由都道府县认证的护理管理者根据每位老年人被认证的需求水平制定照护计划。原来市町村的公共卫生系统内的护士承担这一角色，但是随着照护需求增加，服务供应商的合格员工，5年经验的注册专业人士，如护士、医生、社会工作者和物理治疗师也被批准有制定照护计划的资格。不可否认的是，一些护理管理者有强烈地经济刺激，增加了不必要的服务项目或辅助装置，以增加对所属公司产品或者服务的需求。

（二）改革措施

根据日本财务省的相关统计，日本政府累计债务余额占 GDP 的比重在进入 20 世纪 90 年代后开始迅速上涨，自 1999 年起政府负债比重开始在 G7 国家中长期排第一位，到 2011 年已经突破 200% 的高位。如果说经济增长的低迷为日本社会政策的收紧埋下了伏笔，那么日本政府债务的高企则直接吹响了诸多"公助"政策收紧进程加速的号角。

一是调整护理院获益者的"住宿"成本。2005 年改革的首要目标是通过增加机构获益者支付住宿和餐费来降低进入机构的经济激励。2005 年 10 月，护理院的月公摊标准上升了 50%，养老金收入为 24181 美元以下的低收入老年人被免除公摊部分。政府计划通过减小机构服务给付与社区服务给付的落差，增加社区服务的吸引力。这种变化是走向社区照料体系的关键一步，另一个政策是允许老年人获得在老年人住宅、特殊群体的家和辅助生活环境等各种形式中的家庭和社区为基础的服务，该政策于 2006 年 4 月开始实施。生活设施的供应商允许外包服务，因此其可从发展内部服务（in-house services）的负担中解放出来。这种灵活性有助于创新性生活设施产品的开发，如为当地居民的小型社区住宅设施到或公寓附属，为了优惠服务与医院或其他照护供应者联系。政府预期这一政策调整将会模糊传统的介护机构（主要是非营利）和其他住宅和辅助生活设施（主要是营利）的区别。传统的介护机构面临着被吸引到老年市场中的大量营利性产业的竞争。政府认为护理院的"住宿"收费不仅是降低成本的措施，也是转向以社区为导向的介护制度的长远目标的一步。

二是增加新的预防给付。改革的第二个部分是自 2006 年 4 月推出新的预防性给付，其目标是为低照护需求的老年人提供提高体力、营养状况、口腔功能、心理健康、力量训练、营养管理和教育等服务以防止老年人成为依赖。政策之初，集中在为依赖性老年人提供服务，后来逐步增加了对较低需求者和未来存在照护风险的老年人的预防服务。早在 1982 年，市政府（有时与医疗设施签订合同）在老年人的健康服务法律下为 40 岁以上的居民提供预防性服务（如老年人的健康检查和教育、家庭访问、营养教育和护理）。此时，预防服务中心由公共卫生护士和市政府部门公务员组成，市政府公务员自二次世界大战后一直执行公共医疗行为。新的预防给付改革将他们对老年人的促进行动融入到介护保险制度中，实现经济资源在项目间的转移。随着这种变化，"预防服务"在介护保险系统内具有更大的优先权。

针对低需求老年人的新的预防性给付是显著的。在2006年的前制度下属于较低的两个需求水平（支持需求和照护需求水平1）的认证老年人极大地增加；从2000年4月其占照护需求认证总人数的39%增长到2005年6月的49%（200万）。在新的制度下，所有支持需求和绝大多数的照护需求水平1的老年人被认证获得新的预防性服务（新的认证级别，支持等级1或2）。这些老年人不包含老年痴呆症，风湿免疫疾病，或者其他行走、单腿站立或者进出浴缸困难的老年人。预计认证的老年人中约有40%（170万）属于这一类型给付。预防给付能够限制介护保险制度对支持等级1和2的实际支出。

许多新的预防性服务与传统介护服务是一样的，例如，帮助日常生活的活动。关键的区别是，提供服务是为了实现"保持或提高日常活动能力和防止人们成为依赖"的目标，服务内容、阶段目标和方法更适合于低照护需求水平的人。预防服务解决了各种功能、心理和认知问题等方面的依赖性风险因素。支持2或1级的人被鼓励参加日间服务或康复中心的活动，以改善肌肉功能和口腔功能及其营养状况。

新的预防性给付管理中心为综合社区支持中心，由市政府在每个2万到3万人的社区建立。该中心是老年人获得各种需求的社区基地，由一个公共卫生护士、一个注册的社工和一个照护管理者的监管者组成一个小组，负责预防护理管理（包括需求评估和支持等级1或2的护理计划制定，老年人社区支持项目发展），监管虐待老人，保护老年人权利和其他支持服务，并支持综合的、连续的护理管理，以增强各种单独为老年服务专业人员的功能和协调。这些中心不提供1至5照护水平的护理管理，也没有直接提供预防服务。由都道府县认证的供应商根据护理计划提供服务。日间服务供应商获得专家服务的额外补偿，包括营养学家、牙科保健员（9美元/月）、物理及职业治疗师（21美元/月）。到2006年4月，1690家保险人中的（代表1842个市町村）87.8%建立了一个或多个综合社区支持中心。[18]市町村的作用扩展为承担管理这些中心的责任和发展适合社区的服务内容。

护理政策最初执行的重点是避免"不提供服务的保险系统"，这一策略促进了私营行业参与和护理市场成熟并渗透到普通大众，但不正当的经济激励进入护理院和低需求者的服务滥用相伴而生，导致成本上升。2005 长期护理保险的改革不仅是为了控制成本，而且进行重新调整以实现了 1989 年政府提出的为老年政策愿景。2005 年改革并未面临来自供应商和公众的反对，这主要是因为护理保险的财务稳定符合每个人的利益。后续政策改革不仅有助于遏制长期照护成本，而且增加社会对护理设施和预防服务作为商业机会的认识。住宅设施市场的扩大拓宽老年人的护理服务选项；机构服务的住宿费用的实施能够激励老年人比较机构并做出最优选择，政府同时要求服务供应商公开其项目和服务质量信息。日本的婴儿潮一代比以前的老年人具有更强的地区流动性，有可能搬迁到更好的长期护理服务的市町村。市町村政府欢迎那些能够带来各种消费的老年人的流入，以刺激地方经济。

三、施政效果评估

日本介护保险已经运行了十多年，现在受益者有近 500 万人，机构受益者数量增长 83%，但更为显著的是，接受家庭和社区服务的人数增长 203%。[①] 截至 2011 年 1 月，家政拜访了 140 万人，成人日间护理中心被 190 万人使用。[②] 65 岁以上人口约 6.5% 的人参加日托，在德国和瑞典为 1%。[③] 介护保险服务的扩展是在日本老年人日常生活的重大变化。表明长期照护政策显著改善了社区中正式和支付照料的可及性。服务使用趋势的差异依赖于

---

① Ministry of Health, Labour and Welfare. Report on various current states around LTCI. http: //www. mhlw. go. jp/stf/shingi/2r985200000123iu-att/2r985200000123se. pdf （date：2015/05/15）.

② Ministry of Health, Labour and Welfare. Monthly report on long-term care benefit expense. http：//www. mhlw. go. jp/seisakunitsuite/bunya/hukushi_ kaigo/kaigo_ koureisha/topics. html （date：2015/04/18）.

③ Swedish Association of Local Authorities and Regions. Care of the elderly in Sweden today. Stockholm：Ordförrådet AB, 2006.

家庭收入，1998 年正式服务使用率在各收入全体间基本相同，介护保险实施后高收入组的家庭使用明显比中低收入组高 4%。[1] 欧洲国家的正式服务的使用在各类型收入人群中也存在显著差别，德国高收入家庭使用比例更高。[2]

正式服务使用对照料者身体负担的影响已被证实，统计意义上减轻了照护者的心理负担。对照顾者自身健康状况的影响不能确定。从对家庭照料者的照料、工作或者其他行为的时间分配的影响来看，以整个研究人群为样本，引入介护保险后照料时间的平均花费每天显著下降了 0.81 个小时，花在其他行为上的时间每天增加了 0.67 小时；该影响依据收入水平差异而不同，在中等收入和高收入家庭中，花费在照料上的时间减少了 0.81 小时和 1.36 个小时，而低收入家庭的变化并不明显。这一研究结论与低收入家庭正式服务使用较低现状相一致。此外，对于高收入的家庭照料者，引入介护保险后更多地参加工作，每周工作花费时间增加了 4.57 个小时，在高收入组，花在其他活动增加了 0.5 小时，但这一结论并不显著；低收入和中等收入照护者在引入介护保险前后工作时间变化较小，他们在其他活动上多花了近 1 个小时，低收入家庭为 0.9 小时和中等收入家庭为 0.84 小时。[3] 这种差异的一个可能解释是高收入照料者的照料的机会成本很高，因为他们可以得到更高的工资。此外，雇主往往会倾向于雇佣将家庭照料让给全职工人来做的高收入家庭成员。

2004 年的家庭正式照护支出比制度之前的花费减少了 5%，家庭照护花费支出的降低在各收入阶层的群体中都体现出来。[4] 介护保险对家庭照

---

[1] 内阁府国民生活局物価政策課. 介護サービス市場の一層の効率化のために —「介護サービス価格に関する研究会」報告書. http：//www. caa. go. jp/seikatsu/2002/0807kaigo/a-1. pdf.

[2] Theobald H. Conditions and challenges of Germany's long-term care insurance：care policies and inequalities based on gender, socio-economic class and ethnicity [J]. J Asian Women's Studies. 2010, 18：1-23.

[3] Shimizutani S, Noguchi H. What accounts for the onerous care burden at home in Japan?：evidence from household data [J]. The Economic Analysis. 2005, 175：1-28.

[4] Iwamoto Y, Kohara M, Saito M. On the consumption insurance effects of long-term care insurance in Japan：evidence from micro-level household data [J]. Japanese Intl Economies. 2010, 24：99-115.

料者的实际经济收益是明确的，但对其心理负担的影响结果是多元的，该效应依赖于收入差异而不同。介护保险并不能够完全解放家庭照料者，虽然把父母放在护理院会减轻大部分照料负担，但政府由于成本考虑不愿意建立更多护理院等照护机构，导致护理院等待时间较长，家庭照料者只能依靠家里的帮助、日间照料和其他家庭、社区服务，这可能永远不足以减轻家庭照护人的负担。这一逻辑有助于解释为什么许多妇女对政策不满持续存在。介护保险并没有解决老年受益者及其家庭的脆弱性和依赖性的问题。长期照护政策可以做到的只是提高这些老人的独立性和生活质量，家人特别是主要照料者对父母的责任和关心是不能被政府制度取消。但不可否认的是，长期照护政策在一定程度上带来了正式服务的扩展，照料的形式也越来越普遍且被接受，即使在最老式的农村地区。

第三节　韩国制度模式：多样化的制度类型与筹资渠道

一、多样化的照护制度类型

韩国的长期照护制度可归纳为三大类型：一是老人长期照护保险制度，二是老人照顾服务制度，三是身心障碍者活动支持制度①。除第一项为社会保险制度的外，后二者均为政府税收编列预算提供的社会福利制度。老人长期照护保险制度是针对 65 岁以上经认定失能需要照顾的老年

① "失智症特别等级"试办实施计划，实施对象为认定等级外者（认定分数 41 以上低于 51），若有轻度失智症，需从医院得到失智症诊断书后向 NHIS 分支（试办小区）申请。参与的受益者以使用居家型服务为原则，为了预防失智症恶化应该参加认知训练活动。认知训练活动为使用日夜间照护型或居家照护型认知训练（1 日 2 小时，每周 3 日以上）。给付每月限额为 708800 韩元（约为等级三的 80%）。试办期间，本人部分负担，一般户 15%，得减轻部分负担者 7.5%，基础生活保障者免部分负担。预计于 2014 年 7 月正式实施。

人；老人照顾服务制度是针对不符合老人长期照护保险认定标准的等级之外，但是需要协助的老年人提供的服务；身心障碍者活动支持制度是针对未满65岁的身心障碍者提供生活协助服务。后两项因为政府预算有限，以服务中低收入户为主。三者虽然都是属于长期照护制度的一个项目，但各有负责的主管单位（见表3-4）。这也就带来服务使用者必须具体了解不同条件限制与自身资格后，才能得到合适的服务，这也使得韩国境内长期照护领域学者专家疾呼应施行"照顾管理"制度，不过，这样的呼声在韩国国内尚未形成共识，政府人员与专家学者对"照顾管理"一词仍有不同的见解。

表3-4　韩国长期照护制度类型

制度类型 项目	老人长期照护保险	老人福利服务制度	身心障碍者活动支援制度
对象	65岁以上经认定具有长期照护需求者；未满65岁，但失智症或老年疾病者	65岁以上未符合老人长期照护保险服务但需要生活服务者	未满65岁，生活需要协助服务者
负责机关	国民健康保险公团	地方政府、老年政策科	国民年金公团、身心障碍者政策科
依据	老人长期照护保险法	老人福利法	关于身心障碍者活动支援的法律
服务提供人员	具服务专业训练的疗养护理师	活动辅助人员	

二、多样化的筹资来源保障了财务盈余

韩国选择社会保险方法主要是因为，政府不愿意扩张财政基础上的项目，担心这种扩展会增加政府财政负担，且卫生和福利部门也偏好选择自己部门控制下的制度模式，以扩大其部门权力和能力。韩国社会医疗保险

制度已实现普遍覆盖，由于路径依赖，最终选择以缴费为基础的社会保险机制而不是以财政系统。韩国借助社会医疗保险的现有制度安排支持穷人和部分自主就业者，而对中等等收入群体实行共同支付。具体上，有四个筹资来源：

第一，社会医疗保险参加者的缴费，长期照护保险和社会医疗保险的缴费被国家医疗保险服务（National Health Insurance Service）集中征缴，但是执行上是分离的。正式雇佣者缴费率为工资的0.38%，由雇员和雇主分别缴纳0.19%。自雇者（包括农民）的缴费由包括个人收入、财产和其他资产的总价值决定。保险费率是由保健福祉部设置的长期照护委员会审议。长期照护保险费率由原本政策之初健保费率的4.05%，在2010年就上升为健保费率的6.55%，一直维持到2013年（表3-5）。缴纳数额对个人负担并不重（Park，2013），以2012年为例，地域加入者（每一家户）平均缴交5275元（韩元），职场受雇加入者平均缴交11072元（韩元），职场加入者薪资中的0.38%。为了征收保费方便，老人长期照护保险费与健康保险费并同征收，保费征收情形良好，除了刚开办时的征收率较低外，2009年、2010年、2011年、2012年和2013年照护保费征收率分别为96.8%、97.5%、98.3%、88.5%、98.7%，一致维持在较高水平上。

表3-5　老人长期照护保险费率及金额

单位：韩元

区分		2008年	2009年	2010年	2011年	2012年
老人长期照护保险费*		4.05%	4.78%	6.55%	6.55%	6.55%
平均老人长期照护保险费	区域	2690	3200	4690	5027	5275
	职场	5200	6288	9211	10351	11072

注：韩国长期照护保险费率为健保费率乘以固定百分比，如2008年是健保费率乘以4.05%，2010年增加为健保费率乘以6.55%。

数据来源：Park, H. J. Achievement and challenge of LTC Policy for the older persons inKorea. 2013 ICSW NEA Region Conference. June 22-23, 2013. Korea NationalCouncil on Social Welfare. Seoul, Korea.

第二，政府财政补贴长期照护保险缴费，约占预期缴费进项的 20%。如表 3-6 所示，2013 年总收支预算编列有 40301 亿韩元，其中，中央与地方负担的收入预算有 13244 亿韩元，占总收入预算的 32.9%，中央约占 11.4%，地方约占 21.4% 。有关医疗救助保险对象的长期照护给付费用、医师意见书核发费用、居家护理指示书核发费用中 NHIS 所负担的部分，以及全部行政管理费用，由国家与地方政府来负担。从各年度收入与支出预算金额来看，目前韩国老人长期照护保险是盈余的状态（见表 3-7）。

表 3-6　2009-2013 年 NHIS 老人长期照护保险收入预算

单位：亿元韩币

划分	2009 年	2010 年	2011 年	2012 年	2013 年
总和	21387	28998	32494	35598	40301
●事业收入	12055	17431	20204	22771	26170
地区保险费收入	2590	4150	4164	4509	4908
国家负担保险费收入	713	1009	1140	1290	1320
公教保险费收入	908	1299	1469	1662	1717
一般公司保险费收入	7844	10973	13430	15310	17225
●政府支援	8501	10774	11252	11847	13244
国库支援	2035	3323	3883	4152	4602
地方政府负担金	6466	7451	7369	7695	8642
●事业外收入	104	166	178	293	557
资产运作收入	34	70	90	177	433
其他征收金收入	70	95	87	115	123
其他收入	–	1	1	1	1
剩余结转	727	627	860	687	1330

数据来源：韩国国民健康保险公团，老人长期照护保险财务现况，http：//www. nhic. or. kr/portal/site/main/MENU_ WBDDA07/（date：2015/03/15）。

表 3-7　2009-2013 年 NHIS 老人长期照护保险支出预算

单位：亿元韩币

划分	2009 年	2010 年	2011 年	2012 年	2013 年
总和	21387	28998	32494	35598	40501
●事业费用	19154	26554	29801	32727	36989
长期照护给付	18826	26234	29493	32444	36705
事业经费	328	320	308	283	284
●行政管理费用	1419	1429	1500	1744	1994
人事费用	1103	1106	1159	1386	1583
经常费用	316	323	341	358	411
●事业外费用	1	1	1	2	3
杂亏损	1	1	1	2	3
●非流动资产	53	68	245	88	141
投资资产	1	1	1	5	17
有形资产	12	41	220	57	124
●预备费用	760	946	947	1037	1174

数据来源：韩国国民健康保险公团，老人长期照护保险财务现况，http：//www. nhic. or. kr/portal/site/main/MENU_ WBDDA07/（date：2015/03/15）。

第三，中央和地方政府为了提高社会总体给付水平，实施基本生活保障计划（the Basic Livelihood Security Program，简称 BLSP）对特殊人群进行完全缴费财政补贴，对于经常生活在贫困下，但在收入、资产、亲戚提供援助的可得性等方面不符合 BSLP 条件要求的公民补贴 50% 的缴费。

第四，个人分担支付部分占家庭照护服务费用的 25%，占机构照护服务费用的 20%，食材、理发、床房差额、日常生活费用等为非给付项目，由受益对象个人全额负担；获得居家型给付者部分负担率为 15%。对于较低收入者，部分负担得以减免或免除，包括医疗救助法保险对象等，其所得在最低生活成本 130% 以下者（中低收入户），自行负担部分为减半负担，也就是居家型给付部分负担 7.5%，机构型给付部分负担 10%。适用

"国民基础生活安全法"所适用的对象（低收入户），完全免部分负担。各身分类别保险对象部分负担比率以表3-8表示。

表3-8　分类别保险对象自费负担比率

保险对象类别	居家型给付自付比例	机构型给付自付比例
一般保险对象	15%	20%
其他医疗救助对象 次贫医疗救助保健资格者（罕见疾病、慢性疾病者） 低收入户（收入与财产属依法可获得减轻标准以下者）	7.5%	10%
基础生活保险对象	0%	0%

数据来源：韩国国民健康保险公团，老人长期照护保险财务现况，http：//www. nhic. or. kr/portal/site/main/MENU_ WBDDA07/（ date：2015/03/15）。

三、给付等级与给付类型

（一）给付内容

保险受益对象须具备以下二个条件：（1）65岁以上的老人，或者患有失智症、脑血管疾病等老人性疾病的65岁以下的人。（2）经认定6个月以上无法自己从事日常生活活动者。认定等级分为三等级：等级一、等级二、等级三，非属认定等级者（等级外[①]）服务需求由地方政府支持。韩国确定给付资格有两条标准，一是65岁以上的老年人口，二是年龄小于65岁但患有如阿尔茨海默氏症的"老年病"的人，满足任何一个条件都可以申请给付。申请给付的费用也被保险涵盖，普通申请者只需支付20%的申请费用，医疗残疾申请者只需支付10%的申请费用。为了限制给付，卫

---

① 等级外分为三类，A（45-未满51分），B（40-未满45分），C（未满40分）。

生福利部门工作人员（包括社会工作者或护士）进行家访，评估申请人的身体功能、心理认知功能、对照护和康复治疗的需求程度，采用标准化方式评估其日常生活能力；再由医师、个案管理者和社会保障专业人员组成的评委会对个人申请进行评估。给付资格要求申请人超过六个月以上日常生活不能自理。根据涉及 52 个维度的心理和身体状态的清单计算出总表现得分，将五个等级水平分配给申请人（见表3–9）。

表3–9　韩国给付等级及相应的给付水平

给付水平	评估分值	定义	每月受益范围（2013 年）		
			现金给付	家庭照护	机构照护
一级照护水平	95 – 100 分	日常生活的各个方面都需要帮助	每月 173 美元	受益为 1015–1318 美元不等，取决于给付水平	受益为 1298–1824 美元不等，取决于给付水平
二级照护水平	75 – 94 分	日常生活的大部分方面需要帮助			
三级照护水平	60 – 74 分	在日常生活的某些部分需要帮助			
四级照护水平	51 – 59 分	日常生活中较小领域需要帮助			
五级照护水平	低于51 分	不批准给付，除非患有老年痴呆症			

资料来源：Park, H. J. Achievement and challenge of LTC Policy for the older persons inKorea. 2013 ICSW NEA Region Conference. June 22–23, 2013. Korea NationalCouncil on Social Welfare. Seoul, Korea.

（二）给付类型

韩国给付类型主要由两种。第一种是以实物给付（服务）为主以现金给付为辅助，离岛与偏僻地区无法使用服务者得请领取现金给付。由于担心长期照护保险的现金给付被滥用以及服务质量低落，只有很少量的例外情形才提供，其所扮演的角色还可以再重新评估。事实上，韩国老人长期照护保险制度中提供现金给付并没有受到国内女性主义运动者反对，相反地，现金给付为受益者提供了选择，以及在正式与非正式照顾者间竞争的正向效益。此外，由于现金给付的给付水平较低，因此节省成本也是现金给付的一个好处，而且现金给付也弥补了部分地区长期照护供给不充足的问题。①

第二种是实物给付，分为居家型给付与机构型给付。居家型给付包括居家访视（协助及家事服务）、到宅沐浴、居家护理、日夜间照顾、短期照顾、其他如辅具购买与租借等。机构型给付包括：老人长期照护机构及老人共同生活家庭。现金给付较少提供，只有在受益人所在地区没有服务提供者的情况下使用，现金给付受到限制主要是考虑老年人有可能在家里遭受虐待，和非正式的照护提供者有可能提供低质量的服务。设备给付包括为 ADLs 受益者购买移动厕所、行走和防滑产品等 10 种产品，以及租赁手动轮椅和电动床等 6 种辅助设备，但不包括住宿（机构照护）、食品、理发和发型设计、升级的房间和其他人或家庭内部所提供的责任服务。

（三）给付的使用

韩国施行老人长期照护保险以来，给付与服务使用情形大致呈现稳定成长状态。依据健康保险公团公布最新统计数据显示，截至 2013 年底，给付利用人数近 40 万人，给付费用达 35234 亿韩元，其中公团负担金额为30830 亿韩元，机构型给付金额略高于居家型给付金额，每名受益者公团每月平均负担费用约 87 万韩元（表 3-10）。

表 3-10 韩国老人长期照护保险人给付情形（2009-2013 年）

类别	2009 年	2010 年	2011 年	2012 年	2013 年
给付利用人数（人）	291389	348561	360073	369587	399591
给付利用日数	5115	7357	7938	8034	8585

---

① Kwon, S. The introduction of long-term care insurance in South Korea ［J］. Eurohealth. 2009, 15（1）: 28.

类别	2009 年	2010 年	2011 年	2012 年	2013 年
给付费用（亿韩元）	19718	27456	29691	31256	35234
公团负担金额（亿韩元）	17369	24083	25882	27177	30830
公团负担率（%）	88.1	87.5	87.2	86.9	87.5
受益者每人每月平均给付费用（韩元）	952163	958652	944916	956986	996714
受益者每人每月平均公团负担金额（韩元）	838912	838915	823727	832132	872106

注：公团负担率=公团给付金额/给付费用

受益者每人每月平均给付费用（公团负担金额）=给付费用（公团给付金额）/各月给付利用人数

数据来源：Duk, S. W. The establishment of case management program for the good quality of care in Korea's long-term care insurance system for the elderly. 2013 ICSW NEA Region Conference. June 22–23, 2013. Korea National Council on Social Welfare. Seoul, Korea.

　　每年各项申请案件人数呈现增加的趋势，2013 年就有 68 万多人提出各项申请。保险受益人数自 2009 年底的 286907 人，增加到 2013 年 378493 人，年度申请通过认定率大约是 70% 左右。虽然整体上韩国老人长期照护保险受益人数已逐渐增加，但若以通过者皆为老人估算，2013 年老人受益者仅占总老人人口数 6.1%[①]（见表 3–11），以一般老人 ADL 失能率来估算，受益人数还有成长的空间。历年来等级认定结果都是以第三级所占人数及比例最多，且有逐年增加的趋势，如 2013 年认定为等级三的保险对象人数占全部认定通过者的 71.2%，等级二约占 19.0%，等级一约占 9.9%。整体上，认定等级三所占的比重逐年提高（表 3–12）。这可能是因为保险人调控整体财务并持续扩大受益对象的作法，也可能是老人持续受到良好照顾，照护需求等级实际获得改善的结果。

[①] 韩国整体医疗保障人口 5145 万人，65 岁以上老年人口为 619 万人（老人占总人口比率约为 12.0%）。

表 3-11　韩国老人长期照护保险申请与认定通过情形

单位：人

类别	2009 年	2010 年	2011 年	2012 年	2013 年
老人人口（65 岁以上）	5286383	5448984	5644758	5921977	6192762
申请件数	522293	622346	617081	643409	685852
认定人数（等级内+等级外）	390530	465777	478446	495445	535328
认定通过人数（认定通过率）	286907 (73.5%)	315994 (67.8%)	324412 (67.8%)	341788 (69.0%)	378493 (70.7%)
老人通过认定率	5.4%	5.8%	5.7%	5.8%	6.1%

数据来源：National Health Insurance Corporation，2013 老人长期照护统计年报，ht-tp：//www. nhis. or. kr/portal/site/main/MENU_ WBDDG0210.

表 3-12　申请通过老人长期照护保险给付认定者——以认定等级区分

单位：人

年月	通过数	等级一（人）	等级二（人）	等级三（人）
2008 年 7 月	146643	50209	39080	57354
		34.2%	26.6%	39.1%
2008 年 12 月	214480	57396	58387	98697
		26.8%	27.2%	46.0%
2009 年 12 月	286907	54368	71093	161446
		18.9%	24.8%	56.3%
2010 年 12 月		46994	73833	195167
		14.9%	23.4%	61.8%
2011 年 12 月		41326	72640	210446
		12.7%	22.4%	64.9%
2012 年 12 月		38262	70619	232907
		11.2%	20.7%	68.1%

续表

年月	通过数	等级一（人）	等级二（人）	等级三（人）
2013 年 12 月		37283	71824	269386
		9.9%	19.0%	71.2%

资料来源：Duk, S. W. The establishment of case management program for the good quality of care in Korea's long-term care insurance system for the elderly. 2013 ICSWNEA Region Conference. June 22-23, 2013. Korea National Council on Social Welfare. Seoul, Korea.

事实上，保险对象通过等级认定后不一定实际使用服务，若以签订服务使用契约为实际使用者计算，实际使用长期照护人数呈现逐年增加的发展态势，从 2008 年近 14 万人提高至 2013 年已超过 30 万人，通过使用率从 2008 年 64.9% 提升到 87.8%（扣除死亡、重复申请、不使用服务等），除了 2008 年以外其他年份大致上是维持在 80% 以上的通过使用率（表 3-13）。就具体各种类型的服务使用情况来看，韩国老人长期照护保险制度施行以来，机构型照顾及居家型服务使用都是呈现成长的趋势，但比例上比较偏向使用居家型服务。历年机构型跟居家型的使用比例大约维持在 3：7（表 3-14）。

表 3-13　老人长期照护保险认定与实际使用情形

单位：人

项目	2008 年	2009 年	2010 年	2011 年	2012 年	2013
认定通过者	214480	286907	315994	324412	341788	355727
实际使用者	139192	238408	278413	288242	300869	312238
通过使用率（%）	64.9	83.1	88.1	88.9	88.0	87.8

注：实际使用者以签订服务契约为准。

资料来源：Duk, S. W. The establishment of case management program for the good quality of care in Korea's long-term care insurance system for the elderly. 2013 ICSWNEA Region Conference. June 22-23, 2013. Korea National Council on Social Welfare. Seoul, Korea.

表 3-14 机构型照顾与居家型服务利用人数与比率 （%）

类型		2008 年	2009 年	2010 年	2011 年	2012 年	2013 年
实际使用人数（人）		149656	291389	348561	360073	369587	399591
机构型照顾	人数（人）	64862	106841	145030	159793	172527	210378
	比率（%）	31.9%	21.0%	22.9%	25.0%	26.7%	29.0%
居家型照顾	人数（人）	138665	401101	488492	478437	474539	514391
	比率（%）	68.1%	79.0%	77.0%	75.0%	73.3%	71.0%

注：各等级的机构型、居家型使用人数包括重复利用者。机构使用率=机构型使用人数/（机构型使用人数+居家型使用人数）×100%。

资料来源：Ministry of Health & Welfare. Policies-Elderly：What is the elderlylong-term care insurance system. http：//english. mw. go. kr/front＿ eng/jc/sjc0105mn. jsp? PAR＿ MENU＿ ID=100305&MENU＿ ID=10030502（2013/10/27）.

四、服务提供机构

韩国是在长期照护医院和社区配套设施的有效供给极为不足的条件下实施长照计划，刺激基础设施发展和供给增加，以为满足迅猛增加的使用长期照护服务的需求，成为政策的重要组成部分。刺激服务供给增加主要采用两种方法：一是从 2005 开始将资金投入到偏远地区兴建家庭照护、社区和机构服务设施，并改造原有基础设施，显然该方法容易造成政府财政负担增加；二是建立一个最小国家标准且较少质量监控的供给者市场，允许营利性机构与非营利机构平等进入，取消或放松对提供者某些法律要求。营利和非营利机构提供者由健康福利部门进行认证，正式照料者的认证是国家资格认证，包括 240 小时的训练与实践。这些政策的结果是形成了多元化的服务提供机构，包括地方政府、法人、以及个人事业等，营利及非营利法人皆可成为服务提供机构，由地方政府指定长期照护机构①。2011 年统计服务机构类型大约为公立 2.5%、非营利法人 3.1%、个人 64.4%，个人为最主要服务提供机构。不过服务资源城乡分布不均，依据 NHIS 统计，韩国共有 3849 家长期照护机构，其分布情形如表 3-15。整体而论，韩国在老人长期照护保险开办后，服务提供机构数量呈现成长的态势。机构型服务供给数量有大幅成长，自 2007 年 1168 所，可入住 61406 人，增加到 2012 年 4326 所，可入住 131761 人。居家型服务提供机构②也有大幅成长，自 2007 年 1408 个，增加到 2012 年 19240 个（表 3-16）。

表 3-15　韩国长期照护机构数与老人人口分布情形

城市		首尔市	釜山广域市	大邱广域市	仁川广域市	广州广域市	大田广域市	蔚山广域市
老人人数		1105583	442199	274152	267059	144732	142979	85736
长期照护机构	居家	1809 (1865)	728 (709)	576 (592)	561 (588)	416 (415)	395 (411)	161 (161)
	机构	476 (498)	145 (136)	203 (229)	247 (266)	96 (98)	104 (104)	40 (38)
城市		京畿道	江原道	忠清北道	忠清南道	全罗北道	全罗南道	广尚北道
老人人数		1135242	241694	215245	309840	303586	366524	437519
长期照护机构	居家	210 (2248)	345 (342)	300 (295)	515 (519)	571 (588)	567 (581)	718 (730)
	机构	1254 (1319)	222 (225)	237 (236)	238 (242)	214 (213)	271 (273)	298 (309)

---

① 一般而言，个人事业是以个人为名义申请设置的服务提供机构。韩国相关法令对服务提供机构的规范，除了政府单位的外，无论法人或个人要设置服务机构是采申请制。例如居家型老人福利机构的设置，依据老人福利法中"国家及地方政府可设置居家型老人福利机构"的设置。

② 除了国家及地方政府以外，要设置居家型老人福利机构者应该向各市、郡、区的首长申报（《老人福利法》，2013.12.31. 部分修定）第 39 条 居家型老人福利机构的设置）。

续表

城市	首尔市	釜山广域市	大邱广域市	仁川广域市	广州广域市	大田广域市	蔚山广域市
城市	广尚南道	济州岛	其他				
老人人数	414831	75925	17124				
长期照护机构	居家 709 (691)	122 (123)	27 (26)				
	机构 215 (219)	54 (59)	12 (11)				

注：长期照护机构数统计资料为 2012 年底资料，括号内为 2013 年 6 月份的统计资料。

资料来源：National Health Insurance Corporation，2013 老人长期照护统计年报，http：//www.nhis.or.kr/portal/site/main/MENU_ WBDDG0210/

表 3-16　韩国老人长期照护保险服务提供机构数

年份	2002 年	2005 年	2007 年	2008 年	2009 年	2010 年	2011 年	2012 年
照护机构数	295	583	1168	1717	2627	3751	4061	4325
照护机构可服务人数	23495	35172	61406	68581	88266	116782*	123712	131761
居家服务机构数　总计	322	848	1408	10224	19074	19947	19505	19240
居家访视	143	399	767	4362	8446	9164	8709	8500
到宅沐浴	—	—	—	3006	6279	7294	7162	7028
居家护理	—	—	—	626	787	739	692	626
日夜间照料	142	346	504	806	1106	1273	1321	1331
短期照料	37	103	137	691	1370	199*	234	257
辅具用品	—	—	—	733	1086	1278	1387	1498

注：2010 年 3 月由于短期照顾制度变更，部分短期照顾机构并计入长期照护机构，提高长期照护机构可服务人数，使得短期机构照顾机构数下降。

资料来源：National Health Insurance Corporation，2013 老人长期照护统计年报，http：//www.nhis.or.kr/portal/site/main/MENU_ WBDDG0210/

第四章　社会长期照护保险的
管理体制：福利提供（上）

第一节　社会长期照护保险的
"照护管理" 特征

一、个案管理的内涵与特征

全美社会工作协会（NASW，1987）对"个案管理"的定义为，由社会工作专业人员为一群或某一案主统整协助活动的一个过程。过程中各个不同机构的工作人员相互沟通协调，以团队合作方式为案主提供所需服务，并以扩大服务的成效为主要目的。如果提供案主所需服务必须经由许多不同专业人员、福利机构、卫生保健单位或人力资源来统筹实现时，个案管理就须发挥其协调与监督的功能。虽然个案管理的过程依照不同的福利领域来区分的话便有不同样貌的过程，克柏林（Kaplan，1990）提出管理过程的五个基本要素：界定个案，预估和计划，协调和转介，服务的实施，监督、评估和再预估。

而鲍流和米克（Ballew & Mink，1996）将管理过程分为以下六个阶段：第一阶段，建立关系阶段。建立关系最主要是基于案主对于你愿意去协助他，而你也有能力去协助他，和很清楚你们彼此了解、相互期待的信心上。建立关系的方法有很多种，包括介绍你自己及你在此个案里的工作角色，收集有关案主所需要的问题资料和处理对于案主所需接受及任何可能帮助所产生的负向感觉等晤谈方法。同时也包含建立一种相互信赖的关系和澄清彼此的间角色期待的一些服务。第二阶段，预估。个案管理评估阶段最初的联络与申请人需要收集和估计信息。这两项活动集中于评估需要或请求服务和确定合格服务。直到合格建立，个体被认为申请人。当合格标准符合了并且个案接受了被服务，他或她就成为客户。第三阶段，计划。是实行个案工作的一个转折点。作计划是一个理想性的思考过程。它是在预估过程中所找寻的数据转换成案主可以得到协助的一系列的实际活动，使案主可以获得所需的资源去解决个人及环境所造成的任何问题。计划形成必须包含四个步骤：目标建立；在所建立的目标中排出要执行的优先级；选择可以达成目标的执行方法；确定评估时的时间及优先级。第四阶段，取得资源。取得可运用的资源是一种可以将计划实际付诸行动的过程，所以个案管理者必须采取执行行动时需要克服与资源连结的障碍，并且与案主所需可能运用的资源连接，并针对在取得资源时所遇到的任何障碍都得去克服。第五阶段，整合。当联系工作完成后，个案管理者还是必须负责确保案主的资源是否持续运用及随时查看资源是否有效的被案主运用。第六阶段，结束关系。当案主取得有效地资源后，案主所需解决的问题就会一一减少。当个案服务计划中所订定的目标若有实现可能性时，那么这样就可考虑是否要将个案进入到最后结束关系的阶段。

个案管理的工作内涵运用了三个主要策略：一是连结，个案管理者扮演案主及所需要资源者间的中间人的角色；二是协商，协商为的是增加服务的需求者及服务的提供者两者之间的交涉工作及倡导工作的配合；三是倡导，当外面环境因为某些因素对于案主具有很大的威胁性、或者是资源有所保留而不提供出来时，而个案管理者必须确保案主提出的任何请求，以及替案主向个人或者组织申请以确保必要的权利、资源或者是服务。

个案管理作为一种重要的临床照护管理的方法，是结合各医疗专业领域系统性地提供照护服务的管理；是给特定的患者人群并协调其医护服务的一种协作的、系统的照护方法；是确保医护管理质量、降低医护成本及维持医护品质的管理工具。个案管理是针对个案（患者）的疾病特点和个性需求，通过沟通、协调以及资源的分配，合理选择可利用的资源，形成一个全面的、持续性的医疗照护管理计划，给患者提供全面的照护，并进行连续性监测，从而达到目标。个案管理主要以高数量、高成本、高危险的患者为管理对象，尤其适用于糖尿病、精神病、癌症等慢性病管理。卢明斯（Loomis, 1988）曾经从卫生保健领域探讨个案管理工作模式的运用，最后归纳出三种模式：一是社会性模式，社会性主要是针对居住于小区中的完好个人，提供他们所需的服务及协助大于健康照顾的提供，而非医疗照顾的模式；二是初级照顾模式，初级照顾是奠基在传统的医疗模式上，其实它最主要的目标在于以协调的方式来提供一个适切的照顾服务；三是医疗社会模式，医疗社会模式其主要的服务对象是针对有危机的案主或是有需要住进机构受照应的服务，通过整合性的医疗与社会的服务提供（如居家服务、护理），而尽量使案主减少对机构有刻版化服务的印象。

二、长期照护保险中"照护管理"的内涵与特征

与社工领域的"个案管理"和医疗领域的"护理管理"类似，社会长期照护保险的照护管理制度强调"资源连结"，以保障失能老年人的基本权益，但是社会长期照护保险在保险给予上尤为强调"需求评估"。这主要是因为社会长期照护保险的目的为"补偿"，被保险人加入长期照护保险按期交付保险费后，当其处于失能状态、需要照护时，保险人即应秉持公正、客观、合理的原则，在最短合理期间内结案，补偿被保险人实际遭受的损害，即通过收入分配的形式在不同"照护风险"间的分配，然而基于老年人个体身体状况的差异，只有"需求评估"才能准确了解老年人的身体状况并给予适当保险给付。故而，"需求评估"为启动长期照护保险给付额枢纽，在整个输送服务流程中，扮演着最关键的角色。此外，保险人也可通过"需求评估"手段控制保险支出，使社会长期照护保险实现收支平衡。

若从时间的先后顺序来看，社会长期照护保险的照护管理流程应该分为两大阶段：第一阶段为"认定调查"，主要包括个案发掘及转介、评估两个步骤；第二阶段则进入服务的使用，包括拟定服务计划、服务输送和

计划执行结果的监督管控三个步骤。此外还涉及到被保险人的重新评估和结案等项目和步骤。照护管理流程的设计属于社会长期照护保险管理体制的操作层面，但是照护管理流程的具体设置与安排受到照护体制的规范和约束，长期照护保险制度的运行仰赖各阶段专业人员的共同努力，包括需求评估者、照顾计划拟定者、资源连结者、服务提供商、服务提供管理（督导）者、信息咨询者等等，均扮演重要的角色，不同制度模式，也会有不同的人力配置与角色功能期待、人员任用资格与训练等制度设计上的差异。

第二节　德国管理机制："联邦体制 +多元保险人竞争"

社会长期护理保险制度的运行需要建立高效且合理的管理体制，然而，管理体制涉及到行政组织结构、被保险者的服务需求、保险者的能力与资源配置、护理管理者职业素质等错综复杂因素，因此长期护理管理体制的架构比其他社会保险都更为复杂。德国依赖原有的社会医疗保险管理体制建立了长期护理管理体制，以保障失能人员基本生活权益。除了联邦健康部作为长期照护保险的主管机关外，代表所有保险人联邦联合会与联邦健康部接触的法定健康保险总会，各地保险人邦协会，受保险人委托进行照护需求性评估的评估机关以及受保险人委托审查照护服务品质的审查机关（即医疗保险医事服务中心），共同构成照管制度里的组织体制。上述组织间的相互关系，如图4-1所示：

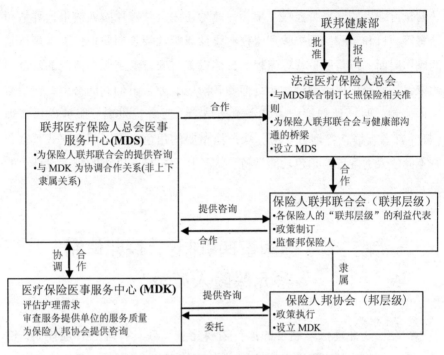

图 4-1　德国护理管理的组织体制与架构

一、保险人

不同于大多数国家的中央或地方政府为保险人的"单一保险人"制度，德国采用"多元保险人"制度，由国家扮演监督者角色，保险人提供各种不同方案，供被保险人选择，形成一种竞争机制。由于保险人间竞争机制的存在，保险人规模不断调整，使得不同邦协会的合并重组不断出现，也正因此，德国虽有 16 个邦，但保险人缺少于 16 个邦协会。基于德国的联邦政治体制，保险人的组织架构除了属于地方"邦层级"的邦协会外，联邦层级则设有联邦联合会，各类保险人各有一联邦联合会。

(一) 保险人邦协会与保险人联邦联合会

德国《社会法法典》第 11 篇第 46 条第 1 项规定，长期照护保险人为长期照护保险主体，每一个依照《社会法法典》第 5 篇第 4 条第 2 项成立的法定健康保险保险人，成为长期照护保险人。换言之，长期照护保险法施行之前已经依法成立的一般地区保险人（Allgemeine Ortskrankenkasse，AOK）、企业保险人（Betriebskrankenkassen，BKK）、手工业同业工会保险人（Innungskrankenkasse，IKK）、德国年金保险（Deutsche Rentenversicherung）、农民保险人（Landesverband），以及补充保险人（Ersatzkasse），自 1995 年起同时具备健康保险人与长期照护保险人的双重身份。在所有法定健康保险人中最大的为一般地区保险人（AOK），成立已逾 125 年，目前拥有超过 2400 万被保险人，几乎占总人口的 $\frac{1}{3}$[①]。虽然长期照护保险人依附于健康保险人，但却为独立的自治行政公法人，即独立的权利义务主体，每一保险人各设章程。章程内容为《社会法法典》第 11 篇第 47 条所规定的，包括照护保险人名称、所在地、行政区与成员范围，组织的权利与义务，代表人会议决定的类型，对组织成员补偿计算及其履行照护保险任务，经营管理、帐目与年度会计审查，异议提出机构，其组成与所在地，宣告的种类等。

与健康保险保险费相同，被保险人将保险费缴交于保险人之后，保险人无法单独拥有与运用保险费，长期照护保险费也由联邦保险局管理。长期照护保险的行政费用（包括健康保险人基于社会法法典第 11 篇规定所产生的人事费用）由长期照护保险费负担，但数额不得超过长期照护保险给付费用与保费收入平均值的 35%，且长期照护保险也支付保险人依《社会法法典》第 11 篇第 7 条第 4 项 a 对被保险人所提供的照护咨询费用，以及依该法第 18 条第 3 项 b 所对被保险人给付的"逾越照护需求性评估期限费用"。整个行政费用的分配由联邦长期照护保险人总会规定，其中，受保险人委托进行评估、品质确保与提供保险人咨询的健康保险医事服务中心的行政费用，一半来自于长期照护保险费，另一半来自健康保险。

保险人组织体制由下至上，从保险人邦协会到保险人联邦联合会，再到法定健康保险总会。保险人邦协会在长期照护管理制度上扮演第一线角色，当被保险人或其全权代理人提出照护给付申请时，必须向所属保险人

---

① http://www.aok-bv.de/aok/aoks/index.html（访问日期：2014.03.18）

提出申请，再由此保险人委托评估人员对被保险人的照护需求性进行评估，如果被保险人具备照护需求，则由保险人邦协会依照护等级提供给付。此外，保险人邦协会也提供保险人关于长期照护保险相关咨询服务，而为确保照护服务品质，保险人也依法委托品质审查人员对与照护服务提供机构进行品质审查。《长期照护保险法》规定，邦层级的保险人邦协会具有照护契约许可、框架协议、组成仲裁机构、经济性审查、参与照护费用偿付协商等任务；而《健康保险法》规定，其有对成员咨询与告知、搜集与整理相关统计资料、缔结与变更契约、代表成员与其他社会保险主体、行政机关和法院互动、解决成员间的冲突、促进与参加成员保险人举办职业性教育、进阶教育和继续教育、工作会议、开发与决定资料处理、资料保护与资料维护等任务。经过一些保险人邦协会合并，现有邦协会 11个，如 2006 年莱茵蓝邦和汉堡邦合并，2008 年萨克森（Sachsen）与杜灵根（Thüringen）邦合并，2012 年莱茵—法尔兹邦（AOK Rheinland-Pfalz）与萨兰邦（AOK Saarland）合并。

属于联邦层级的保险人联邦联合会，提供其邦保险人所有基本决定，且具有监督各邦保险人的功能。设于柏林的保险人联邦联合会，为各邦保险人与法定健康保险人联邦总会、联邦等级签约的利益代表。在长期照护保险政策的拟定或修法运动，联邦联合会有权代表邦保险人的观点，将意见在与其他保险人联邦联合会及法定健康保险总会的会议上表达。自 2009 年 1 月 1 日起，联邦联合会由原来的公法人改成私法人，这是因为保险人联邦联合会原具公法人资格，但在法定健康保险总会成立后，因法定健康保险总会成为各类保险人联邦联合会的总代表，负责与健康部接触，因而，此六类保险人联邦联合会不再具备公法人性质而成为私法人。至于保险人邦协会及法定健康保险总会，则因法律规定而具备公法人的资格，因此，保险人对于被保险人所做的照护需求性评估结果的书面通知，具有行政处分的性质。

保险人的组织包括行政委员会与理事会。行政委员会主要职责为：决议章程与其他自治规章、监督理事会、决定照护保险人重要事项、确认预算计划、因会计年度对理事会解散进行表决、代表照护保险人对理事会及其成员进行事务交涉、决议土地取得、让与和设定担保及建筑物设备、决议照护保险人的解散或与其他照护保险人的自愿合并。理事会的职责有管理长期照护保险人、代理照护保险人、向行政委员会报告重要性决定的执行状况、财务状况与预期发展情形。

就保险人的组织架构而言，以一般地区保险人为例，保险人联邦联合会基于专职的地位，通过一个有两位执行理事长的理事会来执行业务，其他保险人邦协会也设置各自的理事会，此理事会保障所有由保险人群体共同制定的基本决定，其自治行政受监事会的监督。两位执行理事长的工作职责分工为，一位负责政策、联系、市场、产品、法律与服务，一位负责给付提供资源、契约、财政、医学、研究与资料加工系统的管控等部门。① 由于长期照护保险人依附于健康保险人，故长期照护保险人与健康保险人同组织，健康保险人的权限机关，如理事会、行政委员会，亦为照护保险人的理事会。

各地保险人（即保险人邦协会）因属于具公法人性质的自治行政主体，行政委员会为其最重要的组织，共有委员 30 名，由保险人所选出的代表及雇主所选出的代表占总委员数的一半，委员会每 6 年改选一次。联邦联合会因为不再具备公法人性质，所以，以监事会作为其自治行政组织，至于理事会则最多 3 位执行理事。

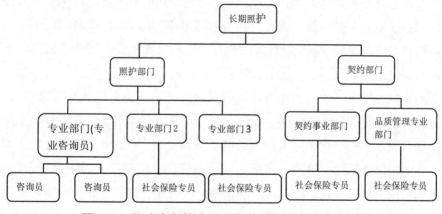

图 4-2　保险人邦协会的长期照护部门的组织架构

---

① http：//www. aok-bv. de/aok/bundesverband/index. html 与）http：//www. aok-bv. de/presse/pressemitteilungen/2011/index_ 05598. html（访问日期：2004. 03. 23）。

(二) 法定健康保险总会

为简化联邦健康部与保险人的联系与沟通，2007 年《法定健康保险修法》规定，法定健康保险人应设立联邦健康保险人总会 (Spitzenverband Bund der Krankenkasse)，此联邦健康保险人总会于 2009 年 2 月更名为 "法定健康保险总会"，但《社会法法典》第 11 篇仍保留 "联邦健康保险人总会" 用语。《社会法法典》第 11 篇第 53 条明文规定，联邦健康保险人总会执行其任务，并宣布保险人与健康保险医事服务中心在法定长期照护保险范围内的事项，如合作准则、统一评估标准的执行与保障准则、医事服务中心转达报告与统计准则、评估与咨询品质维护准则、品质审查的执行程序准则、进阶教育与继续教育的基本准则、与辅具供应商缔结契约、确定辅具偿付定额、对其他照护机构主体等作出联邦建议；而《健康保险法》规定的健康保险医事服务中心的职责为组织设行政委员会与理事会、支持保险人与邦保险人任务的实现、利益的履行、提出统一的保费标准、决定保费与申报程序等专业与法律的争议、决定照护保险人品质与经济性竞争问题。

法定健康保险总会为公法人，也为德国境内所有法定健康保险人与长期照护保险人中央利益代表者，其与联邦健康保险人总会医事服务中心，共同拟定须法律授权制定的行政法规，并针对密集地竞争与长期照护服务给付提供品质、经济性，制定框架条件，且由法定健康保险总会所签订的契约与其他决定，效力涉及所有健康保险人及其邦协会与所有被保险人。此外，法定健康保险总会也支持保险人与其邦协会实现其任务及利益，并协助其发展与标准化保险人内部的电子资料交换。① 法定健康保险总会不仅在法定健康保险上扮演着国会与政府各部门立法程序上的咨询者角色，影响了国会或各邦议会的立法，也对中央内阁部会或各地方政府部会法规命令的拟定发挥功能，同时也为共同联邦委员会 (Gemeinsam Bundesausschuss) 中有表决权的会员，更与联邦层级的契约伙伴签署契约和协商，以

---

① http：//www. gkv-spitzenverband. de/gkv_ spitzenverband/wir_ ueber_ uns/wir_ ueber_ uns. jsp#lightbox（访问日期：2014. 03. 18）。

及处理健康保险与长期照护保险提供服务的相关准则。[1]

法定健康保险总会是具有公法人性质的自治行政主体，行政委员会为其自治行政组织，但与保险人邦协会不同之处为，其行政委员会委员须属于此行政委员会、名誉理事会或保险人的代表大会；理事会则最多由 3 位成员所组成，理事长与理事会代表由行政委员会选举产生。另外一个不同之处为，法定健康保险总会另有一组织——会员大会，并由会员大会选举行政委员会。

二、健康保险医事服务中心

因法定健康保险人与长期照护保险人有义务向被保险人提供充足的、符合目的性与经济性的最适宜给付，所以为了判断被保险人是否需要此类给付，保险人亟需健康保险医事服务中心（Medizinischer Dienst der Krankenversicherung，MDK）的医学与照护知识，因而，除提供保险人咨询外，健康保险医事服务中心最重要的任务为进行照护需求性评估和对提供给付的签约机构进行品质审查。立法者特别赋予评估人员进行照护需求性评估时，具有独立评估权，完成评估结果后，并具有评估建议权，但不得干预医师的治疗或照护输送。MDK 的评估人员进行照护需求性评估时，通过对被评估者家访，审视其是否具备照护需求性的条件，并向被评估者建议医疗复健预防的措施，或建议其照护给付类型与范围，草拟个别照护计划。在照护品质的保障方面，因所有与保险人签约的照护机构依法均有义务接受品质审查，健康保险医事服务中心在接受照护保险人委托后，有权对照护机构进行品质审查，以确保照护机构维持协商的品质标准，同时，也向照护机构提供咨询和建议，以防止品质瑕疵产生。

健康保险医事服务中心的财源，来自委托其进行照护需求性评估与品质审查的保险人的保费收入，因健康保险医事服务中心的任务包括法定健康保险与长期照护保险，因此，财源由法定健康保险人与长期照护保险人各负担一半。2011 年法定长期照护保险所有支出里，有 1.4% 支付给健康

---

[1]　http：//www. gkv-spitzenverband. de/gkv_ spitzenverband/wir_ ueber_ uns/wir_ ueber _ uns. jsp#lightbox（访问日期：2014. 03. 18）。

保险医事服务中心①。

原则上，健康保险医事服务中心每邦各设一处，属于西德地区的健康保险医事服务中心，因负责评估工作人员最初由年金保险中负责判定被保险人是否完全或局部不再具有工作能力的公职医师担任，由于这类医师具备公务员资格，以至1990年初，法定健康保险法修法成立医事服务中心时，因其有公务员资格，其执行职务实为国家公权力的行使，因此，《社会法法典》第5篇第278条第1项规定，在这类公务员退休之前，健康保险医事服务中心有公法人资格。对于东德地区的健康保险医事服务中心，因两德统一前，东德地区并不具备类似单位，因而在德国社会福利市场经济制度中"国家居于监督者的地位，鼓励市场自由竞争"的社会福利思维指导下，两德统一后，在德东地区新成立的健康保险医事服务中心，因成员没有具备公务员资格，而以"个别协会"的私法人型态展现。② 此外，联邦健康保险人总会医事服务中心虽为联邦健康保险人总会所设立，而各邦健康保险医事服务中心虽为各邦保险人共同设立，看似"联邦—邦"的关系，然而，《社会法法典》并未赋予二者上下隶属关系，相反地，法条明确规定二者属于共同合作、彼此协调的工作伙伴，且有权与联邦健康保险人总会共同拟定相关准则。又因为联邦健康保险人总会设置此医事服务中心时，尚未更名为健康保险人总会，且2009年更名也属于自己更名，法律条文并未因此修改，所以联邦保险人总会医事服务中心至今仍维持此名称。

全德国16个邦，每一邦基本上有一健康保险医事服务中心，但北莱茵—西法理亚邦（Nordrhein-Westfalen）有两处，分别称为北莱茵（Nordrhein）、西法理亚—力波（Westfalen-Lippe），柏林（Berlin）与布兰登堡（Brandenburg）则合并为一，座落于波茨坦（Postdam），汉堡（Hamburg）与什列斯威—霍尔斯坦（Schleswig-Holstein）则合并成为北健康保险医事服务中心（MDK Nord）；此外，尚有座落于鲁尔区埃森的联邦健康保险人总会医事服务中心。③各邦健康保险医事服务中心基于自治行政，组织架构各不相

---

① http：//www.mdk.de/Gliederung_ Organisation.htm（访问日期：2015.06.25）。

② Heberlein，in：Rolfs/ Giesen/Kreikebohm/Udsching 2013

③ http：//www.mdk.de/Gliederung_ Organisation.htm（访问日期：2016.03.1）。

同，但基本上包括行政委员会与执行长两大部分，行政委员会除确认预算计划外，也选举执行长，执行长根据行政委员会的方针，执行法律行为。

第三节　日本："市町村保险人"

2000 年 4 月，日本开始实施护理保险制度（称为介护保险），整合医疗保健及社会福利等各项给付措施，为被保险人提供整体性护理服务。利用原有卫生和社会福利体系整合的体征，日本长期护理保险制度由"厚生劳动省"下设的"老健局"，与都道府县的"保健福祉局"和市町村的"保健福祉所"负责组织实施（见图 4-3）

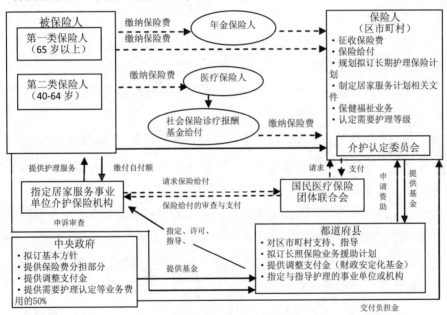

图 4-3　本护理管理的组织体制与架构

资料来源：厚生劳动省老健局总务课，公的介护保险制度的现状与发展〔EB/OL〕. http：//www. mhlw. go. jp/stf/seisakunitsuite/bunya/hukushi_ kaigo/kaigo_ koureisha/index. html

一、中央政府：厚生劳动省

日本，中央层面的"厚生劳动省"负责制定国家的卫生、社会保障、劳动就业政策，领导全国 47 个都道府县推行卫生保健计划，设有大臣室等、大臣官房、统计情报部、医政局、健康局、医药食品局、食品安全部、劳动基准局、安全卫生部、职业安定局、派遣·有期劳动对策部、雇佣开发部、雇用均等·儿童家庭局、社会·援护局、障害保健福祉部、老健局、保险局、年金局、政策统括官等附属部门。

老健局共设有总务课、介护保险指导室、介护保险计划课、高龄者支持课、认知症·虐待防止对策推进室、振兴课、老人保健课等七个部分。各部门业务分工为：

（1）总务课。负责有关老健局行政综合计划业务、法规业务及老人保健福祉相关调查业务。

（2）介护保险指导室。负责地方自治体长照保险业务的指导及居家照护服务业者的指导监督等业务。

（3）介护保险计划课。负责介护保险业务的计划、辅助都道府县长照保险业务、医疗保险人的交付金及长照保险业务计划与老人保健福祉计划等。

（4）高龄者支援课。负责老人福祉机构的规范、自费养老院相关业务及提升照护机构服务等业务。

（5）认知症及虐待防止对策推进室。负责失智症等相关预防及因应对策及防止老人受虐等业务。

（6）振兴课。负责老人居家生活援助业务、日间照顾中心、短期入住机构等业务、福祉用具等研究开发与普及促进业务及确保照管专员人才业务。

（7）老人保健课。负责提升老人保健计划、长照保险的保险给付、需要支持与需要照护的认定等业务。

二、都道府县：保险人援助机关

都道府县（共计47个）设置"保健福祉局"，也将"卫生保健"与"福祉"的功能整合在一起；基层市町村设有"保健福祉所"，管辖辖区内的医疗卫生保健工作。日本介护保险的保险人为市町村，都道府县的主要功能为协助保险人有效推动长照保险业务，辅助功能体现在四个方面。

（1）协助市町村业务。包括援助保险人、援助共同设置介护认定审查会、拟订都道府县介护保险业务援助计划、对市町村拟订介护保险业务计划提供建言、设置介护保险审查会。

（2）对事业单位、机构等指导业务。包括照护预防服务的事业单位、机构的指定、指导与监督、指定更新业务、对市町村执行小区密合型特定机构的指定业务时提供相关建言与劝告、指定市町村事务受托法人的指定业务。

（3）揭露照护服务信息业务。包括照护服务业者的调查及公告相关结果、对揭露照护服务信息业者的指导与监督。

（4）照护管理专员登录的管理业务。照护管理专员登录的管理、核发照护管理专业证业务；登录更新业务、照护管理专员考试及研习业务（委托指定法人）、换证研习业务。

三、市町村：保险人

日本长期护理保险的运作主体为市町村，即市町村为保险人。市町村不仅要征收保险费、执行护理需求认定、审查和支付保险给付，而且需要指导与监督小区密合型服务从业者及护理预防支持从业者。近年来，日本政府鼓励市町村合并，保险人数量大幅度减少，已从2000年2899家下降到2013年1579家①。在保险给付操作上，由市町村委托"国民医疗保险

① 黄万丁、李　珍：《日本护理保险制度的理念得失及其对我国的启示》，《现代日本经济》2016年第3期。

团体联合会"① 负责审查与支付。具体包括如下职能：

（1）有关被保险人的资格管理（核发或更新被保险人证）。

（2）征收保险费。

（3）执行需要照护认定业务。

（4）设置介护认定审议会。

（5）保险给付的审查与支付业务（实际操作中委托国保联负责）。

（6）拟订市町村长照保险业务计划。

（7）对小区密合型服务业者及照护预防支持业者的指定、指导与监督业务。

（8）负担保险给付。

（9）居家服务计划、照护预防服务计划的受理业务。

（10）保险福祉业务。

四、国民健康保险团体联合会：审查给付机关

国民健康保险团体联合会简称为"国保联"，系为日本介护保险的审查给付机关，其主要功能为设置给付费审查委员会，审查及给付照护报酬，调查指定居家照护服务质量，对居家与机构服务提供业者的指导、改善及建言，接受市町村委托的第三人和征收损害赔偿金等业务，指定居家服务、居家照护支持业务及机构的营运。

在日本的介护保险中，各级政府分工合作、各负其责。日本的介护保险管理主体是市町村，负责征收保险费、接受保险赔付申请、提供必要的保险服务、监管保险服务质量等事务。中央政府和都道府县对市町村提供财政及行政方面的支援，承担部分护理保险费用。都道府县的业务是指导保险机构、护理机构的运营，支援市町村的护理对象判定事务、筹备护理服务设施、处理判定不服申请。基于中央政府和都道府县职能偏弱造成无

---

① "国民医疗保险团体联合会"是各市町村联合举办的公营组织，负责国民医疗保险的实施运行。这是一个委员会性质的组织，其议事决策层由市町村的市长、町长、村长组成，下设办事机构叫"事务局"作为办事机构。

法给予护理保险合理规划指导的考虑，2011 年 6 月 15 日，日本通过了《强化介护保险服务的介护保险法修正案》，对介护保险进行了新一轮的修改，并决定从 2012 年 4 月 1 日正式实施。这次修改案强化了中央政府和都道府县的责任。中央政府和都道府县地方政府为了使被保险人在自己熟悉的环境中靠自己的能力独立生活，引入了介护预防政策。这一政策的主要内容是努力推进与介护保险给付相关的医疗保健服务和福利服务相关政策，把独立的日常生活支援同与医疗和居住相关的政策有机联系起来。中央政府和地方政府为了更好地提供与老年痴呆相关的保健医疗服务和福利服务，围绕预防痴呆、诊断与治疗、痴呆者身心特征等开展了介护服务调查研究，并有效利用研究成果，积极预防老年痴呆现象的发生。在此次修改案中，还增加了"都道府县应该公布来自护理机关的介护服务信息，必要时对介护服务机关经营者进行调查"的条款。

第四节　韩国管理体制："国民健康保险公团统一管理与地方配合"

老人长期照护保险的管理与运作是由国民健康保险公团（简称为 NHIS）与地方政府编列经费共同合作。整个长期照护保险财务由保健福祉部管理，原则上由税金支付行政管理费（见图 4-4）。于保健福祉跟规划财政部政策性保障社会保险财务，原则上用税金。行政管理费跟人力费等基本上来自保健福祉部安排的政府预算（税金）。由 NHIS 担任保险人。NHIS 负责受理申请、访问调查评估、照护需求等级认定、制作长期照护认定书及标准化长期照护利用计划书、服务费用审核给付以及现金给付等业务。市、郡、区等地方政府主要是负责长期照护单位的指定及取消、停业、歇业、长期照护机构的扩充及设立支持等机构指导监督业务。

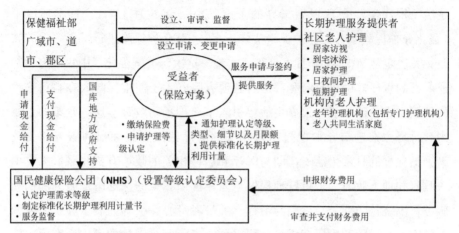

图4-4 韩国护理管理的组织体制与架构

资料来源：韩国健康保险公团 http：//www. nhis. or. kr/static/html/wbd/g/c/wb-dgc0101. html

一、保健福利部：监管主体

在韩国，保健福利部主管老年长期护理服务的业务，指导和监督地方政府和国民健康保险公团及护理机关，支援和调整地方的老年护理保险事业，承担最终的监管责任。保健福祉部设置长期护理委员会，审议长期护理保险费率、家属护理费、特例护理费、长期护理医院看护费的支付基准、居家型及机构型服务费用及其他事项。护理委员的委员长由保健福祉部次长兼任，委员长从委员当中指定副委员长。委员来自劳动者团体、雇用者团体、非营利组织、老人团体、农渔民团体或自营业者团体的代表，长期护理机构或者医疗界的代表，政府机构的高层公务员，护理学界代表或 NHIS 理事长推荐者。由地方的保健福祉部门负责护理机构的设立、审评和监督。[①]

[①] http：//www. longtermcare. or. kr/npbs/e/a/110/npea110m01. web（访问日期 2015 年 4 月 3 日）。

二、市郡区地方政府：支援功能

市、郡、区地方政府支援护理机关或医疗机关。主要内容包括，第一，市、郡、区地方府支援设立或扩充护理机关的事业，确保护理服务所需的人力资源；第二，承担医疗救济对象的护理服务费用，承担部分护理保险费用和管理费用；第三，地方政府依据中央政府的长期护理服务基本计划，制订详细具体的实施计划和方案，主要是五年一次调整和修改基础设施扩充计划，制订有效控制护理对象增长的预防计划，同时开展市民的服务需求调查，支援辖区内护理服务对象的开发事业；第四，根据护理保险法的规定，市郡区地方政府指定辖区内的护理机关，接受护理机关的开业申请，也可以取消指定；第五，市、区积极参与和介入护理等级的判定业务。

三、国民健康保险公团：保险人

韩国长期护理保险实施单一保险人制度，保险人为"国民健康保险公团"（National Health Insurance Service，简称 NHIS）[①]。NHIS 承担长期护理保险的财务、管理与运作，包括受理申请、调查评估、护理需求等级认定、制作长期护理认定书和标准化长期护理利用计划书、服务费用审核给付及现金给付等业务。在资金筹集上，中央政府、地方政府与民众缴纳保费共同分担，以民众缴纳的保费为主要收入，各级政府负担当年度预算保险收入的 20%；医疗救助保险对象的长照给付费用、医师意见书费用、居家护理指示书费用及全部行政管理费用，由国家和地方政府负担。市郡区主要负责长照机构及专业人员的管理和监督。依据韩国健康保险法第 15 条，NHIS 为法人，职员是广义公共机关的职员。

如图 4-6 所示，NHIS 设置一个总部，最高主管为理事长，由总统任

---

① 2000 年韩国"国民医疗保险管理公团"及"劳工医疗保险团体"合并后统称为 NHIC，除了长期护理保险业务的外，NHIC 更在 2011 年征收医疗保险、国民年金、劳工失业保险、职灾赔偿等四大社会保险的保险费。

命，下设 5 个常任理事，分别负责规划、总务、征收、给付和长期护理，也由总统任用。在常任理事下设置 3 个室，整体统筹长期护理相关业务，分别为长期护理运营室、长期护理给付室及长期护理审查室。NHIS 将全国分为 6 个地域分部①，共设置 178 个分支机构，16 个健康促进中心（图 4-5）。分支机构统合办理当地 NHIS 承担的各项业务。分支有甲级与乙级，甲级规模较大，约有 70 人以上，乙级为规模较小的分支。甲乙级都有 3 种类型，各依据人员编制、业务需要和当地特性设置内部组织，如甲级 1 型下设行政支持组、资格赋课部、征收部、保险给付部、健康管理部、老人长期护理保险运作中心，乙级 1 型下设行政支持组、资格赋课组、征收组、保险给付组、给付管理组、健康管理组、老人长期护理保险运作中心（如图 4-7）。分支中老人长期护理保险的所有业务，包括受理申请、咨询服务、访视评估、提供服务等，由老人长期护理运作中心承担。

图 4-5　韩国 NHIS 地域分部示意图

资料来源：韩国健康保险公团，http：//www.nhis.or.kr/static/html/wbd/g/c/wb-dgc0101.html

---

① 6 个地域分布包括首尔地域分部、京仁地域分部、大田地域分部、大邱地域分部、釜山地域分部、光州地域分部。

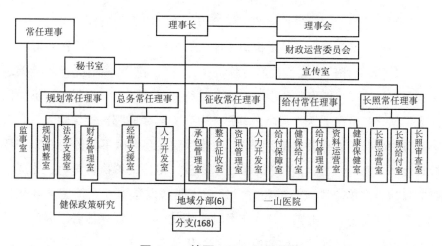

图 4-6　韩国 NHIC 组织机构

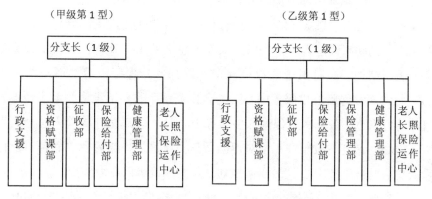

图 4-7　韩国 NHIS 分支机构结构图

第五节　各种管理体制的优劣比较与评价

一、各种管理体制的优劣比较

德国管理体制的优势为：一是多元保险人形成的竞争机制，可使被保险人选择最适合自身需求的保险人。此外，由医疗保险人同时担任长期护理保险人的角色，可借助医疗保险实施经验顺利推进护理保险的初始业

101

务，如医疗保险卡同时为长期护理保险卡，被保险人拥有同一卡号，可节省长期护理保险支出。二是承担护理评估的组织为"医疗保险医事服务中心"，属于独立评估单位，且非行政机关，组织编制员额不受行政机关总员额限制，这样，医事服务中心专业人员行使其相关专业权限时，不受保险人干预。三是在"医疗保险医事服务中心"与"联邦医疗保险人总会医事服务中心"的合作关系中，"联邦医疗保险人总会医事服务中心"担任政策制定者角色，"医疗保险医事服务中心"担任政策执行角色，体现了地方自治与政策全国统一的特征。这一体征这也是为什么德国虽各邦自治，但护理需求评估准则与评估工具却全国统一，使被评估者不因所处地区不同而接受不同评估标准的原因。该组织体制的缺点：一是"联邦保险人总会"为联邦健康部与保险人联邦层级间的沟通桥梁，而又与"联邦医疗保险人总会医事服务中心"共同合作完成许多相关准则的制订，从地方保险人、到联邦保险人、再到联邦保险人总会的组织架构，形成了较为复杂的组织结构。二是由于法律中规定"联邦医疗保险人总会医事服务中心"与"医疗保险医事服务中心"为合作关系而非上下隶属关系，在地方自治的背景下，各邦医疗保险医事服务中心对"联邦医疗保险人总会医事服务中心"制定的政策并无绝对遵循义务，导致某些邦无视"联邦医疗保险人总会医事服务中心"的政策规划，某些政策难以在全国推广。

日本形成了以最基层的市町村为保险人，中央和各都道府县对市町村给予政策引导、技术指导和资金补贴的组织体系。为了消除基层财力差异引致的护理享受不平等，中央政府和都道府县为护理保险提供财政和行政援助。市町村所承担护理资金份额占公共投入资金的比例仅为 1/4，占全部资金的比例仅为 1/8，而为缩小地方财政差距，中央政府以其所提供资金的 1/5 作为调整支付金，根据各市町村老人数量及其收入给予不同程度支持；相应地，都道府县也设立"财政稳定化基金"给予市町村必要支持①。这种权责划分充分发挥了地方自主权，最大限度地调动地方的积极性，有利于实现护

---

① 日本介護保険の国庫負担金の算定等に関する政令 別ウィンドウが開きます（平成10 年 12 月 24 日 政令第 413 号）．http：//www. hourei. mhlw. go. jp/hourei/html/hourei/contents. html.

理服务需求和资源的匹配及相应监督管理，在公共治理层面符合事权向下的趋势，有利于公共治理结构的完善和治理能力的提高。该模式存在以下缺陷：一是在长期护理保险财政负担沉重、高龄化加速和申请护理的被保险人不断猛增的背景下，保险人市町村在现有财政基础上很难通过扩编人力方式，解决日益繁重的认定调查业务。二是保险人以市町村为单位，各保险人的规模大小与财务能力差距较大，同一被保险人在不同市町村或同一地区经不同认定调查员进行访视后，产生不同认定等级的状况时有发生。这表明日本距离给付标准均质化尚有一定距离。三是作为管理者的市町村难以控制护理服务的数量和类型，由于都道府县认证的照管专业人员根据每位老年人认证的需求水平制定护理计划，照管专业人员有强烈地经济激励来增加不必要的服务项目或辅助装置，以增加对所属机构产品或者服务的需求①。

日本采取的是地方主义方式的管理体制，而韩国采取中央集权主义方式。韩国框架突出国家及地方政府对长期护理服务寄予行政性或财政性援助，不仅使得老人受到适当的护理，也避免保险人过度负担，保障了保险支出得以适当控制。然而，韩国管理体制也存在不足：一是由于所有管理工作集中于 NHIS 这一行政法人，其职员是行政机关的职员，要负责访视新申请案及提供利用支持的个案，必然会造成其工作负荷量较大，引致行政管理困境；二是长期护理保险的服务提供机构由保健福祉部主管，这样作为保险人的 NHIS 对长期护理资源缺乏统筹和管理权力；三是地方政府要分担保险财务支出，但对保险人却无实质影响权力，进而使得地方政府无法直接响应民众长期护理需求。

二、管理体制设置的考量：纵向权责明晰与横向协调

作为全国统一的制度安排，护理保险需要明确划分中央政府与地方政府的责任。只有责任分担明确并相对均衡，才能有效地调动各方主体的积

① Mayumi Hayashi, Japan's long-term care policy for older people: The emergence of innovative "mobilisation" initiatives following the 2005reforms, Journal of Aging Studies, 2015, vol. 33, P. 11-21.

极性，并使制度发展可持续。从三国的实践来看，长期护理保险管理业务主要集中在市级，而中央主要负责制度的顶层设计。这种纵向权责划分有利于地方政府了解当地居民长期护理需求，并提出有针对性的长期护理计划。此外，各级政府还建立比较合理的财政责任补贴分担机制，政府对长期护理保险制度支出的补贴规模占长期照护理资金支出的比例固定下来并始终保持稳定状态，即中央与省级政府各负担一定比例的支出补贴。这种有限责任有利于打消各级政府的疑虑，有利于中央与地方政府合理配置财力并不受保险金支付的冲击，还有利于均衡历届政府的责任负担，避免历届政府责任畸轻畸重的非正常局面出现。

按照横向组织分工结构分为两种模式：一是由保险人承担所有护理管理工作，即"一条鞭方式"，由保险人负责申请审查、需求等级评估、护理计划拟定、资源连结服务的提供、护理服务品质审查，典型代表为韩国。该模式优势为，由于保险人担任评估人员角色，易控管保险财务，且如果保险人为行政机关，保险人与保险对象所签订的护理服务计划书性质上为行政契约，可以保护当事人及其他关系人的权利及利益。然而，实务运作上，该模式中保险人职能较多引致其人力不足，特别是在行政机关总员额的限制下更为突出；保险人虽具有评估权限可控管财务，却可能产生因顾及财务控管，而忽略评估工作的核心理念是通过评估工具理解保险对象是否具备护理需求性。二是设置私法人型态的独立评估单位，全部委托或部分委托评估。评估工作甚至护理计划建议书，均由保险人委托该独立评估单位进行，如德国的私法人形态的健康保险医事服务中心，日本将部分工作委托给指定的居家护理支持事业者、小区密合型介护老人福祉机构、介护保险机构或其他符合厚生劳动省法令规定的从业者或护理管理专员。此方案优点为专责组织设置可提供充足评估人员，不受保险人总员额编制限制，且评估人员从专业立场评估被保险人的护理需求。缺点为可能产生的"球员兼裁判"弊端，评估人员与护理服务给付提供者间产生利益输送。

第五章　社会长期照护保险的照护管理流程与人力配置：福利提供（下）

第一节　德国照护管理流程

在德国多元保险人的照护制度下，因保险人规模与内部分工情形不同，服务输送流程也因保险人而异。本部分以一般地区保险人（AOK）、健康保险医事服务中心（MDK）和被保险人间的服务输送为例，说明德国照护管理的流程。德国被保险人从提出申请至接获核定失能等级的过程，共经历"提出申请""访视评估""第一次判定""主治医师意见书""介护认定审查会判定失能等级"及"通知核定结果"等步骤，其流程如图5-1表示。

一、从提出申请到失能等级核定

（一）保险给付的申请

有照护需求的被保险人或其全权授权者有权向所属的保险人提出申请，申请开始时刻并不是始于书面申请，申请人只要以电话向保险人提出

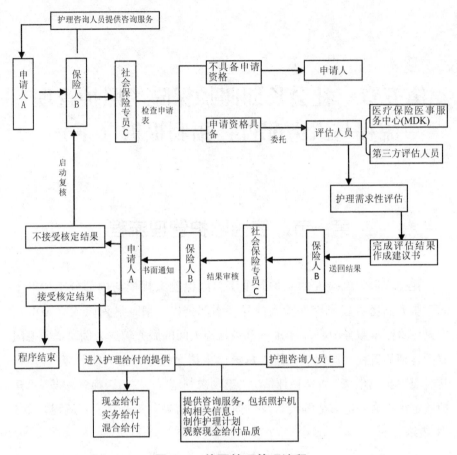

图 5-1　德国护理管理流程

申请，即视为申请开始，保险人在电话申请结束后再提供书面申请表①给申请人，由申请人填写完毕。提出申请时，并不需要附上医师诊断书，而是当评估人员进行评估时，申请者应提交医师诊断书，以有助于评估工作

---

① 申请书内容包括被保险人姓名、地址（居家或照护机构）、保险证证号、身份（是否为军人或公务员）、照护需求性产生的原因、是否已以同一原因向其他单位申请给付或已从其他单位（包括外国）获得给付、家庭医师姓名与诊所地址、是否已有监护人及其姓名等资料；是否有全权代理人，若有则该全权代理人资料也需填上。此外，对被评估者最适当的评估家访时间，是否选择现金给付，若是则接受转帐的银行帐号资料均须在申请书内填上。

的进行。实务运作上，访视评估前保险人中的社会保险专员对于申请人所提出的申请做初步审查，如果申请资料无误，社会保险专员将该资料过电脑系统委托健康保险医事服务中心进行评估。

（二）访视评估

长期照护保险人委托健康保险医事服务中心或其他独立的评估人员，对被保险人是否具备照护需求要件、以及属于何种等级进行评估。评估人员通过对照护需求者的家庭访视，依据评估工具表格内所列的各项细则做评估，做出是否具备照护需求性、照护等级、可能需要怎样的长期照护给付、下次评估时间等建议，再将建议送交原委托的保险人。如果被保险人向主管的给付主体请求医学复健，则照护需求性的核定也应涵盖适当、重要及可预期的医学复健给付。受评估者如果住院，且根据医学检查结果足以确认被评估者具照护需求性，则此种家庭访视可为例外不实施。

各邦对于评估人员完成访视评估的期限规定各不相同，但都需在规定的期限内完成。期限规定共有三种。

（1）5周内。当评估人员做完评估之后，将评估结果建议书递交给保险人，保险人中的社会保险专员根据评估建议结果做成决定（也称为核定），此项决定最迟应于申请人向长期照护保险人提出申请开始的5周内以书面通知形式送达申请者。如果长期照护保险人未在申请提出的5周内给予申请的书面通知，申请者住于安宁病房或接受门诊止痛治疗，评估期限应缩短而未缩短时，保险人就其逾越期限每周给付申请人70欧元。而如果长期照护保险人没有延误，或申请者住在住宿型照护机构，且已经处于至少照护等级一的照护需求情形时，此规定效力不涉及。

（2）2周内。如果申请者居住于家中未接受止痛治疗，且照护人员已依照《家庭护假法》向雇主提出照护假申请通知，或已与雇主达成家庭照护假的协议，则健康保险医事服务中心或受长期照护保险人委托的评估人员，最迟应于申请者向主管的长期照护保险人提出申请后2周内完成评估。

（3）1周内。如果申请人住院或居住于住宿型复健机构，且被评估者必须接受安全看视和后续照护、或照护人员已向雇主提出照护假申请、或照护人员的雇主已与照护人员达成家庭照护假协议，则此种照护需求性评估最迟应于申请者提出的 1 周内由主管的长期照护保险人完成。如果申请者住于安宁病房或接受门诊止痛治疗，则缩短评估期限效力不涉及。

实务运作上，健康保险医事服务中心的评估网络，尽量以某一医事服务中心分处为中心，以评估人员开车约 20—30 分钟左右即可到个案所在地，为分派个案的基准。评估人员通常在进行家访的前两三天，收到医事服务中心分处的分派个案通知，且健康保险医事服务中心也在家访评估前以书面通知申请人，告知其评估人员家访日期与时间，并建议其将医师所开的药品、诊断及照护日志等相关资料在受访时提交给评估人员。评估人员进行家访时，观察被评估者的身心反应，当场用电脑记录于照护需求评估表格。家访结束后，评估人员返回所属的医事服务中心分处，继续填写评估表格和补充资料，并完成评估结果，此结果仅为"建议"，不具行政处分的效力。

（三）照护计划的拟定

德国所谓"照护计划"有两种意义：一是评估人员完成评估后，在评估表的第六部分撰写被评估者是否需要预防给付、治疗方法、医学复健给付、其他治疗、辅具提供、居家环境的改善、照护情形的改善、下次复评的可能时间等，对个案所作的个别建议。二是与保险人相联系的长期照护机构，依据个案（经保险人核定的照护需求者）的需求、保险人所核定的照护等级，以及照护咨询者对个案所提供的照管计划，与个案协商讨论后，再根据个案的工具性日常生活活动功能，所拟出的计划，也称为"照护计划"。

评估人员所做的照护计划，依据照护需求性并非一成不变的状态而是一个过程，一个可以通过不断调整的的照护、预防性及具复健性的疾病治疗措施，或是通过复健治疗，而具影响力的过程。因此，评估人员须评估照护需求者是否是需要下列给付：一是治疗方法，包括物理治疗、职能治疗及语言治疗等治疗方法；二是医学复健治疗给付，包括门诊式或住院式医学复健治疗。如果照护需求者有上述需求，评估人员应将此需求反映在评估结果的照护计划建议书里。此外，评估人员需要根据被评估者的境况，在照护计划内提出下列建议，医师的治疗与后续的治疗、复健运动或功能训练，重要的辅具，改善居住环境的建议，照护状态的改善建议（如提供照护家属照护课程）。

在照护等级确定后，保险人须提供符合照护需求者照护等级的给付，然而，何种照护给付最适合照护需求者当时的状况，这时，负责的照护专业人员就要针对选择实物给付的被保险人，不论是社区式居家照护服务站或是住宿型照护机构，与个案进行沟通，在保险人给付额度内为个案制作照护计划，内容包括"问题、能力与资源""照护目的""照护措施"和"改善"等四部分。

（四）照护等级的核定与通知

当保险人收到评估人员所送回的评估资料与建议后，进行审核、做成决定，再以书面通知申请人，并最迟于申请人提出申请开始的 5 周内完成通知。实务上，保险人的社会保险专员再收到评估人员所传回的评估资料后，绝大多数评估建议书都为保险人所接受。如果保险人对该评估结果不接受时，保险人可就无法接受之处，对被评估者进行家访，厘清相关问题后，再做成核定。

申请人对于保险人所做的照护需求性和照护等级决定不服时，可向保险人提出异议，申请复核。在收到书面通知后，申请者依其不同的居住地而有不同的提出复核申请期限，如果居住于德国境内则在 1 个月内，若居住于外国则在 3 个月内。保险人收到复核申请后，再委托其他独立的评估人员，或委托健康保险医事服务中心，由不同的评估人员进行第二次评估。如果第二次评估（复核）是由健康保险医事服务中心进行，则评估人员首先检视原评估人员所做的建议内容，再进行家访。对于不变动的部分（例如被保险人的姓名、出生年月日等），维持原来电脑系统上的资料，对于不同部分，则由第二次评估人员再系统上加以修改，最后再结算被评估者所需要的被服务时间，是否符合法律对"照护需求性"的规定。第二次评估人员需就两次评估时间点间，被评估者的照护情形所产生的改变做评估，做出评估结果建议书后递交给保险人。保险人在完成核定后，将结果再以书面通知申请人。

（五）连结服务

为了帮助照护需求者行使照护给付申请请求权、复健通知请求权，以及促进照护机构间良性竞争，保险人应在被保险人提出给付申请后，立即通知申请人保险人所联系的照护机构所提供的给付、价格对照表和其他相关照护服务，以及对照护需求者最适当的照护据点与照护咨询等讯息。被保险人提出长期照护给付申请时，保险人除对其进行评估外，在评估进行前，也应提供被保险人具体咨询服务的日期，尤其对于首次申请者，保险人要在被保险人申请提出后最迟的 2 周以内提供具体的咨询日期，发给申请者一张咨询机构所承认的咨询礼券。所谓"咨询"，是由保险人中的照护咨询人员提供，也可以由照护据点的照护咨询人员来进行，对被保险人或民众提供长期照护保险的相关讯息。

为什么保险人必须提供咨询服务？这主要是因为被保险人于申请照护给付时就需作出给付类型的选择，通过照护咨询人员的咨询服务，可获得何种给付最适合，给付类型选择之后，尤其是选择实物给付或混合给付后，有哪些照护机构可供选择等信息；选择现金给付者，如果照顾者于照护过程中有任何照顾疑惑，也可通过照护咨询人员得到照顾方法的调整或改善等相关讯息，以提升整个照护品质。保险人也可通过网络向被保险人提供居家附近的照护机构的查询，这项查询包括该机构距离被保险人居住所的距离、品质审查结果后保险人所公布的照护分数，以使被保险人依据资料信息选择适当的照护机构。

二、从核定等级到保险给付使用

（一）复评（再次评估）

在评估人员完成评估时，除针对被评估者当时实际情形做出个别的照护计划建议，也可在照护计划末尾说明下次对个案进行复评的时间。《社会法法典》第 11 篇规定，保险人应"定期"对照护需求者进行复评。如果对于照护需求者的再度评估日期无法预估（如对于植物人的再度评估），则评估人员也无义务一定在评估结果建议书里，做再次评估日期的预告。实务上也曾讨论是否以2年为周期进行复评，但基于每一个案差异较大，很难以某一定周期为基准对所有个案进行复评。因此，对于成人实务上根据个案个别情况进行复评，特别是住院的照护需求者，对其再度评估时间缩短。不过，实务上保险人每年委托健康保险医事服务中心对同一照护需求者进行一次复评，以了解其照护需求性是否需要进行调整；而对于儿童评估，则法律规定每2年即需重新评估一次。

对于保险人委托评估人员进行再次评估后，申请者对该评估结果不服时，仍得向保险人提出异议；如果申请者接受评估结果，则新评估结果自保险人医事服务中心做完再次评估结果建议书当日产生效力，但亦有以再次评估的原因事实发生日发生效力者，如：个案因几个礼拜前中风，申请再次评估照护等级，此时新的评估结果就自发生中风当日起发生效力。此外，照护需求者基于个人认为照护等级应提高或降低，可在任何时间向保险人申请再次评估。对于此项评估结果不服时，申请者仍得向该保险人提出异议；如果申请者接受评估结果，则新评估结果效力溯及于申请者申请该次复评之时。

（二）暂停给付

由于保险契约当事人为保险人与被保险人双方，给付的暂停理论上应由双方发动，具体情形为以下三种。

（1）由双方提出。由于保险给付发生在照护需求风险发生时，当被保险人不再具备照护需求时，双方均有权请求停止给付。

（2）由被保险人提出。当被保险人选择现金给付，而欲转换为实物给付时，基于当事人自主权的维护，被保险人可在任何时间请求暂停原给付，更改为实物给付或混合给付。而原选择实物给付或混合给付的被保险人，亦可请求暂停原给付，更改为现金给付。

（3）由保险人提出。如果被保险人选择现金给付，当照护者所提供服务品质低劣，经保险人照护咨询人员以及保险人提供方协助后，仍无法改善，抑或照顾者与被照顾者间发生暴力时，保险人可终止现金给付，提供实物给付。照护需求者死亡，给付客体（也就是给付对象）不存在，给付也就自然终止。

（三）给付品质的审查

品质审查的方式包括常规审查、特殊原因审查与复审三种。常规审查系对服务提供者所供的基础照护、家务处理、居家照护服务人员的给付质量等所进行的审查，每年举办一次，而两次审查的间需至少间隔 9 个月；复审系就常规审查结果不佳者，给予一定期限改善的审查；特殊原因审查多发生于个案或其家属对照护机构所提供的服务不满时，向保险人申请的品质审查。

住宿型照护机构每年需接受保险人无预告的品质审查（常规审查），社区式居家照护服务站则于品质审查前一日被告知，原因基于品质审查内容除包括对照护机构的结构审查外，也包括对个案的家访或会谈，从对个案的访问中了解其对机构所提供的服务内容，以及受照顾者是否满意照护服务。因此，对于住在机构的个案，无须前一日通知其是否愿意接受访问，但对于接受居家照护实物给付服务方式者，则保险人须让机构提前一天通知照护需求者，并告知可能被访问的消息。与照护需求性评估相同，保险人并不亲自进行品质审查，而是委托健康保险医事服务中心或私人健康保险联合会审查协会进行。实务中，保险人委托后者进行品质审查较为少见。健康保险医事服务中心接受委托进行的品质审查流程见图 5-2 和图 5-3。

品质审查由审查团队进行，成员至少有两位，"主要负责审查人员"负责整合其他审查人员的审查内容，再做成审查结果，形成建议书后，通过系统反馈给保险人。同时，审查人员也将审查建议书，以书面寄送受检查的机构，受检的机构对于审查结果若有不服，可在 28 日内提出异议，由保险人进行复评。如果接受审查结果，则根据审查结果，通过电脑系统得出的"照护分数"，由保险人公布于网路、保险人处、照护机构处等。为避免住宿式机构疲于准备各种不同的审查，有管辖权的主管监督机关也得与受保险人所委托的品质审查人员，同时进行审查，但主管监督机关对机构所进行的审查，着重在该机构是否履行疗养院法或其他法律的规定。

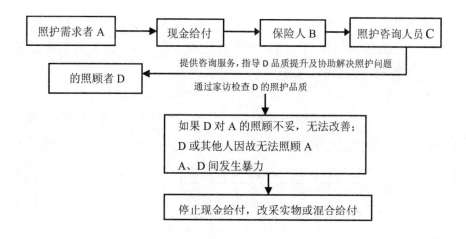

图 5-2　德国现金给付品质审查流程

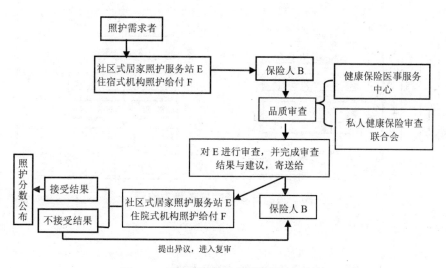

图 5-3　德国实物给付品质审查流程

第二节　日本照护管理流程

日本被保险人从提出申请至接获核定失能等级的过程，共历经"提出申请""调查访问""第一次判定""主治医师意见书""介护认定审查会判定失能等级"及"通知核定结果"五个步骤，而使用照护服务过程根据三种核定等级"需求照护""需要支援"和"不符合资格"的不同而不同。具体其流程如图5-4表示。

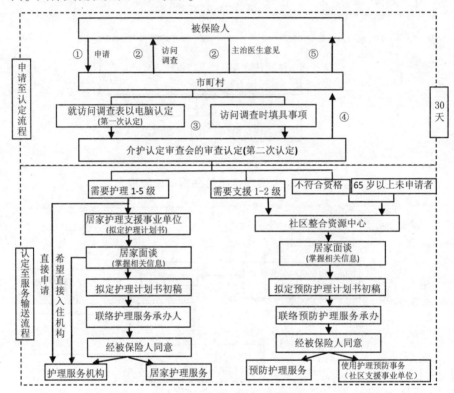

图 5-4　日本长期护理管理流程

一、从提出申请到失能等级核定

(一) 提出申请

欲申请需要照护的被保险人，须以申请书加上保险证向市町村提出申请。一般由被保险人本人或其家属提出申请，亦可由指定居家支持事业机构或介护保险机构的照顾管理专员代为申请办理。但由被保险人本人及其家属以外的第三人代为申请时，申请者应出示被保险人的委托书，且不得向被保险人收取任何费用。被保险人申请需要照护认定时，应出具下列文件：需要照护认定申请书，介护保险证①或健康保险证，主治医师意见书②文件。

（二）调查访问

保险人（市町村）在收到被保险人需要照护认定申请书后，对于"初次申请者"的调查访问由"市町村职员"或"事务受托法人"③负责处理。其次，对于需要照护认定的"更新"或"变更"认定等级者的调查访问工作，除由"市町村职员"或事务受托法人负责外，还可委托给"指定居家照护支持事业者、小区密合型介护老人福祉机构、介护保险机构、或其他符合厚生劳动省令规定的从业者、机构、照顾管理专员"等负责进行，进行调查访问工作者（以下称：认定调查员）必须参与都道府县及指定都市的研习课程。由于日本长照保险推动初期，认定调查员与拟订照护计划的照顾管理专员由同一人担任，导致需要照护等级的判定被高估时有发生。因此，实务上保险人在委托认定调查业务时，会避免照护被保险人的机构承办该项业务。

由于需要照护认定业务必须在被保险人提出申请后 30 日内完成，认定调查员应在接案后尽快与被保险人或其家属、实际照护者联系并约定调查

---

① 第 1 类被保险人（65 岁以上）全体均领有介护保险证，在被保险人满 65 岁生日当月发放；第 2 类被保险人则在需要申请介护认定时发放。被保险人应提交介护保险证，第 2 类被保险人若未领有介护保险证则无须提交，但应申请核发介护保险证。此外，若为第 2 类被保险人的申请者，应提出因特定疾病导致需要照护状态的诊断证明。

② 通过这些文件了解导致被保险人身体及精神上的障碍原因或有关伤病状况。但若被保险人无主治医师或取得意见书有困难时，市町村指定医师对被保险人进行诊断。

③ 所谓"事务受托法人"指依照介护保险法第 24 条中第 1 项的规定，由保险人（市町村）委托办理调查访问事务的法人，如社会福祉法人、特殊法人、财团法人、医疗法人、股份有限公司等。有意承办该项业务的法人须向其所属都道府县提出申请。

访问时间。如果若被保险人属于在家接受家人照护，应以实际照护人员的时间为优先考虑，避免因其不在场而无法确切掌握被保险人的实际状况，如果若实际负责照护工作的家人无法在场时，则应在特殊记载事项字段内予以注明。

认定调查表主要包括三大部分的内容，即概况调查、基本调查和特殊事项等三大项目。

（1）概况调查。概况调查由"调查实施者（填表人）""调查对象""目前接受照顾服务状况（居家照顾或机构照顾）""所处环境与其他（家族状况、住宅环境、伤病、既往症等）"等四个部分组成。

（2）基本调查。基本调查项目由"身体机能""起居动作""生活机能""认知机能""精神和行动障碍""社会生活的适应"等六大类群内容、和其他项目所构成[1]。各类组别是由厚生劳动省依据大量需要照顾高龄者的数据库，将需要照顾认定调查结果以双重尺度法（Dual Scaling）进行分析而得，各类群分别代表评估高龄者特定特征的指标。各类群评估目标：第1类群为评估高龄者麻痹、挛缩、翻身等基本动作，或与日常生活起居活动的能力。第2类群为评估维持生活必要机能的综合性指标，以此作为判断生活障碍应予以的协助程度。第3类群为评估认知功能的指标。第4类群我评估失智症等疾病是否有导致行为障碍发生，以及其所致程度。第5类群为评估维持其在小区内社会生活能力，以及需要协助程度等指标。各种认定调查项目中有"能力评估调查项目""照顾方法评估调查项目"及"有无麻痹挛缩与BPSD[2]情形"三大主轴，并了解对被保险人的"生活机能（ADL）""起居活动""认知能力""行为""社会生活"及"医疗"等方面产生影响程度（详见表5－1）。

---

① 现行调查项目乃2009年公布的最新版本，在此的前将构成项目分为7大类（73个项目）及特殊医疗（12个项目）两部分，本次修订除删除11个项目外，并新增6个项目。

② BPSD系为Behavioral and Psychological Symptoms of Dementia的缩写，代表失智症所伴随的行为与心理状态。

（3）特殊记载事项。特殊记载事项为依据基本调查项目的分类方式所记载的具体内容，其记载事项的内容应避免与基本调查项目的内涵有所冲突，同时特殊事项为介护认定审查会判定介护等级的重要参考依据，故应以简洁明了为原则。

表5-1 基本调查项目与评价主轴、影响生活因素的关系

		评价轴			调查内容				
		①能力	②援助方法	③有无	①ADL（生活功能)、起居活动	②认知功能	③行动	④社会活动	⑤医疗
身体功能、起居动作	1-1 麻痹								
	1-2 关节伸缩								
	1-3 翻身								
	1-4 起身								
	1-5 保持坐姿								
	1-6 双脚保持站立								
	1-7 步行								
	1-8 站起								
	1-9 单脚站立								
	1-10 洗澡								
	1-11 剪指甲								
	1-12 视力								
	1-13 听力								

		评价轴			调查内容				
		①能力	②援助方法	③有无	①ADL（生活功能）、起居活动	②认知功能	③行动	④社会活动	⑤医疗
生活机能	2-1 换座								
	2-2 移动								
	2-3 吞噬								
	2-4 食物摄取								
	2-5 排尿								
	2-6 排便								
	2-7 清洁口腔								
	2-8 洗脸								
	2-9 整形								
	2-10 穿脱衣服								
	2-11 穿脱裤子								
	2-12 外出频率								
认知机能	3-1 意思传达								
	3-2 理解每日的日课								
	3-3 会说出日期								
	3-4 短暂记忆								
	3-5 会说自己名字								
	3-6 理解当令季节								
	3-7 理解场所								
	3-8 徘徊								
	3-9 外出后回不来								

续表

		评价轴			调查内容				
		①能力	②援助方法	③有无	①ADL(生活功能)、起居活动	②认知功能	③行动	④社会活动	⑤医疗
精神、行动障碍	4-1 被偷东西等被害想法								
	4-2 虚构故事								
	4-3 时哭时笑精神不稳定								
	4-4 日夜颠倒								
	4-5 一直重复相同的话								
	4-6 大声喊叫								
	4-7 抵抗照护								
	4-8 情绪不稳定								
	4-9 老想一个人外出								
	4-10 收集癖								
	4-11 破坏东西或衣物								
	4-12 严重的健忘								
	4-13 自言自语或笑								
	4-14 自己随意行动								
	4-15 话语不停								
社会行动的适应	5-1 服用药物								
	5-2 金钱管理								
	5-3 日常的意思决定								
	5-4 不适应团体								
	5-5 购物								
	5-6 简单的料理								

资料来源：介护认定审查会委员文件 2009 年修订版，http：//www.mhlw.go.jp/stf/ seisakunitsuite/bunya/hukushi_ kaigo/kaigo_ koureisha/nintei/kaigo_ text.html

（三）第一次判定

第一次判定主要是以计算机软件进行评估，其判定结果仅为提交介护认定审查会进行第二次判定的草案，并非最终核定结果。具体内容主要根据认定调查员 62 项调查指标结果，对被保险人日常生活样态进行分析，并辅以"特别医疗"项下内容（12 项目），以计算机软件对被保险人需要照顾的程度与时间（简称照护基准时间）进行评估。第一次判定实际上为将被保险人的失能情况予以量化，再按"照顾时间"的总量估算照护认定基准时间。第一次判定流程如下：

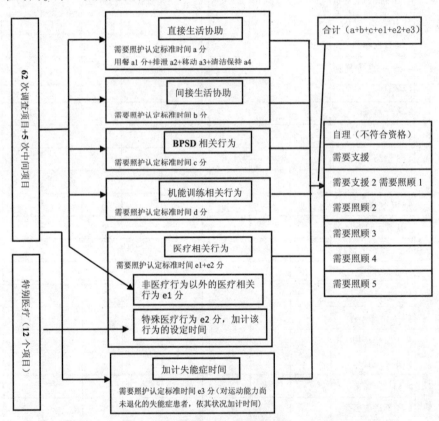

图 5-5　第一次判定流程：需要照护基准时间的计算

1. 依中间评估项目进行评估

首先，分别计算各类群评估项目的得分数值。各类群的得分依表 5-2

的方式计算而得。其次，则将各类群个别项目所得的数值加总，每一类群的得分，总计最高为100分、最低为0分，以此类推，计算其余各类群的数值。根据此种方式计算出的得分数值，并非衡量需要照顾时间的指标，无法作为评定需要照护等级的依据，仅作为"树形图"分支点左右走向的基准。由此可知，各类群中间评估项目的所得数值，并不具有任何运算或比较的功能与意义。

表5-2　中间项目评估得分

身体功能、起居动作	1-1 麻痹	无	6.5	仅任何一肢	5.5	两下肢	3.9	左上下肢或有上下肢	3.3	其他的四肢麻痹	0
	1-2 关节伸缩（肩）	无	2.3	有	0				
	关节伸缩（腰）	无	2.7	有	0				
	关节伸缩（颈椎）	无	1.1	有	0				
	1-3 翻身	可以	9.0	抓住东西即可	6.5	不可	0		
	1-4 起身	可以	8.8	抓住东西即可	6.7	不可	0		
	1-5 保持坐姿	可以	10.0	有支撑即可	8.4	需要他人搀扶	4.7	不可	0
	1-6 双脚保持站立	可以	8.7	需要他人搀扶	6.2	不可	0		
	1-7 步行	可以	7.6	抓住东西即可	5.5	不可	0		
	1-8 站起	可以	9.7	抓住东西即可	7.1	不可	0		
	1-9 单脚站立	可以	7.3	需要他人搀扶	5.4	不可	0		
	1-10 洗澡	不需协助	6.2	部分协助	4.4	全部协助	0	没有洗	0
	1-11 剪指甲	不需协助	4.1	部分协助	2.8	全部协助	0		
	1-12 视力	普通	5.2	可看见一公尺的距离	4.0	看到眼前	2.9	几乎看不见	0	看不见	0
	1-13 听力	普通	10.8	努力才能听得见	10.0	大声说才能听见	9.8	几乎听不见	9.0	听不见	0

续表

生活机能	2-1 换座	无需帮助	9.1	照顾	6.9	部分协助	3.5	完全协助	0
	2-2 移动	无需帮助	8.1	照顾	6.4	部分协助	3.7	全部协助	0
	2-3 吞噬	可以	10.2	照顾	7.2	不可	0		
	2-4 食物摄取	无需帮助	9.8	照顾	6.8	部分协助	4.6	全部协助	0
	2-5 排尿	无需帮助	7.2	照顾	5.9	部分协助	5.1	全部协助	0
	2-6 排便	无需帮助	7.2	照顾	5.7	部分协助	4.9	全部协助	0
	2-7 清洁口腔	无需帮助	9.3	部分协助	5.2	全部协助	0		
	2-8 洗脸	无需帮助	9.0	部分协助	5.1	全部协助	0		
	2-9 整形	无需帮助	7.9	部分协助	4.1	全部协助	0		
	2-10 穿脱衣服	无需帮助	9.4	照顾	8.0	部分协助	5.7	全部协助	0
	2-11 穿脱裤子	无需帮助	8.7	照顾	7.3	部分协助	5.4	全部协助	0
	2-12 外出频率	每周一次以上	4.1	每月一次以上	3.4	每月一次一下	0		
认知机能	3-1 意思传达	可以	17.1	偶尔可以	12.5	几乎无法	4.2	无法传达	0
	3-2 理解每日的日课	可以	7.6	不可	0				
	3-3 会说出日期	可以	11.3	不可	0				
	3-4 短暂记忆	可以	7.0	不可	0				
	3-5 会说自己名字	可以	16.3	不可	0				
	3-6 理解当令季节	可以	9.1	不可	0				
	3-7 理解场所	可以	11.6	不可	0				
	3-8 徘徊	无	9.5	偶尔有	2.7	有	0		
	3-9 外出后回不来	无	9.9	偶尔有	4.7	有	0		

续表

精神、行动障碍	4-1 被偷东西等被害想法	无	7.0	偶尔有	3.2	有	0		
	4-2 虚构故事	无	8.2	偶尔有	3.4	有	0		
	4-3 时哭时笑精神不稳定	无	5.0	偶尔有	2.5	有	0		
	4-4 日夜颠倒	无	4.2	偶尔有	1.9	有	0		
	4-5 一直重复相同的话	无	4.9	偶尔有	3.0	有	0		
	4-6 大声喊叫	无	7.0	偶尔有	2.8	有	0		
	4-7 抵抗照护	无	6.1	偶尔有	2.4	有	0		
	4-8 情绪不稳定	无	7.8	偶尔有	2.1	有	0		
	4-9 老想一个人外出	无	8.7	偶尔有	2.3	有	0		
	4-10 收集癖	无	8.3	偶尔有	1.6	有	0		
	4-11 破坏东西或衣物	无	10.7	偶尔有	2.3	有	0		
	4-12 严重的健忘	无	4.0	偶尔有	1.6	有	0		
	4-13 自言自语或笑	无	6.5	偶尔有	3.3	有	0		
	4-14 自己随意行动	无	6.3	偶尔有	3.0	有	0		
	4-15 话语不停	无	5.3	偶尔有	1.9	有	0		
社会行动的适应	5-1 服用药物	无需帮助	21.2	部分帮助	9.9	完全帮助	0		
	5-2 金钱管理	无需帮助	18.2	部分帮助	9.5	完全帮助	0		
	5-3 日常的意思决定	可以	22.5	除了特殊情况外	13.7	日常困难	5.5	不可	0
	5-4 不适应团体	无	6.1	偶尔有	1.8	有	0		
	5-5 购物	无需帮助	16.6	照顾	9.2	部分协助	7.4	全部协助	0

资料来源：介护认定审查会委员文件 2009 修订版，http：//www. mhlw. go. jp/stf/
seisakunitsuite/bunya/hukushi_ kaigo/kaigo_ koureisha/nintei/kaigo_ text. html

2. 推估需要照护认定基准时间

首先，根据树形图推算需要照护时间。被保险人需要照护时间，主要根据"用餐""排泄""移动""清洁保持""间接生活协助""BPSD 相关行为""机能训练相关行为""医疗相关行为（含特殊医疗）"等 8 个树形图（见图 5-6）推估时间予以合计后，再加计失智症所需时间而得。树形图的类型与所需照顾时间的范围见表 5-3。若以用餐为例，如果被保险人能够独自用餐或者需要有人照顾者，就归到左方；如果需要部分协助，或者是全部协助，则归到右方。其次，再根据生活机能的得分数值在 31.2 以下者，则归于左边；如果得分数值在 31.3 以上者，则归于右边。其后，再根据认知机能、精神行动障碍的得分数值，决定应归属方向。最后则得出每日应接受照顾服务时间（分钟），此即所谓"需要照护认定基准时间"。

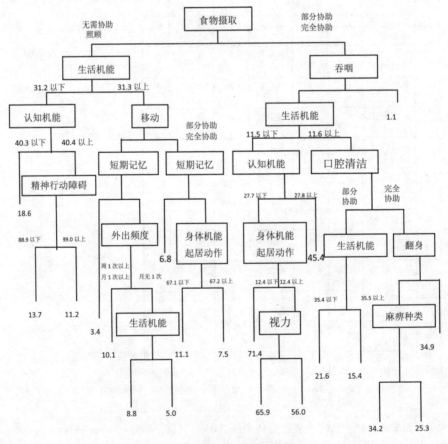

图 5-6　树形图（以用餐为例）

表5-3　树形图的类型与所需照顾时间的范围

树形图名称		需要照顾时间范围
直接生活协助	用餐	1.1—71.4分钟
	排泄	0.2—28.0分钟
	移动	0.4—21.4分钟
	清洁保持	1.2—24.3分钟
间接生活协助		0.4—11.3分钟
BPSD 相关行为		5.8—21.2分钟
机能训练相关行为		0.5—15.4分钟
医疗相关行为		1.0—37.2分钟

资料来源：介护认定审查会委员文件2009年修订版，http：//www. mhlw. go. jp/ stf/seisakunitsuite/bunya/hukushi_ kaigo/kaigo_ koureisha/nintei/kaigo_ text. html

其次，加计失智症所需照护时间（见表5-4）。对于运动能力尚未退化的失智症患者，若根据相关指标判定应变更需要照顾等级者，则需加计失智症所需照护时间，并以需要照护认定基准时间与失智症所需照护时间的合计数，作为评估一次判定的基准。

表5-4　失智症需要照护时间表

	加计失智症需要照护时间			
	要支援1	要支援2、需要照护1	需要照护2	需要照护3
无	0分	0分	0分	0分
1个等级	7分	12.5分	19分	20分
2个等级	19.5分	31.5分	39分	40分

资料来源：介护认定审查会委员文件2009年修订版，http：//www. mhlw. go. jp/stf/ seisakunitsuite/bunya/hukushi_ kaigo/kaigo_ koureisha/nintei/kaigo_ text. html

最后，将上述各项时间予以加总，据此判定需要照护等级。有关需要照护认定基准时间与需要照护等级间的关系，则如表5-5所示。需要注意的是，需要照护基准时间，为依"以1分钟为单位的照护时间测定"的被保险人的平均值所估算的照护时间，并非指实际照护时间而言。

表 5-5　需要照护等级与需要照护认定基准时间的关系

需要照护等级	需要照护认定基准时间（每日）
不符合资格	25 分钟以下
要支援 1	25 分钟（含）以上至 32 分钟以下
要支援 2	32 分钟（含）以上至 50 分钟以下
需要照护 1	
需要照护 2	50 分钟（含）以上至 70 分钟以下
需要照护 3	70 分钟（含）以上至 90 分钟以下
需要照护 4	90 分钟（含）以上至 110 分钟以下
需要照护 5	110 分钟（含）以上

资料来源：介护认定审查会委员文件 2009 年修订版，http：//www.mhlw.go.jp/stf/seisakunitsuite/bunya/hukushi_ kaigo/kaigo_ koureisha/nintei/kaigo_ text.html

　　由表 5-5 知，"需要支持 2" 与 "需要照护 1" 所需要照护基准时间都设定为 32—50 分钟区间内。基本上，当主治医师意见书及认定调查的日常生活自立度等内容，认为被保险人具有 "改善或维持现有状态的可能性" 者，则判定其为 "需要支援 2"，适用 "预防给付" 服务；反之，则为 "需要照护 1"，属于 "照护给付" 服务。一般而言，经评估为 "需要照护 1" 者，必须符合下列要件：认知机能或思考、感情等功能有所障碍，且对使用预防给付服务无法适当理解；经评估短期（约 6 个月）内身心状况会产生变化，且需要照护程度有加重的情形。

（四）主治医师意见书

　　主治医师意见书系采用全国统一格式填写，其内容为主治医师对被保险人的状态，就伤病情况、特殊医疗事项（过去 14 天内是否接受医疗检查、被保险人身心状况、照顾服务、及其他特殊应该记载的事项）提供相关意见。介护认定审查会在进行第二次介护认定等级判定时，主治医师意见书发挥了重要功能：一是确认导致第二类被保险人生活机能退化的直接病因，是否属于特定疾病范围。二是确认被保险人需要照护的时间，必要时得依此变更第一次判定结果。三是当被保险人经第一次判定结果为需要照护基准时间在 32 至 50 分以下者，主治医师意见书则成为评估被保险人需要照护状态是否有继续维持现状、或进一步改善的重要参考依据。如果经评估被保险人的需要照护状态无加重情况时，即判定为"需要支持2"；反之，则判定为"需要照护1"。四是作为确认或变更认定调查结果的依据。由于认定调查为以一次为原则，认定调查员与被保险人的接触次数与时间十分有限，且认定调查员未必具有医学相关知识，对被保险人身心状况的掌握恐有遗漏。主治医师与病患接触或相处的时间相对较多，故更能有效掌握被保险人的身心状况。五是经被保险人同意后，主治医师意见书可作为拟订照护服务计划的参考依据。由于主治医师意见书记载的内容对照护认定结果具有重要影响，因此，为了避免个别医师对评估被保险人（病患）需要照护状态产生较大误差，厚生劳动省编制相关手册，以供医疗机构医师在填写主治医师意见书时作为参考依据。

（五）判定失能等级（介护认定审查会）

日本《介护保险法》明确了介护认定审查委员会的主要规范，但没有明确实际运行规范，市町村自行颁布介护认定审查会条例，明确认定审查的运行规范。其次，厚生劳动省为确保需要照护认定业务的公正性，以期能建构一套全国通用的需要照护认定准则，避免相同或相似失能程度的被保险人，在不同地区会有不同需要照护等级核定产生，特制订《介护认定审查会委员训练教材》，为介护认定审查会委员判定需要照护等级提供参考。介护认定审查会为市町村辖下设置的合议制委员会，委员须为保健、医疗或福祉经验的专家学者，并由市町村长（在特别区为区长）任命。并且为保障会议顺利进行，设置主任委员一名，承担介护认定审查会有效运作职责。主任委员由全体委员互相推选产生。若主任委员缺席、无法主持会议时，应事先指定委员代行其职务。

由于所有申请需要照护认定案件，均应送至介护认定审查会进行实质审查，大部分市町村多设置数个审查小组分工进行审查。因此，审查小组乃实际上负责审查判定业务单位。基本上，各审查小组的委员由主任委员指定，委员人数以 5 人为原则，最低不得少于 3 人。审查小组委员选派一名委员担任组长（合议体长），负责审查小组业务运作。介护认定审查会由主任委员（或审查小组组长）负责召开，若出席委员人数未达½，则不得进行审查会议。此外，代表保健、医疗、社会福利的委员，有任何一方无法出席会议时，基本上要暂停召开会议。介护审查判定结果，应以过半数以上委员同意；如果判定结果不一致，且双方处于同样票数时，则以主任委员（或审查小组组长）的意见为准。审查作业采用匿名审查方式进行。

（六）通知核定结果

保险人（市町村）在接到介护认定审查会的审查判定结果通知后，应将判定需要照护等级结果通知被保险人。除审查判定数据有误或审查判定程序有明显瑕疵者外，保险人（市町村）只能按介护认定审查会的判定结果，核定被保险人需要照护程度等级，不得任意变更。换言之，保险人（市町村）对于需要照护等级核定并无裁量权利。有关保险人通知被保险人核定结果文件如图 5-6 所示。如果对核定结果不服，被保险人应于接到认定结果通知次日起算 60 日以内，以书面或口头方式向都道府县设置的介护保险审查会申诉请求审查。介护保险审查会应就书面文件或答询内容，审查市町村核定内容的合理性，对被保险人的审查请求进行裁决。一般从被保险人提出审查请求开始，至介护保险审查会做出裁决为止，通常需费时 3 个月至 1 年的时间。若被保险人对于介护保险审查会的决议仍有异议，可依法提起行政诉讼。

二、从核定等级到保险给付使用

使用长期照护保险给付

被保险人经核定为"需要照护"者，可使用照护给付服务；"需要支持"者，可使用预防给付服务；不符合上述两项条件者，则可使用小区支持事业的照护预防服务。

1. 需要照护服务

被保险人被核定为需要照护等级者后，不论选择居家照护服务或机构照护服务，皆可直接与照护服务业者接洽签约，也可委托居家照护支持事业者拟订照护服务计划书，由其推荐使用照护服务的种类与从业者。如果若被保险人自行选择入住照护机构时，从照护服务计划至提供服务为止，所有业务均由照护机构负责处理。如果被保险人选择居家照护服务，则委托居家照护支持事业者拟订照护服务计划，由其推荐使用服务内容。具体流程为：

第一，分析被保险人状态。由居家照护支持事业者（拟订照护计划业者）派遣"照护管理专员"至被保险人家中访谈，实际听取被保险人本人或其家属对目前状况，以及未来期待生活方式的陈述，作为分析被保险人需要照护服务内容的依据。

第二，拟订照护服务计划初稿。所谓"照护服务计划"，系指决定被保险人使用照护服务种类，以及使用时间、服务使用量等具体内容的计划书。照护管理师经由访谈被保险人本人及其家属后，应先依被保险人期待的生活型态，规划出照护服务计划初稿，作为各相关人员讨论实际照护服务的雏形。此时，照护管理师会推荐相关照护业者或照护服务人员，以供被保险人参考或选择。

第三，召开照护服务业者承办人员会议。照护服务计划初稿完成后，应召集被保险人本人及其家属、照护服务业者的承办人员、主治医师等相关人员召开会议，就照护服务计划初稿进行讨论。

第四，拟妥照护服务计划。照护管理师应参考照护服务承办人员会议的意见后，修正照护服务计划初稿，重新拟订符合被保险人期望，及有利于其身心状态的照护服务计划，完成照护服务计划书。

第五，经被保险人同意。照护管理师拟妥照护服务计划书后，应就其内容对被保险人及其家属进行说明，经其同意后，则交付与照护服务业者，作为提供照护服务的依据。

第六，签订照护服务契约。被保险人应就契约内所载重要事项、照护服务内容等条款进行确认，同意后则个别与照护业者缔结契约。

2. 预防给付服务

被保险人经核定为需要支持者，基本上系委托"社区整合支持中心"

拟订照护服务计划书，由其推荐使用照护服务的种类与提供者。然而，实务上委托居家照护支持事业者、或自行拟订照护服务计划。具体流程与需要照护服务流程基本一致，只是具体计划的制订者变为"社区整合支持中心"的保健师。

3. 社区支援事业的照护预防服务

所谓"照护预防服务"，指的是由改善身心机能状况或调整生活环境等措施，达到提高高龄长者生活机能、及参与社会活动的目的，使每个人都能展现生活意义、进而实现自我理想的各项措施。为防止长期照护保险给付日益扩大，影响保险制度有效运作，对于不符合"需要支持"或"需要照护"的被保险人，则可使用"照护预防服务"措施，避免陷入需要照护或需要支持的状态，这样不仅可减少介护保险给付负担，更可使高龄长者活得健康、尊严、有意义。照护预防服务业务大概可分为两类：一是向身体机能无退化迹象的被保险人提供的"初级预防服务"，其内容主要以保持或促进健康为主；二是对身体机能已有退化迹象的被保险人提供"次级预防服务"，主要在实现早期发现早期预防的目的，避免被保险人身心状态陷入需要他人照护或援助的状况。由上可知，对于不符合需要照护（需要支持）的被保险人，基本上应属于符合"次级预防服务"对象的被保险人，可通过"社区整合支持中心"为其拟订相关照护服务计划。

照护管理专员的一项工作职责是对照护计划的执行进行监督管控。原则上，照护管理专员每月均需对被保险人实际使用服务进行了解，其中包含被保险人使用服务满意度及需求满意度。如果若被保险人需要照护的状况有所变化时，照护管理专员则需调整照护服务计划内容。

被保险人不论使用居家照护服务或机构照护服务，对照护服务业者提供的服务不满意时，可向照护服务业者直接反应。如果照护服务业者仍未改善时，则可向居家照护支持事业者申诉，由其对照护服务业者提出改善服务的要求。如果仍无法解决时，则可通过居家照护支持事业者或小区整合支持中心向市町村申诉，由市町村进行相关调查或提出改善建议。如果上述方法仍无法获得改善时，则可向都道府县或国民健康保险团体联合会提出申诉手续，由其进行相关调查对照护服务业者提出指导建议，或做出撤销特约资格的处分。

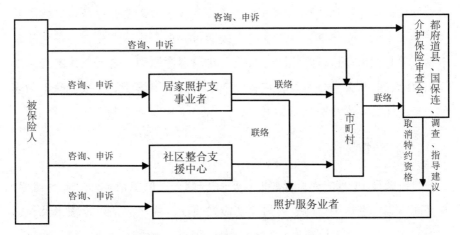

图 5-7 日本服务给付申诉流程

第三节 韩国的照护管理流程

韩国老人长期照护保险服务输送流程可以分为 5 个阶段，以下对服务输送流程及其之外的其他情形分别进行说明：

一、从提出申请到失能等级核定

（一）申请

初次申请长期照护给付[①]的申请人到医疗机构进行身体鉴定，递送申请书[②]与医师意见书（65 岁以上在等级认定委员会开会之前提交即可，未满 65 岁的诊断书为确认失智症等老人性疾病与否）给 NHIS，行动不便、离岛或偏僻地区居民可免。若为代理人申请，须提交代理人指定书。受益

---

① 有资格的申请人为长期照护被保险人及其眷属，和《医疗救助法》的受益者。

② 申请书应载明事项包括：申请人姓名、身分证号、户籍地址、居住地址、电话、监护人及其关系，若为代理人申请，则应书明代理人姓名、身分证号、地址、电话、代理人属性（家属或亲属、社福公务员、市郡区厅长指定人）。

对象如果在服务使用过程，因身心环境改变或照顾需要，以及认定期限到期，需要申请认定更新、等级变更、或给付类型与内容变更，申请流程及申请表单与初次申请认定相同。认定更新的程序原则上是要在认定有效期间前 90 天到 30 天进行申请。在有效期限内提出申请变更等级，除申请表单之外，还必须提交医师意见书。

（二）访视评估

自申请日 14 日之内，长照职员应完成调查。但申请案件过多等情形，在期间内难以进行调查时，可另建立访视调查计划（包括延长理由及预估调查时间），由分支长裁决后执行。原则上按申请顺序组织调查。但是，如果根据申请人身心状态、照护环境状况，若需立刻利用长照服务需优先调查时，不受此限。原则上以 2 人为一组进行访视评估，但调查案件太多情况下中心长可以派遣 1 人进行调查。调查完后 3 天内输入计算机业务平台进行主管批核。访视评估结果输入计算机后形成第一次计算机认定。评估内容包括生理功能（12 项）、精神心理认知功能（7 项）、行为变化（14 项）、护理与复健待遇服务（19 项）（共 52 项）。在访视评估过程，长照职员须了解申请人（代理人）过去服务使用的状况、对给付种类的选择①，及如果认定结果是等级外时的服务期待②。

（三）照护需求等级认定

长期照护需求等级认定委员会依据访视评估及身体鉴定等数据，对于超过 6 个月无法独立正常生活的老人，对其照护需求程度做最后的决定。认定结果分为等级内（等级一、等级二、等级三），以及等级外（A、B、

---

① 访视评估职员会在评估过程询问申请人希望给付种类及其优先级，申请人希望给付种类可复选。
② 当最后认定结果为等级外时，这些内容可以协助连结地方志愿服务者的参考依据。申请人可选择的等级外服务包括：探视老人服务、卫生所事业、老年工作事业、失智症咨询中心、住所改善事业、连结免费诊疗、供餐与配膳、健康运动教室、到宅看护服务、活动辅助、洗澡/美发、休闲/文化/教育、聊天陪伴、其他申请人也可以选择拒绝连结地方性服务。

C）。等级内者，依照等级及给付类型，每个月可以使用的服务月额度不同。等级外者无法获得保险给付，若有实际服务上的需要，则依据受益对象的意愿转介社会福利资源。

（四）寄送长期照护需求认定结果与服务使用建议

认定委员会完成认定后，将其认定结果做成"长期照护认定书"。NHIS 以公文形式邮寄"长期照护认定书"和"标准化长期照护利用计划书"[①] 给认定等级内的申请者，说明长期照护给付种类及等级、建议的服务种类及次数、自付费用额度等。长期照护认定书载明事项包括：受益者姓名、生日、长期照护认定号码、长期照护认定等级、有效期间、长期照护给付种类及等级、长期照护认定委员会意见。受益人须知项目包括：受益人为了接受长期照护服务应把长期照护认定书提示给长期照护机构；依法第 40 条《国民基础生活保障法》对象免其本人部分负担，其外"医疗救助法"的对象减轻一半；应于每月限额内利用长期照护服务，若超过利用其超过费用及非给付费用由受益人本人负担；欠缴 6 次以上长期照护保险费者，不能得到长期照护给付；若对长期照护等级认定有异议，接到通知的日起 90 日内向 NHIS 提供证明文件申请异议；长期照护认定更新应于有效期间前 90 天到 30 天内向 NHIS 申请。

标准化长期照护利用计划书载明内容包括：基本数据〔受益者姓名、生日、长期照护认定等级、颁发日期、给付类型及月限额、本人部分负担额（率）〕、照护计划（照护需求领域、短期与中长期目标、照护需要内容、注意事项、受益人希望给付类型）、以及长期照护利用计划及费用（给付种类、次数、长期照护给付费用、本人负担额）。

---

① "标准化长期照护利用计划书"的拟定过程：首先由访视评估职员先进行长照需求访视评估，了解申请人的需求，将其结果输入计算机；第二，计算机依据输入数据进行标准给付模型判断，自动做出各功能状态别标准给付计划；第三，按照访视评估结果所自动做出的需要长照领域检讨后选择；第四，以长照给付利用对受益人成效为中心，设定短期目标跟中长期目标；第五，拟定具体给付内容；第六考虑长照认定书上的给付种类及内容、标准给付计划、受益人希望给付、可利用的长照机构现况，拟定给付种类及次数，等等。

受益对象依据 NHIS 提供的认定结果与服务利用建议，可以选择入住长期照护机构或在家里接受长期照护服务或请领现金，也就是在受照顾者自己的意愿与委员会的建议的间进行选择。实际服务使用以受益对象与老人长期照护保险服务提供机构签订的契约为准。对于未通过认定的等级外申请者，NHIS 同样要回复申请人。

二、从核定失能等级到保险给付使用

（一）使用保险给付

得到认定通过者，受益对象依据 NHIS 提供的建议及获得的咨询与信息，自行选择机构型或居家型服务，自由选择服务提供机构。认定等级三者，原则上不可使用机构型照顾，不过若有特殊情形，可以放宽入住机构①。受益对象与指定的老人长期照护保险服务提供机构签订服务契约。契约内涵包括：服务类型与费用、保险未给付项目及各项费用、以及使用服务超过每月限额应支付的金额。服务提供机构不可以要求受益对象预先支付费用。服务提供机构在订定契约或变更契约内容后，要制作长期照护给付内容通告书，以传真或电子文件交换系统通报 NHIS。受益对象确认使用长期照护机构提供的服务之后，服务提供机构要指派社工人员进行家访（说明契约条文及应负担费用），再由疗养护理师提供照护服务。少部分申请者在通过等级认定之后，也不立即使用服务，主要是因为认为"照护"还是以家人照顾为主，也有人是因为需要支付部分负担而不使用服务。

（二）服务输送流程的其他情形

对于未通过等级认定的申请者（称为等级外的申请者），NHIS 职员可以

---

① 认定等级三者应使用居家型服务，但若有特殊情形，认定委员会认定具有以下理由之一，可以放宽入住机构：①同住家人无法照顾者（受到遗弃、虐待、暴力对待可能性高者）；②居家环境简陋（如火灾、房屋拆除等）而必须进入机构受照顾者；③因为失智症或其他生理、心智条件无法在家受照顾；④认定委员会认为照顾者负荷过大者。前述对象可不受到需求认定结果限制。

提供老人福利服务相关信息，通过老人福利服务的网络信息平台（社会福利整合管理网），使等级外申请者有机会与当地社会福利服务提供机构进行媒合。市、郡、区的业务承办人可以通过社会福利整合管理网查询等级外者的信息，使等级外的申请者获得适当的社会服务支持。各市、郡、区提供给等级外者的服务内容，同样通过社会福利整合管理网跟 NHIS 分享。

申请者对于等级认定结果不服，可依法提出不服诉讼，其救济渠道分为三个阶段：一是提出异议请求。若申请者对等级认定委员会的等级认定结果不服，无论是等级内或等级外，均可依法于收到认定处分通知 90 日内应向 NHIS 下设立的审查委员会提出异议，审查委员会应对异议请求案件进行审查，并在 60 日内决议，以"异议申请决定书"通知异议申请人，若有必要则可延长 30 日，延长审查的原因及时间要通知请求人。二是提出审查请求。如果异议申请人对异议审查决定不服，应于收到异议申请决定书处分通知 90 日内向保健福祉部下设立的审判委员会提出审查请求，NHIS 要在 10 日内将答辩书及相关资料提交给审判委员会。审判委员会应对审查请求案件进行审判，并在 60 日内决议，若有必要则可延长 30 日，延长审判的原因及时间要通知请求人。三是提出行政诉讼。对于保险人的处分有异议的人、异议申请结果不服的人、及审查请求结果不服的人，均可依照"行政诉讼法"提出行政诉讼。

韩国老人长期照护保险制度没有使用"照护管理"一词，实务上的运作过程强调提供保险对象"利用支持"，与照护管理实施原则与方法相似。NHIS 强调提供受益对象充分的信息，强化他们资源利用的能力，因此，长照职员在服务输送流程除了担任评估者也担任咨询者的角色，利用支持服务是 NHIS 为了确保受益对象能够顺利使用给付而提供的"一条龙服务"。由负责的访视评估职员提供利用支持服务主要包括：一是首次咨询。长照职员除了到申请人的家里进行需求评估之外，也提供第一次申请的申请人首次咨询服务。咨询的内容包括认定过程、有关认定书及标准利用计划书的内容、可利用的长期照护机构、长期照护服务利用方法等。咨询方式以长照职员到宅访视受益对象为主，在认定等级日起 14 日内提供此服务。二是定期咨询。长照职员按照受益对象的功能状态及环境等，决定定期咨询的周期，1 个月、3 个月或 6 个月为周期。主要是确认受益对象功能状态、环境等变化，推荐适当服务、调查长期照护服务利用满意度等。三是随时咨询。受益人提出或长照职员认为需要咨询时可随时咨询。定期咨询与随时咨询的方式一样，可以职员到宅访视、电话、或申请人到中心咨询。受益对象的实际照护服务计划拟定与执行过程的监管，即照护管理的工作，是由服务提供机构担任，NHIS 藉由给付制度的奖励设计，对照护等级变轻的个案，前二年仍支付原本认定等级的额度，鼓励服务提供机构提供具成效的照护管理。

第四节　各国照护管理流程的比较与评价

一、各照护流程的优劣比较

德国流程设置的特色为：一是咨询服务。申请人在申请评估之前、进行中或评估结果确定后，有权向保险人请求提供咨询服务，特别是对于首次申请者，保险人须在申请者提出申请后的最迟 2 周内，给予申请者具体的咨询时间，或发放咨询单位所承认的咨询礼券，使得申请者在申请后的 2 周内使用咨询资源。咨询人员可来自地方政府所设置的护理据点，也可来自保险人。二是品质审查。当护理需求者接受服务提供后，保险人要对服务提供者的服务进行品质管理。保险人基本上委托 MDK 或私人医疗保险联合会的审查服务协会进行品质审查，委托后者进行品质审查较为少见。品质审查的方式包括常规审查、特殊原因审查与复审三种。常规审查是针对服务提供者所提供的基础护理、家务处理和居家护理服务人员的给付质量等所进行的审查，每年举办一次，两次审查间隔至少 9 个月；复审是针对常规审查结果不佳者给予一定期限改善的审查；特殊原因审查多发生在受益者或其家属对护理机构所提供的服务不满时向保险人申请的品质审查。为避免住宿式机构疲于准备各种不同的审查，有管辖权的主管监督机关也与受保险人委托的品质审查人员，同时进行审查，但主管监督机关对机构的审查重点在于该机构是否履行疗养院法或其他法律的规定。

　　日本护理服务使用阶段，被保险人核定护理等级后须在拟订适宜的"护理服务计划"后，才能接受护理服务给付。这体现了日本遵循护理保险制度提供的护理服务应将重点放在"服务对象"而非"服务项目"上的原则，在尊重被保险人本人意愿前提下，为被保险人拟订最符合其需求的护理服务。护理服务计划由被保险人自行拟订或由护理管理专员设计①。由于护理服务计划设计的专业性较高，并非普通大众所能胜任，因此实务上较少由被保险人自行拟定，绝大多数被保险人委托居家护理支持事业机构（需要护理者）、小区整合支持中心（需要支援者）、或护理机构（入住机构者）内部的护理管理专员代为拟订。在制度推动之初，因所需访视评估者众多，保险人无法完全自行承担所有认定调查业务，故将相关业务开放，可由护理机构从业人员办理。由于居家护理机构得同时承接护理认定与拟订护理计划两项业务，造成"球员兼裁判""利益输送"弊端，实际执行认定的护理管理专员，常受制于机构主管或经营绩效的考虑，高估认定等级藉以获取较高保险给付，影响了等级认定的公正性与客观性。为了改变该缺点，2006 年修订《介护保险法》规定，居家护理支持机构不能够承接初次申请护理认定业务，并增加护理管理专员"执业证书更新"与"强制教育训练"两项制度，提升护理管理专员的执业素质。

　　在韩国，NHIS 不仅在服务输送流程担任评估者，还担任咨询者、服务支持者的角色。这一 NHIS 主导模式使保险人充分掌握受益对象信息，强化保险人、服务提供单位及地方社会福利服务机构的协调，确保受益对象顺利使用给付。但是，该模式也存在以下缺点：一是由于 NHIS 在认定护理需求等级之后，仅提供保险对象认定凭证、标准化护理利用计划建议及咨询，虽然强调了保险对象选择权利，但同时意味着保险对象必须面临着在长期护理与社会福利资源间进行自行选择，可能因为个人能力上的限制而很难做出选择判断。二是保险人鼓励多元化服务提供机构的发展，但机构间服务质量差距大，虽然地方政府及保险人设有服务质量监督机制，如评比鉴定与服务管理，但在完成评鉴公告结果之前，受益者的权益已经受损。

---

① 护理服务计划制作费用，由保险人的业务费用负担。由被保险人自行拟妥护理服务计划者，也可向保险人申请护理服务计划制作费的给付。

二、照护流程设置的原则：平等与效率

照护管理流程为长期照护保险制度中的重要项目，其设计关乎整体长期照护保险制度的运作和发展，因此，应根据保险给付的"公平"与"效率"两大基本原则进行管理流程设置与运作，使被保险人享受到社会保险的应有效益。"公平性原则"为保险人应秉持公平与公正的原则，对所有被保险人一视同仁，不会因人（认定调查员）、因地区不同而对相同失能程度的被保险人做出不同照护等级的核定。"效率性原则"，一是保险人应规划合理的审查程序，尽可能在最短期限内核定被保险人照护等级，使得被保险人尽早接受相关照护服务，改善其生活质量；二是保险给付应当给予最有需要的被保险人，防止出现已经好转不符合资格的受益者仍将享受给付的"道德风险"发生。

根据"公平性原则"，应当确保评估人员执行职务的中立性与独立性，并符合保险契约精神。为维持评估人员的独立性、避免评估人员通过建议，向被评估人或其家属介绍某些特定服务提供单位等服务资源，而谋得私利，后续服务连结部分宜由保险人向保险对象提供相关讯息。完成评估工作后，评估人员将该评估资料送回保险人，再由保险人核定，完成长期护理给付申请结果的书面通知于申请人，该书面决定因为属于身为行政机关的保险人所为，对被评估者产生单方面的法律效果，解释上属于行政处分，如果申请人对评估结果不服，宜提供申请人申请复核的机会。

根据"效率性原则"，应当对申请人从申请给付到获得给付的整个流程所需最长时间进行限定。日本规定被保险人于提出认定申请后，原则上保险人应于 30 日内通知核定结果，但是根据相关研究报告数据显示，① 实务上平均耗时约为 36 日，甚至部分地区更长达 50 天。实际业务操作效率低不仅影响被保险人应有权益，更增加相关行政业务负担，阻碍制度健康运行。如何简化各步骤的作业时间，提升保险人的行政效能差距，也将是

---

① NPO シルバー総合研究所.需要护理认定における主治医意见书の记载方法等に关する调查研究事业报告书［EB/OL］，2011（3）.

我国长期护理保险制度流程设置需要重点考虑的课题。此外，应对保险给付的提供时间进行明确设置，有效期间届满后，被保险人如果还需继续接受保险给付，必须办理更新手续，始得继续使用护理服务。

第五节　社会长期照护保险的人力资源配置

一、德国

（一）社会保险专员

社会保险专员主要从事社会保险领域，包括在健康、长期照护、年金、职灾和失业保险人中工作。任何人欲担任社会保险专员，必须经过3年专业训练课程，课程结束后，经考试及格，始具资格。工作职责主要为，审查给付申请资料、委托评估人员、核定给付申请。社会保险专员的职前教育训练课程包括教育训练实作、社会保险任务、资讯处理与资料保护、协调联系与合作等课程。如果选择在法定健康保险人者（包括长期照护保险人）工作，须在修业完毕后再修习进阶的课程，包括市场、保险关系与保险费、给付与契约方面等属于健康照护领域的专业课程。而德国境内社会保险体系下任何具公法人性质的机构，其用人也均受上述课程规定的约束。为鼓励民众投入社会保险专员工作行列，也为使参加者的生活经济压力降低，德国联邦劳动部提供接受此项教育训练者教育训练津贴，参加第1年课程者，每月可获900欧元津贴补助；参加第2年课程者，每月可获980欧元；参加第3年课程者，则可获得1055欧元的津贴补助。由于课程为职业训练课程，所以德国境内的职业学校、保险人所管辖的教育训练机构均可提供课程，同时，也得于课程结束后举办证照考试。各保险人不定时提供社会保险专员专业训练课程。例如，当长期照护保险法规修改，或政府有更新的长期照护保险政策，抑或有新的照护专业知识或技能时，保险人提供此等课程，使社会保险专员的专业知识得以与时俱进。

（二）照护咨询人员

照护咨询人员必须为具有照护专业者、社会保险专员或社工员资格，始得担任。照护咨询人员依其所服务的场域有不同的角色。保险人中的照护咨询人员服务对象为一般大众，也包括被保险人，其任务为：一是通过健康保险医事服务中心的评估确认结果，有系统地分析与掌握照护需求；二是完成符合个体需要的社会给付、健康促进、预防、疗养、复健或其他医学与照护及社会救助的照管计划；三是致力于执行照管计划必要的措施，包括经过每一给付主体的准许；四是监督此照管计划的执行，调整已改变的需求情形；五是对特别复杂的事件形成，分析或证明此协助过程。照护咨询人员只能基于照护咨询目的而提出、处理与使用社会资料，且限于履行长期照护保险法的任务、社会法法典规定、保险契约规定和保险监督法等规定的内容。照护据点的照护咨询人员服务对象多限于被保险人，其任务为：一是提供广泛与独立的社会法法典、联邦和邦法律规定的社会给付要求、其他扶助所提供的权利义务相关的就地答复与咨询；二是协调给付需要，按照就近原则协调健康促进、预防、疗养、复健与其他医疗照护机构，提供社会救助及其他支持；三是网络化管理照护与安全监管过程。

照护咨询人员必须具备高龄照护人员、健康与疾病照护人员、健康与小儿疾病照护人员、社会保险专员的资格，或社会工作学系毕业者，抑或如社会教育或治疗教育者，于 2009 年 1 月 1 日以前已在保险人至少服务 3 年的照护咨询工作，可称为照护咨询人员，但也必须参加"照护专业课程（100 小时）""个案管理课程（180 小时）""社会法总论（80 小时）""与特别照护相关的法领域（40 小时）"等继续教育课程，且须完成于社区式居家照护服务站（1 周）与住宿型照护机构（全时或部分）（2 天）两种不同机构的实习，并取得继续教育机构所出具的证明，始得担任照护咨询人员[①]。各保险人也因其业务需要，对于在职的照护咨询人员，提供不同

---

① Empfehlungen des GKV–Spitzenverbandes nach §7a Abs. 3Satz 3SGB XI zur Anzahl und Qualifikation der Pflegeberaterinnen und Pflegeberater vom 29. August 2008.4–5，7.

课程，甚至也将课程作一规划，凡将所有进阶课程上完的照护咨询人员，即有机会成为该保险人的专业照护咨询人员。

（三）照护需求评估人员

依保险人所委托的对象的不同，照护需求评估人员可区分为健康保险医事服务中心的评估人员和独立的评估人员①。健康保险医事服务中心的评估人员，由医师或专业照护人员担任，对于医师资格并无不限定为一专科，但对于儿童照护需求性的评估则限于小儿科医师。独立的评估人员，医师须为最近 5 年内有 2 年临床职业经验者担任，或由最近 5 年内有 2 年在诊所或医院工作经验的高龄照护人员、健康/疾病照护人员、儿童健康/疾病照护人员和小儿护士等一般专业照护人员担任。长期照护实施之初，因专业照护人力尚不足够，评估工作多由医师进行；然医师进行评估所需的评估费用比专业照护人员高。基于经费的考虑，实务上评估工作多由专业照护人员担任，如果遇困难个案，专业照护人员无法单独完成评估时，则由医师与专业照护人员共同进行。②

高龄照护人员的资格条件是，高职相关别毕业且至少有 2 年职业训练，或是非以一般大学为继续升学为目的的综合高中毕业，抑或一般学校 10 年级毕业后，再接受 3 年全时（或 5 年非全时）的专业职业训练，且经 6 个月适用期，经国家考试及格，始得取得此项资格③。所谓的健康/疾病照护员，具体可称为"护士""疾病照护人员""小儿护士"或"小儿疾病照

---

① 独立的评估人员主要指"个人"，而非"团体"方式进行评估工作的评估人员。

② Richtlinien des GKV-Spitzenverbandes zur Begutachtung von Pflegebedürftigkeit nach dem XI. Buch des Sozialgesetzbuches（2013），S. 19；Marburger（2013），Die neue Pflege-versicherung，2.，aktualisierte Auflag.

③ 课程内容包括理论课程与实习课程，共 2100 小时，理论课程包括高龄照护人员的任务与概念、对高龄者生活支持、老人照护工作的法律与机关的框架要素；另外，学员必须进行实习课程 2500 小时，该课程内容至少有 2000 小时养护之家、住宿型照护机构与社区式居家照护机构的实习，其余 500 小时为在附有老年精神医学部门的精神科医院、设有老年病学部门的一般医院、老年病学复健机构或公共老人协助机关进行实习。课程可由国家承认的高龄照护学校、养护之家、住宿型照护机构及社区居家照护服务站提供，并于课程结束举行测验，给予证明。

护人员"。健康/疾病照护人员的资格与职前培训要求与高龄照护人员相似。

不论是哪一类评估人员，联邦健康保险人总会医事服务中心每年举办各种不同的在职训练课程，以更新与提升评估人员的专业能力。北莱茵邦健康保险医事服务中心 2014 年规定，所有评估人员须参加下列至少两种由联邦健康保险人总会医事服务中心所提供的课程，社会政策与社会医学原理（医学服务、健康保险医事服务中心在社会安全系统内的投入）、评估人员的独立性、功能与任务、长期照护保险法、长期照护保险工具（含评估准则、评估工具）、长期照护保险法的修改内容、照护辅具、照护评估的联系与会谈理论与实务。[①]

为维持评估人员的评估品质，健康保险医事服务中心每年对评估人员所评估完成的个案，抽取一定百分比，约为 1%–1.5%，由资深的评估人员来进行审查，审查内容包括：透明部分，即审查评估人员就照护发生原因、病史和诊断结果，以及照护与安全看视的情况等所做的说明；判断能力部分，即检查评估人员有没有正确将评估准则里的规定与说明应用到个案的评估上；可理解性部分，审查评估人员有没有用可理解、以及符合评估准则规定的方式，撰写照护需求性的前提条件、照护等级的建议、被评估人日常生活能力的受限，以及负责照护人员年金保险时间的估算等项目。审查结果包括四种情形，申请人是否对评估结果提出异议；评估结果有小错误，但不重要；判定等级没问题，但内容有问题；判定等级与内容均有问题。如果审查结果发现被审查的评估人员 3 次都收到后两种情形，则除被公布姓名外，也将被主管召见，甚至须接受健康保险人医事服务中心联邦总会的教育训练。为使审查尽量达到公平，除了医事服务中心内部做品质审查外，也将被审查资料送另一健康保险医事服务中心同时进行审查。

（四）品质审查人员

照护品质审查人员为受保险人委托的健康保险医事服务中心或私人健

---

① 此部分数据由北莱茵邦健康保险医事服务中心提供。

康保险联合会审查协会的品质审查人员。审查人员来自资深的评估人员，但其中一人必须经过高级培训及格，取得证照者。所谓高级培训可说是审查人员生涯中最高阶的一种考试，通过后，审查人员每年仅须接受一次在职精进训练即可。高级培训课程，可由德语区不同的机构举办，资深评估人员可选择居家附近的机构接受训练。

二、日本

长期照护保险照护管理人员的培育可分为两个层级：一是由主管机关办理，二是由都道府县或指定市町村办理。前者有"都道府县职员研修业务"及"调查指导员研修业务"；后者有"认定调查员研修""主治医师研修""介护认定审查会委员研修"及"需要照护认定平准化研修"等四种课程。都道府县或指定市町村层级负责的人力资源管理如图所示：

（一）认定调查员

由于认定调查员在整个照护认定过程中为直接且最早接触被保险人的人员，其对被保险人身心状态的观察与评估，对被保险人需要照护（需要支持）程度判定，具有重要的影响。基本上，照护管理专员应是最具备认定调查员的资格者。此外，对于具备照护或医疗相关资格者，亦可从事认定调查员工作。然而，不论任何资格者，在担任认定调查员之前，必须参加都道府县、或市町村所举办的研习课程，才能执行相关业务。一般而言，具备担任认定调查员资格者有下列各项人员，照顾管理专员、医师或护理人员、理学疗法师，社会福祉师、看护福祉师、精神保健福祉师，照护保险机构或医疗机构中执行咨询援助业务者，具备2级以上看护人员资格，且有1年以上实务经验者。认定调查员虽然可以采取专职工作形式执行照护认定调查业务，但多数认定调查员以兼职方式从事照护认定调查工作。认定调查员应接受"职前训练"与"在职训练"两种培训课程。认定调查员的培训课程由市町村自行负责办理，各保险人的规范内容虽有略微差异，但基本上职前训练至少应有4个小时，训练内容主要为需要照护认定的基本理念、认定调查实施方法、案例说明。

（二）介护认定审查委员会的委员

介护认定审查会为市町村辖下设置的采合议制委员会。市町村的行政首长在任命委员时，其成员应涵盖保健、医疗、社会福利等各领域的专业人员，并注意各专业领域人员的均衡配置。因此，大多数委员来自具备医师、牙科医师、药剂师、护理师、保健师、照护管理专员、精神保健福祉师、社会福祉师、介护福祉师、理学疗法师、作业疗法师、语言听觉师等专业资格者，并经由医师公会、牙医公会、或其他相关职业团体推荐而产生。认定审查委员会的委员人数，依被保险人的实际人数，由市町村予以规范。由于所有申请需要照护认定的案件，均应送至介护认定审查会进行实质审查，大部分市町村必须设置数个审查小组分工进行审查作业。原则上，各审查小组的委员多以 5 人为原则，最低亦不得少于 3 人。原则上，委员任期为 2 年，任期届满亦得连任的。

审查会的委员将从认定调查员及主治医师等处获得的信息，与一般案例进行综合性比较，藉此决定第一次判定内容是否予以修正，如：需要照护时间是否应与延长或缩短，或需要照护项目是否适当等。由此可知，介护认定审查会的委员，在需要照护认定流程中，具有确认第一次判定结果、或修正该判定内容的关键地位。介护认定审查会委员的课程分为"职前训练"与"在职训练"两种课程。基本上，职前训练的时数不得少于 3 小时、在职训练的时间则视实际需要而定，并无明确的规定。职前训练与在职训练涉及的教育内容为，需要照护认定相关制度概论与介护认定审查会委员的基本态度；需要照护认定标准的基本概念；介护认定审查会的流程；案例研讨；其他应注意事项。

（三）照护管理专员

照护管理专员系指依厚生劳动省令规定有实务经验者，通过都道府县知事（首长）依厚生劳动省令规定进行地方考试（称为"介护支持专门员实务进修考试"）合格者，根据所学课程进行注册者。由此可知，照护管理专员的资格，并非属于国家资格考试，而是职能部门认证资格（具体流程见图 5-8）。照护管理专员的工作内容，并不仅局限于接受被保险人的委托，为其拟订照护服务计划而已，凡有关长期照护保险制度的各项业务，亦由其办理。具体上，照顾管理专员的主要职责为，接受被保险人委托申请代办需要照护认定手续；接受市町村的委托进行需要照护认定的访问调查；拟订照护服务计划；接受被保险人委托代办需要照护认定更新手续。

照护管理专员需要基于被保险人的立场，为其拟订符合其实际需求的照护服务计划。因此，照护管理专员应在设计照护服务计划时，应在尊重被保险人本人意愿的前提下，发挥其专业技能，为被保险人拟订最符合其需求的照护服务尊重被保险人的照护服务。介护保险制度提供的照护服务，应将重点放在服务"对象（人）"，而非服务"项目（内容）"。其次，照护管理专员在为被保险人拟订符合其需求的照护服务计划时，必须搜集诸多与被保险人相关的个人资料，并将该等数据提供给照护服务业者等其他关系人参考或讨论之用。因此，照护管理专员对于被保险人的个人资料应善尽管理与保密的义务。厚生劳动省为提升照护管理专员的专业服务能力，在2006年公布《介护支援専門員资质向上事业の实施について》行政命令，其内容将照护管理专员的研习内容分为实务研习、实务工作者基础研习、更新研习、及主任照护管理专员研习等四种课程，其中更新研习又细分为"专门研修课程Ⅰ"及"专门研修课程Ⅱ"两种（参阅图5-7）。兹将各研习课程的内容，分述如下：

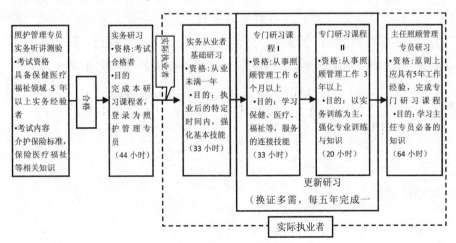

图5-8　照顾管理专员研习体系

三、韩国

（一）需求评估人员

韩国在开展老人长期照护保险过程中，NHIS 下放庞大人力支持各地方长期照护运作中心，由 NHIS 长照职员进行照护需求评估与拟定服务计划建议书，其制度设计和实施方式与原先参考的国家如德国和日本，已很不同。NHIS 职员是一广泛性的概念，担任老人长期照护保险业务的职员通称为长照职员，其征求资格由理事长决定。NHIS 职员等级由低至高分为，6 级乙（主任/高中毕业）/6 级甲（主任/大学以上毕业）、5 级（代理）、4 级（课长）、3 级（次长）、2 级（部长）（为长期照护业务最高主管/中心长）、1 级（室长或分支长）。

以长期照护运作中心的课长、代理、主任为主要访视评估职员。访视评估职员须依据 NHIS 每年公布的职员教育训练计划参与教育训练课程，每年教育训练计划的重点与内容会因其业务内容而不同，老人长期照护保险相关教育训练课程是整体教育训练计划中的一个方面。目前并没有强制规定每名职员每年需要接受多少课程或达到多少时数，职员是依据部门及自身业务需要自行选择参与教育训练课程，对于业务上需要的知识和能力，职员必须通过教育训练机会充实。不过，实际担任调查评估人员必须事先完成公团指定的教育训练课程，才具备评估人员的资格（表5-6）

表 5-6　NHIS 指定评估职员的教育训练课程表

课程	教育内容	小时
	总计	28
认定管理概要	认定管理程序：从申请受理到结果的通知	2

课程		教育内容	小时
长期照护认定调查表上各项目判断基准	1. 一般事项	申请人居住状态的一般事项；	4
	2. 身体功能	基本日常生活功能领域； 日常生活自立程度。	
	3. 社会生活功能	工具性日常生活功能	2
	4. 认知功能	认知功能领域	3
	5. 行动变动	行动变化（问题行动）领域	
	6. 护理处置	护理处置领域	3
	7. 复健	复健领域	
	8. 其他	辅具、支援、环境评估及视力、听力、疾病及症状	
业务有关软件使用方法		长期照护咨询系统结构及软件使用方法	2
长期照护认定调查表填写实习		认定调查及需求调查方法及实习	11

（二）等级认定人员

NHIS 为了运作效率可依据以下三个原则通盘考虑等级认定委员的分离与合并：（1）65 岁以上老年人人口低于 10000 人得以整合，65 岁以上老年人人口 50000 人以上得以分离。（2）管理行政地区的面积及地区特点。（3）公团理事长视需要决定。NHIS 理事长从医疗人员，社会工作者，市、郡、区公务员，法学或者长期照护领域专家中委任委员。认定委员会得视需要设置小组委员会以提高议事效率，小组委员会包括 1 名委员长和 7 名委员组成，应包括 1 名以上的医师或是韩医师。委员会的运作以会议形式进行，应有过半人数以上出席始得开议，经出席委员过半人数以上赞成为决议。小组委员会同样是以过半人数出席开会，以出席人数过半数同意议决。由于 NHIS 受理申请到完成认定程序需在 30 日内完成，因此委员会至少一个月必须举行一次会议。NHIS 应该实施必要的进修课程，内容包括委员的角色及功能、等级认定的宗旨、审议、认定的程序等。

（三）服务提供机构相关人员

长期照护人力除了包括 NHIS 访视评估职员及认定委员会委员之外，还包含医事、护理师、物理治疗师、职能治疗师等医事人员、社工人员、疗养护理师、以及疗养护理师管理责任者等。韩国自 2008 年推行老人长期照护保险后，出现庞大照护服务人力需求，当时通过短期 120-240 小时培训（40/80 小时学科、40/80 小时术科、40/80 小时实地实习）[①]，使有意愿投入的人得以取得资格。由于整体疗养护理师人力素质较低，2010 年调整制度，疗养护理师必须经过培训，再通过国家考试，始取得疗养护理师证照以担任职务。

韩国老人长期照护保险制度中的照护服务人员统称为"疗养护理师"，据原本老人福利法上的区别，其资格可分为 1 级与 2 级[②]，不同级别疗养保护师可以办理的业务有差别。疗养保护师 1 级提供老人长期照护保险受益对象或受益对象以外的社会福利受惠者有关身体活动及日常活动支持服务，即 ［提供居家型（居家照护、到宅沐浴、日夜间照顾及短期照顾）及机构型服务］。疗养保护师 2 级对老人长期照护保险受益对象只提供日常活动支持服务，对老人长期照护保险受益对象以外的社会福利受惠者提供身体活动及日常活动支持服务（机构型服务及对于老人长期照护保险受益对象身体活动支持服务除外。机构只提供老人居住福利及居家型老人福利服务时，可以聘任疗养保护师 2 级）。疗养保护师，应参与指定教育机构教育课程后，参加市、道所实施的疗养保护师资格考试。疗养保护师的教育课程、资格考试及证照交付等事项，由保健福祉部规定。韩国疗养保健师制度于 2010 年改变之后，已经没有分级之度，不过现行各项法规仍区分 1 级与 2 级的资格。

---

① 二级疗养保护师必须完成 120 小时（一个月）教育训练课程，一级疗养保护师必须完成 240 小时（§39-2-4）（二个月）教育训练课程（老人福利法施行细则，2010/03/19 部分修定）。

② 韩国疗养保健师制度于 2010 年改变的后，已经没有分级制度，不过现行各项法规仍有区分 1 级与 2 级的资格，是本研究沿用的。

　　与世界各国照护服务人员的工作环境相似，韩国疗养护理师同样面临恶劣的工作条件，薪资没有固定的水平，时薪大约 7000–9000 韩元，月薪大约 100 万–120 万韩元，仅为平均劳动人口薪资的 60%–70%。统计数据显示，2008 年 12 月取得疗养护理师资格者有 339197 人，实际从事长期照顾工作者 84412 人，占 24.9%，到 2011 年 5 月有 1027898 人取得证书，但实际从事工作者是 237256 人，占 23.1%，仅不到 1/4 取得资格者实际担任长期照护工作，受访实务专家认为这样的薪资待遇很难期待照护人力的稳定及有质量的服务。

　　目前，韩国老人长期照护保险制度中的照护服务人员统称为"疗养护理师"。疗养护理师资格考试的应考资格为完成疗养护理师教育机构指定修习的课程。培训课程的参与对象没有特别的资格限制，训练课程分为"标准教育课程"及具有证照者的训练课程。标准教育课程总时数 240 小时，包括 80 小时理论课程，80 小时实作（技术）课程，以及 80 小时实地实习。在参与训练之前已经具有专业证照或社工资格者，包括护理师、社工、护士、物理治疗师、职能治疗师，其取得应考资格的教育课程与标准教育课程不同。护理师为 40 小时（26 小时理论+6 小时实作+8 小时实地实习）。其他专业证照者，社工师为 50 小时（32 小时理论+10 小时实作+8 小时实地实习），护理士、物理治疗师、职能治疗师为 50 小时（31 小时授课+11 小时实作+8 小时实地实习）完成上述教育课程之后，必须通过国家资格考试及格（笔试及实作技术考试各 60 分以上），才取得疗养护理师资格。

　　疗养护理师（照护服务员）的管理者，通常是由照护服务员所属部门的中阶管理者担任，如院长（主任）、护理人员、社工人员、或行政主管担任管理者，除了护理师及社工师有特定法规规范其专业证照资格与教育训练外，其余管理员的资格主要是依据《老人福利服务专业人员资格及训练办法（2012/9/28）》。不同型态的长期照护服务的疗养护理师管理责任者有不同的专业资格与证照要求。医疗机构（保健诊疗所除外）居家护理的管理责任人可由全职的医师、中医师或口腔医师担任；保健诊疗所与居家型的居家护理的管理责任人可由全职且具护理业务经验 2 年以上的护士为管理者；居家型服务（辅具购买租赁的居家型服务除外）的管理责任人，应为社工、医疗人员或疗养护理师 1 级，且具实务经验 5 年以上的全职工作者（1 天 8 小时，每月 20 日以上），其中疗养护理师 1 级要完成保健福祉部所指定的相关培训课程。以居家型长期照护机构管理者培训课程为例，课程包括 6 个主题，其课程主题、时数、详细内容如表（表 5-7）。

依据韩国老人福利法规定，长期照护服务提供机构须依据其服务类型及规模，配置适当的专业人力。保健福祉部最新规定的人力配置标准可分为长期照护机构型（表 5-7）及居家服务型（表 5-8，5-9）。由于办理各项长期照护业务必须配置的人力相当多元，且有最低员额的限制，因此实务机构相当鼓励工作人员取得多元证照，以灵活调派人力。

表 5-7　韩国机构型长期照护机构人力配置标准

类别		机构长	经理	社工	医师	护理师	物理治疗师	疗养护理师	员工	营养师	厨师	清洁人员	警卫人员
老人长期照护机构	入住人数 30 人以上	1 名	1 名	1 名	1 名以上	每 25 人需 1 名	1 名	入住人数每 25 人需 1 名	必设	1 名	必设	必设	必设
	入住人数 10 人到 30 人	1 名		1 名		1 名	必设	入住人数每 25 人需 1 名			必设	必设	
老人长期照护生活共同家庭		必设				必设		入住人数每 30 名需 1 名					

表 5-8　韩国居家型——日夜间照顾人力配置标准

类别	管理者	社工	护理师	物理治疗师	疗养护理师	员工	厨师	清洁人员	助理人员
受益对象 10 名以上	1 名	1 名		1 名	受益对象每 7 名需 1 名（1 级）	必设	必设	必设	必设
受益对象 10 名以内	1 名			1 名			必设	必设	必设

表 5-9 韩国居家型——短期照顾人力配置标准

类别	管理者	社工	护理师	物理治疗师	疗养护理师	员工	清洁人员	助理人员
受益对象 10 名以上	1 名	1 名以上	利用者每 25 名需 1 名	利用者每 30 名需 1 名	受益对象每 4 名需 1 名（1 级）		必设	必设
受益对象 10 名以内	1 名		1 名				必设	必设

四、德国、日本、韩国照护管理人力配置的特征比较

德国照护专业人员职能明确、分工较细，保险人中的社会保险专员负责照护需求申请审核和评估结果的核定；照护咨询人员向被保险人提供咨询服务和连结服务；照护评估人员为健康保险医事服务中心的评估人员或独立评估人员；照护品质审查人员为受保险人委托的健康保险医事服务中心或私人健康保险联合会审查协会的品质审查人员，四者分属不同的培训和证照体系。社会保险专员须经过 3 年专业训练课程（包括教育训练实作、社会保险任务、资讯处理与资料保护、协调联系与合作），课程结束经考试合格始具任职资格。照护咨询人员须具备高龄照护人员、健康与疾病照护人员、健康与小儿疾病照护人员、社会保险专员资格，社会工作专业毕业者，或社会教育或治疗教育者，已服务于保险人至少 3 年照护咨询工作，参加继续教育课程，且须完成在社区式居家照护服务站与住宿型照护机构的机构实习，并取得继续教育机构所出具的证明，才能担任。健康保险医事服务中心的评估人员，由医师或专业照护人员担任，并不限定哪一专科医师，但对于儿童照护需求性的评估则限于小儿科医师；其他独立的评估人员要求是，医师为最近 5 年内有 2 年临床职业经验者，一般专业照护人员须于最近 5 年内有 2 年于诊所或医院工作经验的高龄照护人员、疾病照护人员、儿童疾病照护人员和小儿护士。品质审查通常是由品质审查团队进行，审查人员来自资深的评估人员，但其中一人必须通过"高级

培训"考试并取得证照。"高级培训"是审查人员中最高阶考试，通过后审查人员每年仅须接受一次在职提升训练即可。由此可见，德国不仅重视专业人员任用资格中对专业背景的要求，而且建立了比较全面的职前培训和在职培训体系，不断提升人员的专业素质和更新专业知识。

在日本服务输送过程中，认定调查员与照护管理专员扮演着关键角色。由于认定调查员直接与被保险人接触，能够实际观察被保险人的身心状态，并据实填写认定调查表，作为保险人核定需要照护等级的最主要参考依据。因此，认定调查员的专业素养与执业经验，对整体制度运作至关重要。然而，实务中由于认定调查员多为市町村临时雇佣人员，工作不稳定无法吸引优秀人才从事该业务，影响了认定业务的实施。照护管理专员是日本有别于德、韩两国的独特设置，其主要职责为接受被保险人委托申请代办需要照护认定手续、接受市町村委托进行需要照护认定的访问调查、拟订照护服务计划、接受被保险人委托代办需要照护认定更新手续。照顾管理专员的资格，并非属于国家资格考试，而是政府部门认证的资格。需要具备符合厚生劳动省规定的实务经验、通过照顾管理专员实务研习考试合格、参加照顾管理专员实务研习课程、取得照顾管理专员实务研习结业证书的四个条件。制度之初，该专业曾出现薪资待遇不佳、工作负担沉重等问题，但经过多次修正薪酬结构后已有明显改善。

在开展长期照护保险过程中，韩国 NHIS 下放庞大人力支持各地建立长期照护运作中心。NHIS 各分支类似行政机关的公法人，招募职员在职务与福利方面具有一定吸引力，因此 NHIS 可以依据业务需要选聘具有长期照护专长和专业资格的职员，并实施全国一致的教育训练课程，确保高素质的评估人力。NHIS 中访视评估人员受到组织人事聘任解职规范的约束和保障，具有升迁通道和参加例行性的年度教育训练计划的机会，且工作表现、进修研习与个人职业生涯发展有较强联系，因此 NHIS 只要对新招募职员的资格、在职训练进行有效规划与管理，即可确保评估职员的专业素质。

第六章　我国长期照护保障制度 的必然性选择：社会保险模式

第一节　我国老年人长期照护服务的发展历程

一、萌芽期（新中国成立至 20 世纪 70 年代）

新中国成立至 20 世纪 70 年代早期，老年人的照顾和照料主要由其家庭成员所承担，党和政府负责承担和解决人民群众的基本生活保障。城镇的老年人主要依靠单位包办的职工福利，农村的老年人由村大队、供销社等集体来进行供养，而"三无老人"则是当地政府给予救济。剩下的一些孤寡老人，由于无人照料而入住养老院，享受到长期照料服务。刚开始阶段，所能提供长期照护服务的机构一般为生产教养院，主要用于政府救济、教育和改造流离失所人员。随后，生产教养院只剩下无劳动能力的老年人，因此改名为养老院。据统计，1964 年全国范围内共有 700 多家养老机构，为约 79000 名失去劳动能力的老年人提供长期生活护理照料服务[①]。1956 年，黑龙江省泉县创办了全国第一个敬老院，专门针对年老体弱的老年人提供生活照料。1958 年 12 月中共八届六次全会通过了《关于人民公社若干问题的决议》提出，要办好敬老院，为那些无依无靠的老年人提供一个良好的生活场所。同年底，全国共创办了约 15 万所敬老院，收养老年人 300 余万人。但文化大革命期间，整个国家的社会秩

---

① 裴晓梅：《老年型城市长期照护服务的发展及其问题》，《上海城市管理》2004 第 6 期。

序遭到严重破坏。长期照料服务的发展也遭遇了严重的挫折。在这个时期，长期照料服务未能引起重视，还处于孕育阶段。

二、持续发展期（20 世纪 70 年代至本世纪初）

20 世纪 70 年代，伴随着我国经济从计划经济向市场经济转变，为了适应经济的发展和人民日益增长的物质需求，解决老年群体的基本生活照护问题，政府开始倡导探索构建单位和集体之外的社会保障体系，推动养老社会化的进程。社会养老开始兴起，养老机构开始逐步规范化。社区为老服务最早起源于 80 年代"孤老保户组"；1983 年民政部明确提出了要加大以社区服务为切入点的工作任务；1987 年全国第一次社会服务工作会议相继出现，逐渐形成社会建设的良好氛围。同时，养老机构也发展迅速。随着社会福利社会办的政策文件的出台，养老机构的数量不断增多，接收的服务对象也从单一的"三无""五保"老人扩大到所有社会老人。在 1988 年，城镇与农村分别达到收养人员总数的 24%、2%[1]；20 世纪 90 年代后，国家还相继出台了《社会福利机构管理暂行办法》《老年人社会福利机构基本规范》《农村敬老院管理暂行办法》等法规政策，强化了养老机构建设的规范性，寓管理于服务中。服务内容由单一的生活保障发展为集体居住、医疗康复、娱乐等一体的综合性服务。社区照护和养老机构开始逐渐兴起和发展，我国的长期照护服务得到了长足的发展。但家庭照料仍是老年人照护服务的主体。

三、社会化养老服务体系建设阶段（本世纪初至今）

（一）社会化养老服务体系构建

进入 21 世纪，我国社会全面迈入老龄化社会。老年人照护需求急剧增加，同时由于传统家庭照护功能的减弱等原因，要求社会和政府应当切实承

---

① 董红亚：《我国政府养老服务发展历程及经验启示》，《人口与发展》2010 年第 5 期。

担起更多的社会责任，大力发展和推广社会化养老服务。2006 年，国家发改委启动实施"十一五"社区服务体系发展规划，在街道和社区建立和完善社区服务设施；2008 年，国家发改委、民政部等 10 部委联合制定公布《关于全面推进居民养老服务工作的意见》，该意见要求在"十一五"期间，全国城市的所有社区都要建立起多形式，广覆盖的居家养老服务网络。截止 2010 年，全国共建立了 17.5 万个社区服务中心，设立了 69.3 个城市便民服务点，社区养老服务得到长足的发展。同时国家还大力支持、引导和鼓励社会组织参与各类养老机构的建设。国家还先后出台了一系列法规政策，2000 年出台《关于加快实现社会福利社会化的意见》、2001 年的《老年人社会福利机构基本规范》以及 2005 年的《关于支持社会力量兴办社会福利机构的意见》，这些法规意见强调对养老机构的监督和管理，以促进其规范发展。

通过这些法律法规的颁布，我国的长期照护服务体系建设走上了有章可循的轨道。老年人长期照护服务也开始步入了体系建设阶段。此后，根据《国务院办公厅关于印发社会养老服务体系建设规划（2011—2015 年）的通知》要求，到 2015 年，我国的居家和社区养老服务要基本覆盖 100%的城市社区和 50%以上的农村社区。《国务院关于加快发展养老服务业的若干意见》（国发［2013］35 号）明确了到 2020 年的任务目标，即符合标准的日间照料中心、老年人活动中心等服务设施覆盖所有城市社区，90%以上的乡镇和 60%以上的农村社区建立包括养老服务在内的社区综合服务设施和站点，全国社会养老床位数达到每千名老年人 35—40 张。截至 2012 年底，我国养老服务机构床位数达到 416.5 万张，相比 2005 年 158.1 万张，增长了 1.6 倍；每千名老年人拥有的养老床位数达到 21.48 张，相比 2005 年的 10.97 张，增长了近 1 倍。虽然这一数字仍低于发达国家 50 至 70 张的水平，同时仍未能完成我国确立的在"十二五"末每千名老年人养老服务床位达到 30 张的目标，但是对于拥有着上亿老年人口的我国来说，每千名老年人拥有的养老床位数每增加 10 张，总的养老床位就要增加 200 万张左右。这表明我国养老服务床位仍处于有效供给不足的阶段。

目前，农村敬老院由于没有实现社会化运营，缺乏合理有效的经营模式，多数不接收自费老年人，人员范围只限定为"五保"供养对象，且由于投入不足，农村公办敬老院无法完全满足"五保"供养老人的需求。根据《2011 年度我国老龄事业发展统计公报》①，2011 年农村敬老院有床位242.1 万张，收养老年人192.5 万人，床位利用率为79%。高空置率并不意味着敬老院有富余的能力接收更多老年人，造成空置率高的根本原因还是养老院人均财政补助标准难弥补成本，无法接收更多老年人。根据《2010 年社会服务发展统计公报》，截至 2012 年底，全国有农村"五保"供养对象545.6 万人，其中集中供养185.3 万人，集中供养年平均标准为4060.9 元/人；分散供养360.3 万人，分散供养年平均标准为3008 元/人。集中供养的老年人一般还能享受到农村低保，2012 年，全国农村低保月人均补助水平为104 元。两项补助相加，一位农村集中供养老人财政年补助金额在5200 元左右，而同期农村居民人均年纯收入中位数水平为7019 元，可见财政补助金额低于收入平均水平。每年5200 元的支出标准要保证老年人的衣食住行，还要保证敬老院人员工资等日常开销，确实捉襟见肘。因此，居住的敬老院的老年人一般是生活能够自理的"五保"供养对象。失能老年人则因为供养成本较高，多数被拒于敬老院门外。

（二）长期护理保险的探索与试点

随着我国老龄人口迅速增加，老年失能人口的长期照护风险日益凸显，如何构建高效率、可持续的长期照护保险制度是当前我国面临的重大社会问题。2012 年，《中华人民共和国老年人权益保障法（修订草案）》明确提出，国家逐步建立长期护理保障制度，鼓励、引导商业保险公司开展长期护理保险业务，对生活长期不能自理、经济困难的老年人，地方各级人民政府应当根据其失能程度等情况给予护理补贴。我国个别地区已经开始探索建立相应的护理保险制度，例如青岛市于 2012 年率先建立了覆盖全市医保参保人群的长期医疗护理保险制度，并于 2015 年交由商业保险机构经办。除青岛之外、江苏南通和吉林长春等地也结合地方实际开展了多种形式的探索与实践。2015 年 10 月，中共十八届五中全会关于制定"十三五"规划的建议，提出"探索建立长期护理保险制度"。由于照护内容

---

① 全国老龄委：《2011 年度我国老龄事业发展统计公报》，2012 年 6 月。

即包括护理又包括照料两个方面，比护理涵盖范围更加广泛，因此我国各地试点也是从解决医学护理问题起步的。①

人社部于 2016 年 7 月印发《关于开展长期护理保险制度试点的指导意见》（以下简称《指导意见》），决定在河北省承德市、吉林省长春市、上海市、重庆市等 15② 地开展长期护理保险制度试点。保险制度主要覆盖试点职工基本医保参保人群，计划利用 1 到 2 年时间，探索建立为长期失能人员的基本生活照料和医疗护理提供保障的社会保险制度。护理保险制度最为重要的资金来源问题，《指导意见》明确规定，试点阶段，可以通过优化职工医保统账结构、划转职工医保统筹基金结余、调剂职工医保费率等途径筹集资金，并逐步建立多渠道、动态筹资机制。其中，筹资标准根据当地经济发展水平、护理需求、护理服务成本以及保障范围和水平等因素，按照以收定支、收支平衡、略有结余的原则合理确定。建立与经济社会发展和保障水平相适应的动态筹资机制。对符合规定的长期护理费用，长期护理保险基金支付水平总体上控制在 70% 左右。

第二节　我国长期照护制度模式的选择：
以社会保险为主

一、各种长期照护保障制度模式的学理比较

不同的价值理念，对长期照护制度模式取向有不同的看法。因此，一国社会政治团体间对于如何选择制度模式取向有较大差异，必须通过运作

---

① 熊先军：《"照护""护理"：一字的差内涵迥异"》，《我国劳动保障报》，http：//www.clssn.com/html1/report/14/3859-1.htm。

② 河北省承德市、吉林省长春市、黑龙江省齐齐哈尔市、上海市、江苏省南通市和苏州市、浙江省宁波市、安徽省安庆市、江西省上饶市、山东省青岛市、湖北省荆门市、广东省广州市、重庆市、四川省成都市、新疆生产建设兵团石河子市等 15个城市，纳入首批试点范围。

与整合，方能有统一意见。关于长期照护制度取向模式，在理论层面，Schlte（1996）针对承担长期照护财务风险可能提供的保障归纳为三个主要模式：一是市场技能（market solution），投保私人商业保险；二是转移模式（transfer model），政府对老人提供长期照护协助，财源由一般税收支付；三是社会保险模式（social insurance model），由保险人支付长期照护的费用，被保险人缴纳保费以获得服务。除了以上三种财务融资模式外，还有混合模式以及储蓄模式（saving accounts）的融资模式。强制储蓄为以个人或家庭为长期照护风险单位的一种财务方式，指由个人每月的薪资中，提交一定固定比例到个人专属的储蓄账户，作为应对个人或其家人在面临长期照护风险事故时的支出，以完成个人责任。

（一）长期照护保障制度建立的价值取向

这些模式的价值取向为个人自由主义理念、社会市场经济理念、集体主义理念形成某种程度的相关联结。

1. 个人自由主义理念

自由主义理念学者，一般认为资源分配的原则应依据个人的努力和能力，且个人有充分自由选择的权力，即对其多拥有的资源有充分的支配权力，同时对于其处境和际遇的改善或克服，应负有绝对责任。任何外在的干预，特别是公共集体手段常无法深入理解且适当代其作决策，只会徒增困扰或养成依赖，无助于问题的实际解决。自由主义理念赞成某种程度的资源再分配（例如，社会救助），但其动机是出于慈善、同情心，以及认为收入分配过于恶化会造成社会不安定。对于社会福利政策，认为政府干预越少越好，避免危害个人自由权与财产权。此种理念下，关于长期照护制度模式取向的选择，往往强调市场逻辑，希望将缴费负担与给付紧密结合。换言之，私人保险、或以税费优惠奖励购买私人保险，成为长期照护制度设计的首要选择。费用负担将以个体与保险公司认定的保险费为主，一般税收为辅；政府仅限于提供服务给最基本的需要者，即仅以低收入家庭为主要考量。此种制度以个体责任为主，公共部门的财务负担为辅。理论上，通过公共部门的社会救助补助者为极少数，政府财务责任极轻。但实际发展情况则不然，政府社会救助部门所负担的责任越来越大，如强调市场责任的美国近年来快速扩张。

2. 社会市场经济理念

社会市场经济认同市场经济的运作，但也强调资源分配的公平。基本上，此种理念为资本主义经济学者与社会主义学者思潮的混合。认为每个人都应拥有维持基本生活的资源（包括年金、健康、教育与照护），而政府有责任满足这些基本需要。社会市场经济理念在生产面强调竞争效率，在分配面注重公平，通常以租税政策作为实现收入分配的主要工具。在此种理念下，长期照护保障的对象由以往组合主义，改为采取普及式考量，强调公民参加。费用负担不要求缴费与给付间有紧密的连结，而强调量入为出原则的贯彻。就制度而言，倾向以社会保险的形式为制度模式取向的选择。在社会保险中，政府仍扮演重要的制度运作监督及财务辅助角色，针对弱势者补助其保费或直接以税收来提供服务。换言之，被保险人、政府、甚至雇主皆共同参与并分担财务责任。而保费支出来源则呈现出由保险费和租税混合的财务筹集型态。

3. 集体主义理念

集体主义理念强调对于基本生活必须的财务应通过一般性租税或政府直接提供。依据普遍性原则，每个人都有基本的消费权利，权利与义务间没有明显的对等关系，财源为一般性税收收入。政府的角色超越财务补助的层次，进入直接提供实物的层面。在此种理念下，长期照护的提供是依据"需要性"，由政府普遍地提供给需要者；财源来自一般税收，而非以指定用途税（保费）筹措，福利的成分超过保险的性质。在此种理念下，固然政府的税收终究来自于国民所缴纳的税收，但在相关团体的费用负担考量上，则可归类为政府财政责任，或有些国家以政府财政责任为主，对企业收取附加税为辅，形成政府与企业共担的情形。

（二）三种典型长期照护制度模式的比较

私人保险、社会保险与国家责任三种长期照护制度模式的公平性、效率性与财源充足性进行比较，意识形态与照护制度模式及费用分摊间的关系如表6-1所示。

表 6-1　不同长期照护体制的比较

制度模式	效率性	公平性	充足性	费用负担		
				政府	民众	雇主
私人保险	不符（市场失灵）	不符	严重不足	最轻	最重	中等
社会保险	较佳	较佳	较佳	中等	中等	中等
国家责任	较受质疑	最高	较佳	最重	最轻	轻

1. 私人保险方式

个人私人保险（商业保险）的方式纳保，政府不做任何干预的自由投保，或提供投保诱因。

（1）公平性。私人长期照护市场在参保人口上有较大的不确定性，使得较富裕的个人得以取得长期照护资源，而收入较低的个人与家庭被排斥在外无法符合"同等需要程度即可获得同等照护"的公平原则。

（2）效率性。私人长期照护保险的市场机制，与通过政府公办或社会保险方式相比较，具有改善行政费用支出效率与避免官僚体系扩充的优点，但因市场失灵会造成社会资源配置的无效率。

（3）充足性。由于私人长期照护保险高保费的排挤效应，可能使得无法负担保费的长期照护需要者被排除在外，造成私人长期照护保险发展的困境。

2. 社会保险模式

以社会保险方式来筹措财源，强调社会连带责任，将照护需要视为一种"社会风险"，由于社会保险具有"保险性"与"社会性"双重性质，而社会性是指基于社会适当性原则，通过社会政策的方式维护社会多数人的生活保障。

（1）公平性。社会保险为被保险人缴纳保费，保险人支付长期照护费用，保险负担与支付水平并无直接关系，可促使收入分配更加公平。

（2）效率性。社会保险政府以公权力介入，强制所有可能面临长期照护风险者皆纳入保险体系，使更多人在较长时间内分散长期照护的风险，将可以达到分散风险的作用，促进资源配置的效率。然而，保险费的征收如果来自薪资所得，对薪资所得者的工作意愿可能产生负面影响。

（3）充足性。由于社会保险具有强制性，长期照护费用的费基计算与保费分担可以有合理对应关系，因此，保险费收入以及被保险人的长期照护资源皆较能充分获得。

3. 国家责任模式

政府以税收支付长期照护服务，财务由政府负担。政府对此筹资方式有提高税收征收、减少其他公共支出，或者发行公债进行融资。

（1）公平性。国民以缴纳税收支付长期照护费用，税收负担与支付水平并无直接关系，且具有采用累进税率空间，可促使收入分配更加公平。

（2）效率性。政府以公权力介入，提供全民保障体系，以很长的时间分摊长期照护风险，将可以达到风险分散的作用，促进资源配置的效率。然而，对于税收的征收主要来自薪资与营利所得，对高收入者的工作意愿可能产生负面影响。

（3）充足性。由于国家责任，因此其给付水平的高低将视作公共服务的效率与国家财政负担的能力而定。一般而言，科层体制的效率常被质疑，且在选择上较不具弹性，通常其提供的是基本给付。至于如瑞典等高水平给付国家，则以高税率予以回应。

综合上述分析，以长期照护财源的公平性而言，私人保险是最不容易实现此目标的方式。而以社会保险及税后支付形式，不论贫富皆可受到长期照护保障，具有收入重新分配效果。就效率而言，以社会保险及税收支付的方式，皆难避免产生行政费用加官僚体系扩张的情况；另外私人长期照护保险的市场失灵也会造成社会资源配置无效率。最后，就财源的充足性而言，私人长期照护保险在供给面及需求面皆有许多障碍，相对于社会保险或税收方式也难以提供充足的长期照护保障。

由于需要长期照护保险的对象已不再限于低收入者，一般家户亦需纳入保障，因为不应实行残补式（资产调查）保障制度；继而，如为取得专款专用的稳定财源，且通过缴费义务使得受照护者取得财务可近性的法定权益，不必担心政府预算限制的影响，则长期照护社会保险相对于税收制度应为较佳的选择。此外，从社会、政治面考量，实行长期照护社会保险强调自助、互助、他助的精神，由劳、资、政共同分担经费；且民众对于加税持抗拒心态，较能接受保险费；最后其他社会保障制度（年金、工商、医疗等）同样也实行社会保险模式，将有利于制度间的协调与整合。

二、长期护理商业保险只能处于补充地位——美国的经验

当前我国仅有十几家保险公司建立了长期护理保险，甚至很多是以附加险形式存在，其覆盖面非常有限。与美国长期护理商业保险多年的发展相比较，存在共同点，但美国的商业保险市场比我国更成熟。美国主要采用长期护理商业保险制度，但其规模非常有限。长期护理商业保险覆盖面的影响因素是什么，为什么商业保险在长期护理保险制度中处于补充地位，我们可以通过美国的经验予以部分解释。

美国主要采取的是长期护理商业保险模式，而美国的社会性长期护理由医疗照顾和医疗救助两大医疗保障计划覆盖。医疗照顾和医疗救助都只包含长期护理项目费用的补偿，区别在于，前者是老年医疗保障计划，只包含不超过100天的短期康复护理费用补偿；后者虽然提供范围更广的长期护理服务费用补偿，但仅限于贫困人群。美国的社会性长期护理并不能满足美国老年人的长期护理需求。因此，在医疗照顾和医疗救助长期护理项目涵盖范围外的老年人选择购买长期护理商业保险。实际上，仅有10%的60岁以上老年人拥有私人长期护理保险，在已发生的长期护理费用中仅有4%是由私人保险支出的，有1/3是由老年人自费。在美国，尽管私人长期护理保险市场潜力较大，商业保险市场非常完善，但长期护理商业保险在市场中所占份额仍然较低。

与医疗保险类似，长期护理商业保险市场也会存在逆向选择。传统经济学认为，逆向选择的存在会影响长期护理商业保险的规模。护理商业保险经营的模式是被保险人从护理机构获得所需的护理服务，并向提供机构支付相应的费用后从保险公司获得一定的补偿。在这一过程中，保险公司事前不知道投保人（被保险人）的照护需求风险程度，当保险费处于一般水平时，低风险类型的消费者投保后得到的效用可能低于他不参加保险时的效用，因而这类消费者会退出护理保险市场，只有高风险类型的消费者

才会愿意投保。当低风险消费者退出后，如果保险费率不变，保险公司经营将亏损。为了不出现亏损，保险公司不得不提高保险费率。这样，那些认为自己不大可能碰到照护事故的顾客就会觉得支付这笔费用不值得，从而不投保，最终结果是高风险类型消费者把低风险类型消费者"驱逐"出保险市场。同时，在这一过程中，护理服务提供机构处于信息优势地位，存在诱导过度需求的内在冲动，而被保险人可能在自身利益需求和服务提供机构的配合下，消费更多的护理服务项目和延长消费时间，出现道德风险。这种模式下，由于保险公司无法对护理服务内容进行合理性认定与审核，因而难以控制护理费支出的合理性，保险公司经营亏损，保险供给严重不足。

即使长期护理商业保险市场不存在逆向选择，保险市场处于均衡状态，绝大多数的老年人依然认为购买长期护理商业保险不具有吸引力。主要原因是：一是长期护理保单的溢价高于保险精算的平均水平。Jeffrey（2007）估计长期护理保险中 1 美元的平均负担为 51 美分，远高于其他保险市；Michell（1999）估算美国养老保险 1 美元平均负担为 15—25 美分；团体医疗保险保单为 6—10 美分，非团体医疗保险保单为 25—40 美分；二是长期护理保险保费无性别差异，但保险的利用率性别差异极大。女性长期护理利用率远高于男性，因此男性的负荷明显高于女性。

长期护理保险潜在替代品影响着长期护理保险的需求和覆盖面。一是"医疗救助计划"对长期护理商业保险的挤出效应。在医疗救助计划存在的情况下，即使没有其他任何供给或需求的限制，在基于精算价格的长期护理保险市场，仍然有 2/3 的人不愿意购买长期护理商业保险（Jeffrey，2007）。二是家庭日常护理对长期护理保险的替代作用。Finkelstein（2006）认为，医疗救助隐形税收的降低对长期护理商业保险的刺激是必要的。但并没有足够证据。即使没有医疗救助计划，隐形税收也不存在，美国长期护理保险市场也会因为其他因素保持较小的规模。比如，家庭提供的非正式护理的替代作用等。有学者证实了家庭日常护理和长期护理的可替代性（Van Houven，2004）。还有研究表明，婚姻的存在带来非正式护理的增加，会替代正式的长期护理，进而影响长期护理保险的市场需求。

美国现存的医疗救助计划对长期护理保险市场形成了很大的挤出效应（Jeffrey，2007）。美国长期护理保险市场规模的扩大，或许可以通过重新设计医疗救助计划得以解决。如果废除医疗救助计划，全部依赖长期护理商业保险是不合适的，必须考虑到市场中有长期护理需要的贫困群体。但是，如果完全由政府提供长期护理保险，则会带来很大挑战。尽管中美国情不同，社会保障制度设计、保险市场环境均存在差异，但社会保障制度"托底线"的本质是相同的。美国的实践可以说明，长期护理商业保险很难成为一种主流模式。完全期待商业保险解决长期护理问题是不现实的，政府对长期护理保险的主导责任毋庸置疑。商业保险仅能解决中高收入家庭的老年护理问题，而无法化解低收入家庭的护理危机。

三、社会保险模式是我国现实条件下的必然选择

（一）商业保险保险市场供给不足

2014 年 8 月，《国务院关于加快发展现代保险服务业的若干意见》指出，要构筑保险民生保障网，完善多层次社会保障体系，建议把商业保险建成社会保障体系的重要支柱，并鼓励继续发展长期护理商业保险。虽然，政府积极鼓励长期护理商业保险的发展，但是我国长期护理商业保险发展过于缓慢，覆盖面及规模难以满足老龄护理需要。截至 2015 年 12 月份，根据我国保监会数据显示，在保监会备案的护理保险产品共 140 个左右，备案时间最早的是 2009 年 8 月（中国人民保险公司），其中长期照护产品 35 个，专门的老年护理保险产品 4 个，终身护理保险产品 3 个；长期照护产品提供者以专业健康险公司为主，集中在昆仑健康保险公司（22种）与和谐健康保险公司（3 种），占所有长期照护产品的 70% 左右。我国保险市场上的护理保险产品特征：一是从保障期限看，长期和终身的产品较少；二是主要保障对象广泛，专门针对老年人的极少；三是从产品属性看，以医疗护理为主要责任的附加险占比高达 27%；四是从产品功能

看，投资万能型产品较多（占 50% 左右）。①

目前，我国健康保险市场售出的老年健康保险产品几乎都是投资、分红型的附加险，根本不提供养老服务。一般的商业保险公司采取"边出售，边停售"的战术推行老年健康险。如全无忧长期护理个人健康险、健康护理常无忧健康增值计划、健康人生护理保险增值计划以及健康宝个人护理保险（万能型）等都在产品销售两三年左右的时间即停售。事实上，也不是商业保险公司不愿意提供养老护理服务，而是在市场上很难找到理想的服务供给基础。在欧亚七国，虽然长期护理社会保险居于主体地位，但商业性护理保险也在不断发展之中，起到补充保障的作用。我国商业老年健康护理险一直停滞不前、难以做大的状况与社会养老服务的缺位有很大的关联，很显然二者成正相关关系。

（二）选择社会保险模式的正外部性

照护服务成为一种生活必需品的时候，老年人及其家庭就要为这笔高昂的代价买单。引入社会保险模式的照护制度后，其"风险共担，资金互济"功能就为老年人及其家庭负担的高额的长期护理服务费用找到了一条分担化解的有效渠道，而且，有劳动意愿的家庭成员特别是处于"三明治"夹心层的年轻一代可以将这副重担交给社会保险，制度化的服务体系能够促进家庭代际的良性互动。照护服务所产生的效益除了能够满足老年人个人和家庭需求外，还会对经济社会产生正的外部性。照护服务对经济社会的正外部性还表现在多个方面。

一是推动护理服务市场的培育与发展，并提升养老服务质量。社会保险巨大的基金池必然会引入市场化的竞争机制，刺激长期护理服务供应商的数量的增长。这由韩国、日本和德国的社会照护制度建立后民营养老机构的蓬勃发展可见。同时，照护保险制度是由等级鉴定组织、服务遴选组织、护理员培训组织以及质量监管组织等组成的一套完整的配套体系，这些组织或机构相互促进，相互约束，有助于提

---

① 戴卫东：《长期护理保险：中国养老保障的理性选择》，人口学刊 2016 年第 2 期。

升护理服务品质。

二是激活一些医疗业务不景气的二级医院，促进医疗体制改革。《国务院关于促进健康服务业发展的若干意见》要求，"推进医疗机构与养老机构等加强合作……推动二级以上医院与老年病医院、老年护理院、康复疗养机构等之间的转诊与合作。各地要统筹医疗服务与养老服务资源。"然而，各地大医院与基层医院之间"分级诊疗，双向转诊"的实践效果并不理想，更不用说实现三级医院与老年病医院、老年护理院、康复疗养机构等之间的转诊与合作。为此，实现医养结合，目前单靠社区卫生院的参与还不够。借助社会保险模式的护理制度的推进，可允许那些病人就诊量不大、经济社会效益不高的且有意愿的二级医院转行办养老护理院，有能力的三级医院开办附属养老护理院。这样，既可以救活一些濒临倒闭的医院，同时也可以达到利用这些医疗机构的专业资源来提高养老服务质量的效果。

三是释放就业的空间，发展护理基础设施，促进经济增长。2013 年我国经济整体处于发展速度的放缓和结构的调整阶段，客观上对劳动者就业结构产生了重大影响，同时也对就业总体规模产生严重挤压效应。今后一个时期，就业形势依然严峻，突出表现在总量压力和结构性矛盾并存，结构性矛盾今后会更加突出，以高校毕业生为重点的青年就业问题更加突显。护理保险制度的建立，能够为城乡大龄女性人员以及高校护理学、心理学、社会工作、人力资源等相关专业的大学生提供大量的就业和管理岗位都。同时，为了实现护理服务的有效供给，政府也会相应加大护理基础设施的投入，特别是农村的基础设施，这将是我国"新常态"发展下一个新的经济增长点。

我国长期护理保险制度应以社会保险为主体，以商业保险为补充。在国际上，德国、日本和韩国等都采取的是由个人、企业和政府共同付费的长期护理社会保险制度，确实化解了老年人的护理费用危机。而我国的社会保障制度与德国最接近，可借鉴德国"长期护理保险跟随医疗保险"的经验，采取社会保险与商业保险相结合的模式，以社会保险为主体，以商业保险为补充，建立保基本、全覆盖、多层次的长期护理保险体系。以社会保险为主体的长期护理保险制度，筹资应以企业和个人缴费为主，政府适当补贴。虽然在短期内与"新常态"背景下，"适时适当降低企业社会保险费率"的精神有冲突，但是随着人口老龄化程度的加深，长期护理保险制度的建立是大势所趋，并且从长远看，企业缴纳长期护理保险费用的收益高于支出。

四、社会保险模式的再分配效应和逆再分配效应

再分配是一个浸透着"社会公正"理念的过程，既可以靠征税和发补助来实现，也可以靠干预市场力量的自由机制来实现。社会保险税（费）的对象是工资，所以称为工资税，其税收的主要目标是分担各种风险，强调再分配的社会保险制度可以具有同类风险中再分配功能，制度就有了保障和双重功能。

同理，长期照护保险也有再分配的性质，只是再分配的结果不同。从收入的分配效应角度看，随着收入的增加，无论男性还是女性，净现值都在下降，说明整个社会资源通过长期护理社会保险中资金的征集与社会保障待遇的给付在不同收入的保障对象之间进行横向调节，由高收入人群流向低收入人群。在我们的保障机制设计中体现了保险给付的社会公平原则，即所有的投保人在投保护理保险后得到的服务因失能程度而不同，并不会因收入和资产而不同。收入较高的人群可以考虑通过额外为自己投保商业保险的方式来保证自己享有更多的服务，但是在强制的社会护理保险中，他们必须根据自己的所得按照制度规定的比率缴纳比其他人更多的社会保险费，而获益与收入较低的人群是一样的。这种社会保险模式体现了公平，也保障了公众权益和社会稳定。

但是需要强调的是，与其他社会保险制度相比，社会护理保险制度的逆再分配效应更加突出。即使不同收入类型的老年人群都获得给付机会，但是收入低、职业地位低的群体得真正享受给付服务者并不多，而收入高、职业地位高的群体得到照护服务给付的再分配利益多，形成了不同参保群体的逆向再分配。这主要是因为很多护理服务要从市场上购买，自付比例使得低收入老年人对照护服务"望而却步"，特别是在居住在护理机构中，住宿和餐饮费也是一笔不小的开支。也正是这样，只有高收入老人

能够居住护理机构，承担食宿和住宿费用，并享受保险给付。这就是在韩国、日本和德国会出现给付通过率远高于给付使用率的原因。因此，社会保险制度是具有再分配效应的，但是其功能的发挥有赖于科学的制度设计和实施过程中的有效管理。

第七章　我国社会长期护理
保险制度的试点与构建

第一节　长春、南通和青岛的社会护理
保险的制度框架比较

一、保障范围

2015 年 2 月，吉林省长春市人民政府办公厅颁布了《关于建立失能人员医疗照护保险制度的意见》（以下称"意见"），明确规定"医疗照护保险保障对象为城镇职工基本医疗保险和城镇居民基本医疗保险的参保人员"。2015 年，长春市城镇职工医保和居民医保参保总数是 407.2 万人，其中参保职工 161.4 万人，参保居民 245.8 万人，参保率达到 95% 以上。①虽然职工和居民同时参保，把参加社区医疗保险和农村合作医疗保险的群体排除在外。与长春相似，江苏省南通市的照护保险参保对象为市区职工基本医疗保险和居民基本医疗保险的参保人员。与长春、南通相比，青岛也护理保险制度的覆盖范围扩大到了农村。在制度建立之初，青岛市参加职工社会医疗保险、居民社会医疗保险的参保人，按规定纳入护理保险覆盖范围，覆盖人群 810 多万人。在 2015 年 1 月 1 日实现了对农村地区的覆

---

① 史书.长春：建立失能人员医疗照护保险制度 劳动保障世界［J］.2015（10）：12–13.

盖，将原来新农合的 427 万参保人纳入其中。① 青岛市也成为全国第一个对城乡参保人实现医疗护理保障制度全覆盖的地区。这样，全市社会医疗保险参保人员因年老、疾病或伤残等丧失自理能力，需要长期医疗护理的，可根据失能状况和护理方式享受相应待遇。

目前，我国的医疗保险处于碎片化状态，不同的群体适用不同的医疗保险，有城镇职工基本医疗保险、城镇居民基本医疗保险和新型农村合作医疗保险，不同的医疗保险中管理主体、缴费方式及缴费率都不同。在失能人员长期照护保险中，把参加新型农村合作医疗和居民医疗保险的人群排除在外，制度覆盖范围小，且损害制度公平性。因为参加这两种医疗保险的人因收入低或没有稳定工作而无法参加城镇职工或城镇居民医疗保险，因贫穷不能参保，不能参保就无法享受待遇给付，再限制其参加长期照护保险，会进一步加重该群体与其他群体间的差距。虽然试点阶段，长期护理保险制度原则上主要覆盖职工基本医疗保险（以下简称职工医保）参保人群。但是，全国范围内的长期照护制度建立，需要考虑现有医疗保险制度碎片化、条块分割的基础上，扩大制度的覆盖范围，以实现社会保障促进公平的功能。

二、基金筹集

长春的照护保险基金按照以收定支、收支平衡、略有结余原则筹集，不增加个人和单位缴费。基金来源主要有三个：一是基本医疗保险基金。职工医保主要通过调整基本医疗保险统筹基金和个人账户结构方式筹集，按照记入个人账户的 0.3% 从统筹基金和 0.2% 从个人账户中分别划转，居民医保按每人每年 30 元标准从居民医保基金中提取。二是财政补助资金。三是从基本医疗保险统筹基金历年结余中一次性划拨 10%，作为医疗照护保险的启动资金。

南通市照护保险基金按年度筹集，参加照护保险的人员按年度一次性缴

---

① 青岛在全国率先实现医疗护理保障城乡全覆盖，青岛日报，2015-11-17，http：//www.qingdaonews.com/content/2015-11-17/content_11358543.htm

纳。一是个人缴纳部分。参加职工基本医疗保险的人员，由市医疗保险经办机构统一从医疗保险个人医疗账户中划转；参加居民基本医疗保险的人员，在缴纳居民基本医疗保险费时一并缴纳，其中未成年人（含在校学生）以及城镇最低生活保障家庭、特困职工家庭、完全或大部分丧失劳动能力的重残人员（1-2级）由政府全额补助，个人无需缴纳。二是医保统筹基金筹集部分。每年年初按照参加照护保险的职工医保和居民医保人数分别从职工医保统筹基金和居民医保统筹基金筹集。三是政府财政补助部分。由市财政于每年年初一次性划入。此外，照护保险基金建立动态稳定的筹资机制，多渠道筹集资金，接受企业、单位、慈善机构等社会团体和个人的捐助。市财政每年从福利彩票公益金中安排一定数量的资金用于充实基本照护保险基金。

青岛筹资机制决定了长期医疗护理保险基金的来源和规模。其一，在筹资模式上，青岛长期医疗护理保险坚持现收现付、以收定支、收支平衡、略有结余的原则，实行市级统筹，不设立个人账户并单独核算，切实做到专款专用。其二，在资金来源上，青岛长期医疗护理保险分为城镇职工护理保险和城乡居民护理保险两个部分，实施统一管理、分账核算，统一支付，分开核算收入、支出和结余。其中，城镇职工护理保险每月月底以当月职工医保个人账户为基数，以0.2%的资金量的2倍为标准，从医保统筹基金中划转；城乡居民护理保险每年年底以上年度城乡居民人均可支配收入为基数，按0.2%的比例从城乡居民（不含少年儿童和学生）医保统筹基金中划转，同时每年从福彩公益金划拨2000万元作为城镇居民护理保险基金。其三，当护理保险基金出现超支时，由所在区、市的职工或居民医保基金予以弥补。医保基金无法实现收支平衡的，由人力资源社会保障部门会同财政部门按程序报市政府，研究确定财政分担办法。

三、给付内容与待遇标准

在长春市的失能人员医疗照护保险制度中，给付对象是生活自理能力重度依赖的人员和因疾病入住定点的医院医疗照护机构，符合启动医疗照护保险病种条件且生活自理能力重度依赖的人员。这样，享受医疗照护的对象限制在入住定点的养老或护理医疗照护机构的人员，把居住在家里由家人照顾或雇请保姆在家照顾的失能人员排除在外。考虑到失能人员多数长期患病、年老体弱，家庭经济负担较重，照护保险有别于基本医疗保险制度，规定高于基本医疗保险的补偿比例。长期失能人员中参保职工补偿比例为90%，参保居民补偿比例为80%。因病短期失能人员根据入住的医疗机构级别，参保职工平均补偿比例为80%、参保居民平均补偿比例为70%。保障项目主要包括护工劳务费用、护理设备使用费、护理日用品费用、养老机构床位费、舒缓疗护费等（见表7-1）。从服务方式来看，只有机构服务，没有居家服务，居家长期卧床而又家人照顾的失能人员得不到服务，也得不到任何的费用补偿，这对家庭照护者来说是不公平的，与发展社区居家服务的政策理念也是相矛盾的。

表7-1　长春市失能人员医疗照护保险待遇划分和具体补偿标准

类别	定点照护机构级别	参保人类别	范围内保险比例
因疾病享受短期医疗照护	省级医疗机构	职工	75%
		居民	65%
	市级医疗机构	职工	80%
		居民	70%
	区级医疗机构	职工	85%
		居民	75%
	社区医疗机构	职工	90%
		居民	80%
因完全失能享受长期医疗照护	养老机构	职工	90%
		居民	80%
舒缓疗护		职工	按原规定执行
		居民	按原规定执行

南通参保人员接受定点服务机构的照护服务，发生的符合规定的床位费、照护服务费、护理设备使用费、护理耗材等照护费用纳入照护保险支付

范围，由保险基金按标准支付。照护服务内容包括清洁照料、睡眠照料、饮食照料、排泄照料、卧位与安全照料、病情观察、心理安慰、管道照护、康复照护及清洁消毒等项目。属于基本医疗保险、工伤保险、生育保险以及应由第三人依法承担的护理、康复及照护费用，照护保险基金不予支付。经照护保险经办机构评定，符合享受待遇条件的人员，属于照护保险支付范围及支付标准以内的费用，不设起付线，由照护保险基金按比例支付。在定点照护服务机构中医疗机构照护床位接受照护服务的，照护保险基金支付60%，同时可按规定享受基本医疗保险住院待遇；在定点照护服务机构中养老服务机构照护床位接受照护服务的，照护保险基金支付50%；接受定点照护服务机构提供上门照护服务的，照护保险基金分服务项目按标准按月限额支付，月度限额暂定为1200元。

青岛根据参保人医疗护理需求，分别确定以下不同的服务形式：一是医疗专护（简称为专护），是指二级及以上住院定点医疗机构医疗专护病房为参保人提供长期24小时连续医疗护理服务。二是护理院医疗护理（简称院护），是指医养结合的护理服务机构为入住本机构的参保人提供长期24小时连续医疗护理服务。三是居家医疗护理（简称家护），是指护理服务机构派医护人员到参保人员家中提供医疗护理服务。四是社区巡护（以下称巡护），是指护理服务机构（含村卫生室）派医护人员到参保人员家中提供巡诊服务。包干额度为：医疗专护170元/人/天；护理院医疗护理65元/人/天；居家医疗护理50元/人/天；社区巡护参保职工、一档缴费成年居民、少年儿童、大学生1600元/年（每周巡诊不少于2次），二档缴费成年居民800元/年（每周巡诊不少于1次）。资金拨付标准与护理服务机构服务数量和服务质量挂钩。

从长春、南通、青岛的给付内容来看，主要采用实物给付中的机构给付，这主要根源于护理保险制度的定位为医疗护理，重点解决重度失能人员基本生活照料和与基本生活密切相关的医疗护理等所需费用。而提供医疗护理的机构必须是有专业医疗方面资格的护理院、养老院和医院。虽然青岛建立了居家医疗护理，但居家医疗在实务上是被居住在养老院的失能老年人享有，不是真正意义上的居家护理服务，反而是社区巡护具有了居家护理服务的雏形。在统一的制度中，应统一给付形式的名称，以免制度不统一，各地衔接较为困难。

四、定点机构准入

长春医疗照护保险实行严格的定点管理，以保障照护服务的专业化水平。长春确定三类机构可以进入：一是经卫生部门批准成立的医疗服务机构，主要提供因病短期医疗照护服务；二是经卫生、民政部门批准成立的具备一定医疗资质的养老服务机构和护理机构，主要提供长期医疗照护服务；三是与二级以上医疗机构签订服务协议的护理机构和养老机构，主要也是提供长期医疗照护服务。青岛只有具备医疗资质的机构才能进入，以保障医疗护理服务的专业化水平。在实践中，只有两类机构可以进入：一是经卫生部门批准成立的医疗服务机构；二是经卫生、民政部门批准成立的具备医疗资质的养老服务机构和残疾人托养机构。

三地都对定点护理机构建立较为完整的管理机制。一是进入机制。具备本市医疗保险定点资格的医院、护理院、社区卫生服务中心，以及具备相应医疗资质或与定点医院、护理院、社区卫生服务中心签订合作服务协议的养老服务机构，设置符合规定的照护病区和照护床位的，均可申请为定点照护服务机构。经营规模较大、有资质的照护服务人员数量较多，能提供符合照护标准服务的企业，也可申请为定点照护服务机构，提供居家照护服务。人社部门参照南通市定点医疗机构管理办法的相关要求，对定点照护服务机构的人员、设备、规模等基本条件设定相应的标准，经审核确认后颁发相关资格证书和标牌，并建立定点照护床位备案管理制度。二是退出机制。定点照护服务机构违反照护保险服务协议，造成照护保险基金损失的，由照护保险经办机构根据国家有关规定及服务协议约定，追回基金损失和违约金，按情节轻重责令改正或限期整改、暂停照护保险服务、解除照护保险服务协议；情节严重的，由市人社部门取消定点资格，并按有关规定依法予以处罚；构成犯罪的，依法追究刑事责任。三是协议管理。照护保险服务实行协议管理，照护保险经办机构与定点照护服务机构应签订服务协议，明确双方的权利、义务，约定服务范围。定点照护服务机构应按照协议约定提供照护服务，规范服务流程和服务行为，提供的服务要符合服务标准，尤其要尊重参保患者的生命尊严，突出对参保患者的人文关怀，尽可能地为参保人员提供适宜、安宁的长期照护服务。

第二节 青岛市护理保险的管理体制、流程与人员配置分析

一、管理体制

我国长期护理保险制度在青岛、长春和常州的试点也都采用了"保险人一条鞭"模式，由地方政府相关职能部门，如青岛由青岛市社会保险事业局统筹全部护理保险管理业务，包括审查申请、评估、提供资源连结服务。这一模式在短期内能够利用政府部门协调统筹各种护理资源能力的优势，且较好地控制长期护理保险的财务平衡。在"保险人一条鞭"模式下，政府部门包揽了审查申请、评估及连接服务的全过程，往往会根据自身财务现状的考虑，对给付资格的给予上进行控制，有时也存在矫枉过正的风险。试点期间，青岛市政府采取了严格的准入机制。

第一，政府严格规定每家护理机构所能接纳多少享受保险给付的老年人，相比于护理院来讲，养老院被给予的名额较少。

第二，对老年人的准入进行资格的检查，如果某机构中出现一个违规操作骗取保险给予，政府会对此机构进行严格惩罚，停止发放一段时间所有享受长期护理保险制度人员的金额资助，以通过严格的惩罚制度杜绝"搭便车"行为的发生。

"第一，立马停办。第二，根据老人的现状，这个是看得到的，在老人身上所有的费用不予报销，再严重点，这是极个别的，他有上级医院的出院证明，这个人刚好一两个月从理论上来讲一个月以上住两个月到恢复状态很好了，就会劝这个人出院，不出的话，今后发生的费用不给你。假如这个老人在劝退的后还在这住，百分之一百到二百的罚款，老人在这里发生的所有费用不予报销。"

第三，对机构采用第三方的监督和管理，如若第三方发现机构存在弄虚作假、"搭便车"的行为，第三方机构可从中获益，收取一定罚款。通过以上三条严格的措施，青岛市政府成功地控制了"搭便车"行为的发生，有效地控制缩减了政府的财政成本。

"青岛政府有特殊监管，不定期地抽查，老人带着他的病例到现场来，考察他的肢体，那就是到现场来看一看，腿胳膊动一动，或者是人为地在一些穴位上刺激一下，他们就会发现是不是好转了。原则上就是符合条件的时候可以进来，稳定了好转了就要离开，就不能享受这个待遇了，这个待遇应该给更需要的人，资源是有限的。要有第三方监管，青岛市叫第三方监管，它委托保险公司或者其他的机构定期地抽查检查，他们这个监管过程是没有工资没有奖金，但是发现了违规的，他们有一定的惩罚措施。"

但是过于严苛的准入机制，将一大批有需要的人群挡在门外。不能切实的落实在每一个真正有需要的人群手中。如：青岛的长期护理保险制度在实施过程，强制规定一定要卧病在床的失能人群，才可申请长期护理保险制度。使得一大部分未卧病在床，但是又有实际需求的人群没有资格申请。一些有实际护理需求的人比如患有癌症的病人、失智人群等，无法享受政策的福利。

"对，很严格，现在要上传视频。比方说他在家住，有的服务机构一个礼拜上他家去多少次，还要拍照。过去青岛市做得比较宽松，现在大家都在做嘛，钱不就少了吗，少了就会比较严格。过去是差不多就批了，也有那些虚假的成分，开单子，照着就申报了。申报现在就看老人嘛，你说他能坐下都不算了，你比如说他能走路了。有可能说今天来看啊，审批，你别动啊。问他精神怎么样，起来坐会儿吧，能起来就不算了。"

"比如就是癌症晚期的，你也知道我也知道医生也知道癌症晚期了，大医院证明也在这里，医保也知道，但是查它的时候就不合格，癌症不是你们治疗的范围，你们治不了癌症，但是你们必须按照肢体的要求来，偏瘫全瘫，那么有没有道理，也有道理，没有钱嘛，谁管这个事谁操劳，按这个覆盖面来说，我觉得这些，你比如说这些恶性肿瘤他覆盖的不明确，也像其他的一样卧床了也不接收，挺残忍的，其他的我觉得都是合理的。否则的话大家都打着擦边球进，都有理由，很麻烦。政府的钱也不是下雨下出来的。"

但是随着老龄化失能化程度加剧，申请护理等级老年人数将较大幅度增加，及护理等级更加细分，政府部门很难完成全部评估，专业性的缺乏也很难使其核定出较为合理的护理等级。因此会逐步放开外部委托进行的比重，有鉴于委托评估业务的弊端，首次申请的评估不建议委托，而在旧案复审的案件可委托外部机构进行，且为保障评估品质，保险人还需设置独立委员会进行评估人员的评估品质查核。

二、管理流程

（一）从保险人提出申请到失能认定结果阶段

参保人申办护理保险待遇，应由本人或家属携带相关病历材料、社保卡和身份证，向护理机构提出申请，并填写《青岛市长期医疗护理申请表》。但是不同保险待遇的申请方式、申请流程及判定方式不同，申请医疗专护待遇的，由护理机构按照规定对申请人进行评定，符合条件的，直接建床并办理联网登记；申请护理院医疗护理、居家医疗护理、社区巡护待遇的，护理机构应在接到申请后 3 个工作日内，安排医保医师和医保护士共同对申请人进行现场审核评估，按照《评定量表》进行评分，医保医师、医保护士应同时在《评定量表》上签字确认。护理机构进行现场评估时，应按智能化监管要求采集并上传参保人信息；其中，村卫生室应派医保医师进行现场审核评估。对符合条件的，护理机构应在评估后 3 个工作日内通过"一体化"系统进行网上申报。社保经办机构收到网上申请，经审核后提出审核意见，情况复杂的需审核病历及视频资料，必要时安排现场审核。审批通过的，有效期至当年 12 月 31 日，期满后一体化系统自动顺延。

（二）从失能等级判定到给付服务使用阶段

如图 7-1 和 7-2 所示，在服务使用阶段，充分尊重被保险人的照护服务，护理保险制度提供的照护服务，应将重点置于"服务对象"（人），而非服务"项目"（内容）。因此，服务提供机构在设计照护服务计划时，应在尊重被保险人本人意愿之前提下，发挥其专业技能，建立被保险人或其家属间与机构管理人员、服务提供者的信赖关系。调研中发现，许多护理机构管理员积极主动联系老年人，了解被保险人的真正需求，给付服务的效能发挥得更好。

但是，能够享受到长期护理保险制度的老年人，大多还是享受退休金的城镇老人或者有一定经济实力的老人。因为青岛长期护理保险制度只能报销医疗费用，但护理费用还是需要老人自费承担。使得大多数低收入老年人没钱入住机构，因此尽管青岛的长期护理保险制度在申请的时候对所有的失能老人都是一视同仁，但在实际实施过程中由于高昂的床费、护理费等，往往将低收入的老年人拒之门外。

"个人要承担的费用，不管什么样的房间，大致每月两千七八，个人要负担的。机构不说民营的，就算公立的也得有收入，还得有结余，我们的职工啊护工啊，你要保证他们的流动小一点得待遇好，目前我们机构，预期护工这一块工资待遇比较高，流动比较小一些。一些新建的，护工流动很麻烦，对家属对老人也很麻烦。"

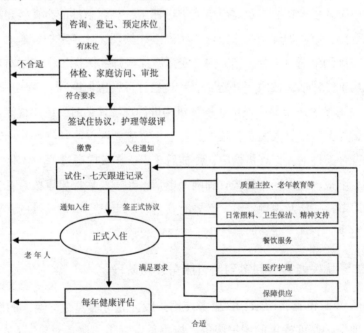

图7-1　青岛护理院护理服务使用流程

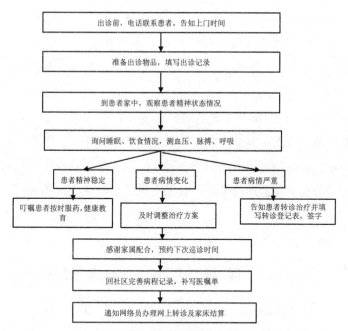

图7-2 青岛居家护理服务使用流程

三、人员配置

由于失能老人的特殊性、长期性，护工人员的数量和水平对失能老人的生活质量起着决定性作用。但从目前青岛实施的具体情况来看，无论是数量还是质量上来看，失能老人长期护理人员服务队伍较为匮乏。首先，由于护工面对的是一群特殊的群体，往往需要较强的心理素质来面对生病的失能老人，且由于护工的社会地位不高和工作的辛苦和特殊，往往导致护理机构中护工流动十分频繁。其次，护工的队伍中大多数护工还是属于只经过简单培训就上岗的，并未受过十分专业系统的培训，只能对老人进行简单的生活护理如喂饭、洗衣、打扫卫生等，中高级护工还是十分匮乏，人员水平参差不齐。最后，由于老龄化的加剧和护工队伍的严重频繁流动，护理服务队伍的建设跟不上老年人日益增长的强烈需求。因此，护工队伍的人力资源严重供给不足。

"有一定区别，而且一个机构有多少个高级护理员。我们说的都是现实的啊，一个机构有三五个高级护理员，这就很多了。要三个月，要考试通过，一个培训的，一个机构鉴定的。但是从低级的到高级的，包括到讲师，你得有严格的过程，考试都很严格，但是你怎么和实际工作结合这块，又是一回事。再说我国的护工，永远是缺的。服务人员还是特别匮乏的。"

"在座的现在谁能实实在在地想到要去学护工。建再多的养老院没有护工也是问题，现在也很难。在青岛，护工的工资比护士都高，按说，护士还有专业的技术的培训，他们不会写字的人也能干这件事情，但是就是护工比较辛苦而且社会地位又低，每天看见都是些生大病的老年人，心里承受不了。"

第三节　我国长期护理保险制度的框架设计：普遍主义与财务平衡

一、立法明确福利多元主体的权责

福利多元主义贯穿于德国、日本和韩国社会长期护理制度的改革历程，形成了政府部门和私营部门、第三部门或公民个人等众多行动主体彼此合作，在相互依存的环境中分享权力，共同管理社会福利事务的合作网络。从治理模式来看，德国长期护理保险制度是在国家主导责任下的契约机制模式，突出契约机制作为长期护理资源的配置基础，在护理服务传递上以营利组织和非营利组织提供为主，政策工具以激励工具为主。契约机制作用方式是一种以市场价格机制为基础的方式，其作用过程是利用价格实现相关主体的资源以及信息的协调，进而实现激励相容、增强合作治理的动力。契约机制提供了选择、弹性和机会，并且是一种能够进行快速、简便沟通的重要工具。但是，不可否认的是，契约机制也会存在失灵，不能单独起作用，因为价格对资源和信息的协调需要完善的规制来规范和约束相关主体行为，在市场机制基础上应同时注重发挥国家宏观调控和市场监督责任。

我国老年社会福利整体立法滞后，并没有颁布综合的《社会福利法》，现有的《老年人权益保障法》约束效力不够，这也势必造成政府、企业、非营利组织和个人及其家庭在老年社会福利供给上功能定位模糊。社会长期护理保险制度在强化政府财政兜底和监管职能同时，应当充分发挥市场机制的作用和家庭功能，实现社会性的多元主体供给格局。鼓励多元主体参与护理，能够发挥企业、非营利组织和个人及其家庭的专长，充分利用社会资源将社会风险分散化和社会化，缓解政府在公共服务方面的财政和行政压力。政府主要承担规则制定者、出资人或最后出资人、监督者等角色，并与服务提供者谈判并签订合同，以在护理服务供给领域引入市场机制。

二、建立责任共担的多渠道筹资机制

我国企业职工五项社会保险总费率为企业职工工资总额的 39.25%，缴费率接近法国、德国和意大利等欧洲福利国家 40% 的缴费门槛，分别比美国、日本、韩国高出 3.2%、14.01%、24.12%，如果再加上各地 10% 到 24% 的住房公积金缴费，"五险一金"名义费率已经达到企业职工工资总额的 60% 左右。[①] 考虑目前经济新常态的背景，增加个人和企业的社会长期护理保险缴费，将进一步加重当前的社会保险缴费比例，从而引起现期消费降低，对宏观经济产生不利影响。建议在短期里基于暂不增加个人和单位缴费负担的原则，从基本医疗保险基金中按一定比例划拨，单独建账和专项管理。但是，这种筹资模式会高度依赖于社会医疗保险，基金的稳定性受到社会医疗保险的限制。长期里，依据社会保险性质，保险缴费应该成为主要资金来源，建立雇主和个人共同缴费、个人自付、政府补贴的筹资机制。参考养老保险和医疗保险的做法，在岗职工缴费率可略高，灵活就业人员和无业人员的缴费率可适当降低，退休人员缴费可以由养老保险基金承担一部分；使用者负担比例不宜过高，建议其占比在 15—20%

---

① 《中国经济周刊》采制中心.中国五险总费率全球第 13 位，远超美日等国［J］.中国经济周刊 2016（35）：9.

以下；其余部分则由财政补贴负担，财政补贴重点用于补贴低收入群体的参保和服务利用。

三、建立科学的失能等级认定体系

失能等级分级和评估认定制度是长期护理保险制度运行的关键一环，是确定保险给付的条件。只有以科学的失能等级认定作为派送服务、确定待遇的依据，才能实现长期护理服务供给与需求的合理匹配。建议在全国范围内采用统一的失能等级认定和护理需求评估标准，分级标准具体可分为4—5级，其等级划分标准根据自理能力而确定，而不限于某些特殊的老年疾病。为了确保失能等级划分的科学性和合理性，应在分级标准确定前开展全国范围的人口自理状况调查，掌握各等级所覆盖人群的总体状况。评估实施可由市级建立护理审查认定委员会来负责实施，认定流程包括"申请—初审—复审—核定"四个步骤，申请人向护理审查认定委员会提出申请，委员会接到申请后指定护理需求评审员进行初审，初审合格的申请人要到县级（含）以上医疗机构进行自理能力鉴定，委员会根据统一的标准和鉴定结果最终确定其失能等级和护理需求等级，并安排相应的保险给付。失能等级认定的操作应坚持"公平性"和"迅速性"原则，对所有失能老年人一视同仁，不会因人不同，即不会对相同失能程度老年人做出不同失能等级的核定，且尽可能在最短期限内核定失能等级，使得失能老年人尽早接受相关护理服务，改善其生活质量。

四、建立合理的给付类型及给付水平

我国长期护理保险制度应以长期处于失能状态的参保人群为保障对象，重点解决重度失能人员基本生活照料和与基本生活密切相关的医疗护理等所需费用。建议各地根据基金承受能力，确定重点保障人群和具体保障内容，并随经济发展逐步调整保障范围和保障水平。保险给付包括实物支付、现金支付和混合支付相结合等三种方式。实物支付可以结合我国以居家为基础、社区为依托、机构为支撑的社会化养老服务体系，划分为居家服务、社区服务和机构服务三类。建议重点发展非正式的家庭护理服务，可对非正式家庭护理者提供各种优惠政策，如"护理者"津贴、带薪休假、护理培训与咨询等，这既是对于家庭护理者的社会身份的一种认可，也分担了公共机构的压力，节约护理资源，减轻了未来老龄化的社会负担，有助于实现社会长期护理制度的长期财务平衡。严格确定机构服务使用条件，并适当提高机构服务受益者的个人自付比例。现金给付应重点保障低收入的失能老人。三种给付方式在不同场合下可以发挥各自不同优势，各地可根据不同的情况重点采取不同的给付方式，确保实现护理保险给付的综合效用最大化。

第四节　我国长期护理保险制度的管理体系建构：

一、管理体制：纵向权责明晰与横向协调

作为全国统一的制度安排，护理保险需要明确划分中央政府与地方政府的责任。只有责任分担明确并相对均衡，才能有效地调动主体各方的积极性，并使制度发展保持理性。从三国的实践来看，长期护理保险管理业务主要集中在市级，而中央主要负责制度的顶层设计。这种纵向权责划分有利于地方政府了解当地居民长期护理需求，并提出有针对性的长期护理计划。此外，各级政府还建立比较合理的财政责任补贴分担机制，政府对长期护理保险制度支出的补贴规模占长期照理资金支出的比例固定下来并始终保持稳定状态，即中央与省级政府各负担一定比例的支出补贴。这种有限责任有利于打消各级政府的疑虑，有利于中央与地方政府合理配置财力并不受保险金支付的冲击，还有利于均衡历届政府的责任负担，避免历届政府责任畸轻畸重的非正常局面出现。

按照横向组织分工结构分为两种模式：一是由保险人承担所有护理管理工作，即"一条鞭方式"，由保险人负责申请审查、需求等级评估、护

理计划拟定、资源连结服务的提供、护理服务品质审查，集中体现为韩国。该模式优势为，由于保险人担任评估人员角色，易控管保险财务，且如果保险人为行政机关，保险人与保险对象所签订的护理服务计划书性质上为行政契约，可以保护当事人及其他关系人的权利及利益。然而，实务运作上，该模式中保险人职能较多引致其人力不足，特别是在行政机关总员额的限制下更为突出；保险人虽具有评估权限可控管财务，却可能产生因顾及财务控管，而忽略评估工作的核心理念是透过评估工具理解保险对象是否具备护理需求性。二是设置私法人型态的独立评估单位，全部委托或部分委托评估。评估工作甚至护理计划建议书，均由保险人委托该独立评估单位进行，如德国的私法人形态的健康保险医事服务中心，日本将部分工作委托给指定的居家护理支持事业者、小区密合型介护老人福祉机构、介护保险机构或其他符合厚生劳动省法令规定的从业者或护理管理专员。此方案优点为专责组织设置可提供充足评估人员，不受保险人总员额编制限制，且评估人员从专业立场评估被保险人的护理需求。缺点为可能产生的"球员兼裁判"弊端，评估人员与护理服务给付提供者间产生利益输送。

我国长期护理保险制度在青岛、长春和常州的试点也都采用了"保险人一条鞭"模式，由地方政府相关职能部门，如青岛由青岛市社会保险事业局统筹全部护理保险管理业务，包括审查申请、评估、提供资源连结服务。这一模式在短期内能够利用政府部门协调统筹各种护理资源能力的优势，且较好地控制长期护理保险的财务平衡。但是随着老龄化失能化程度加剧，申请护理等级老年人数将较大幅度增加及护理等级更加细分，政府部门很难完成全部评估，专业性的缺乏也很难使其核定出较为合理的护理等级。因此会逐步放开外部委托进行的比重，有鉴于委托评估业务的弊端，首次申请的评估不建议委托，而在旧案复审的案件可委托外部机构进行，且为保障评估品质，保险人还需设置独立委员会进行评估人员的评估品质查核。

二、流程管理：兼顾公平与效率原则

护理管理流程为长期护理保险体制中的重要项目，其设计关乎整体长期护理保险制度的运作和发展，因此，应根据保险给付的"公平"与"效率"两大基本原则进行管理流程设置与运作，使被保险人享受到社会保险的应有效益。"公平性原则"为：保险人应秉持公平与公正的原则，对所有被保险人一视同仁，不会因人（认定调查员）、因地区不同而对相同失能程度的被保险人做出不同护理等级的核定。"效率性原则"为：一是保险人应规划合理的审查程序，尽可能在最短期限内核定被保险人护理等级，使得被保险人尽早接受相关护理服务，改善其生活质量；二是保险给付应当给予最有需要的被保险人，防止出现已经好转不符合资格的受益者仍将享受给付的"道德风险"发生。

根据"公平性原则"，应当确保评估人员执行职务的中立性与独立性，并符合保险契约精神。为维持评估人员的独立性、避免评估人员透过建议，向被评估人或其家属介绍某些特定服务提供单位等服务资源而谋得私利，后续服务连结部分宜由保险人向保险对象提供相关讯息。完成评估工作后，评估人员将该评估资料送回保险人，再由保险人核定，完成长期护理给付申请结果的书面通知于申请人，该书面决定因属于身为行政机关的保险人所为，对被评估者产生单方面的法律效果，解释上属于行政处分，如申请人对评估结果不服，宜提供申请人申请复核的机会。

根据"效率性原则"，应当对申请人从申请给付到获得给付的整个流程所需最长时间进行限定。日本规定被保险人于提出认定申请后，原则上保险人应于30日内通知核定结果，但是相关研究报告数据显示，实际上平均耗时约为36天，甚至部分地区更长达50天。实际业务操作效率低不仅影响被保险人应有权益，更增加相关行政业务负担，阻碍制度健康运行。如何简化各步骤的作业时间，加大保险人的行政效能差距，也将是我国护理保险制度流程设置需要重点考虑的课题。此外，应对护理给付的提供时间进行明确设置，有效期间届满后，被保险人如果还需继续接受保险给付，必须办理更新手续，方可继续使用护理服务。

建议的服务输送流程设计如图7-3：

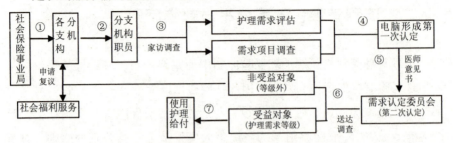

图7-3 我国长期护理保险的申请至服务输送流程方案设计

三、人力资源配置：建构国家认证机制和赋予其应有社会地位

为了确保专业服务质量的稳定性和专业性，建构护理管理人员的国家级认证机制。这不仅是加强对从业人员资格管理的必需，而且有助于赋予其应有的社会地位和保障应得的工资待遇。国家级认证机制主要涉及护理需求评估人员、护理管理专员和护理品质检查员等岗位，重视专业人员任用资格中对专业背景的要求，建立比较全面的职前培训和在职培训体系，以不断提升人员的专业素质和更新专业知识。针对行政机关中护理岗位，应建立教育训练相关规范，就知识、技能、伦理等各层面开设相关课程，强制专业人员应实际参与研习。基于现有护理工作人员薪资待遇不佳、工作负担沉重等问题现状，应改善专业从业人员的工作条件，并提供其社会应有地位，以吸引优秀人才从事该项职务，进而提供被优质护理服务。

基于目前照管专员以护理师、社工师等具备证照为主力，未来将极大幅度增加对各类人力的需要，建议重点建立以下两种专业形式的人力培训和认证体系。

1. 发展评估人员（照管专员）专业证照

在国家专业证考试中，未来应基于长期照护保险需求，推动"长期照护保险评估专员"证照考试。考虑目前长期照护人力以护理师和社工师为主力，为了推动第三方独立评估单位的建立与发展，对于已具备与长期照护保险相关的证照者，如医师、护理师、社工师等，只要其接受评估工具使用等教育训练课程，理解评估工具的使用及接受非其专业领域，但与评估工作相关的其他专业领域课程后，即可取得评估人员资格。其他对长期照护保险评估工作有兴趣却未具备相关证照者，可通过长期照护保险评估专员证照考试，取得资格。

2. 设置照护咨询服务人员

鉴于咨询服务在长期照护保险实务工作上的重要性，建议设置咨询服务人员，由保险人所属工作人员担任，或由保险人设置独立咨询单位，提供保险对象所有与保险制度相关的服务使用与权利义务资讯和说明，包括服务连结的提供。咨询服务人员可来自社工、护理、长期照护、儿少福利或老人福利等相关学科毕业者，而因服务内容也涉及保险契约双方权利义务的行使，与社会保险政策和社会法相关专业者，也较为适宜担任；但是不论学科背景为哪一个领域，均需参加职前训练或在职教育训练，增强非长期照护专业知识。经过职前教育训练后，与前述照护专业资格理念相同，建议增加照护咨询师国家考试项目，以培育未来更多长期照护保险专业人才。

附录1　德国社会法法典第十一篇
——长期照护保险法

1994 年 5 月 26 日立法通过　　2013 年 7 月 15 日最后一次修正

第一章　通则

第一条　社会的长期照护保险

（一）为保障照护需求，特制定社会长期照护保险，成为社会保险新分支。

（二）社会长期照护保险保障法定健康保险被保险人。私人健康保险的被保险人应加入私人长期照护保险。

（三）社会长期照护保险的主体为长期照护保险人；其任务由健康保险人执行。

（四）长期照护保险的任务，基于社会连带性支持，依照护需求的严重程度对照护需求者提供照护扶助。长期照护应考虑男女性别差异及文化敏感度不同形成的不同照护需求与照护给付的可能性。

（五）长期照护给付分阶段实施：居家照护自 1995 年 4 月 1 日起实施，机构照护给付自 1996 年 7 月 1 日起实施。

（六）长期照护保险财源来自保险成员与雇主所缴交的保险费，该保险费根据保险人收入征收，随同加保眷属，保险人的家庭成员与已登记的同居伴侣的保险费则不征收。

第二条　自决原则

（一）长期照护保险给付应帮助照护需求者，使其尽可能过上独立的、自决的、符合人性尊严的生活，恢复其身心功能。

（二）照护需求者须在机构与服务站等不同给付主体间作选择。其受扶助的合理愿望，应符合给付法的规定范围。照护需求者希望由同性照料者照护的愿望亦应兼顾。

（三）照护需求者的宗教需求应被顾及，全住院型照护机构应在该机构内提供此项服务，使其信仰得到尊重。

（四）依第二与三项规定，照护需求者享有的权利。

第三条　居家照护优先

长期照护应坚持居家照护优先原则，照护服务首先由家人和邻居提供，使照护需求者尽可能长时间在其所熟悉的居家环境接受照料。部分住院型照护与短期照护优先于全住院型照护。

第四条　给付类型与范围

（一）长期照护保险给付乃本法所规定的基础照护、家务照料与费用报销等实物给付、服务给付与金钱给付。服务类型与范围依照护需求严重度与当事人所提出的居家、部分住院型或全住院型照护请求而定。

（二）在居家和部分型机构照护，长期照护保险给付补充家属、邻居或其他社工的照护服务与安全看视。在部分和全住院型照护，照护需求者无须负担依其照护需求性严重度与类型而决定的照护费用，但须自负住宿与伙食费。

（三）长期照护保险人、长期照护机构与照护需求者提供实用性且经济性的保险给付，给付范围限于被保险人的要求。

第五条　预防与医学复健优先

（一）长期照护保险人尽早提供适当预防、疾病治疗与医学复健给付，以避免照护需求出现。

（二）给付主体应在给付法范围内，依照护需求，将给付放入医学复健与所有的补充性给付范围内，以消除、减轻照护需求，防止情况恶化的发生。

第六条　自己责任

（一）被保险人应通过健康的生活方式、尽早参与预防措施以积极接受疾病治疗与医学复建，避免照护需求的产生。

（二）当照护需求产生时，照护需求者须协助医学复健与活性照护措施，以消除、降低该照护需求与防止情况恶化。

第七条　说明、咨询

（一）长期照护保险人应通过对健康的、预防照护需求产生的生活方式的说明、咨询等方式，协助被保险人承担自身责任及参与健康促进等措施。

（二）长期照护保险人以被保险人及其眷属可理解的方式对其提供指导、咨询与解答照护需求相关的问题，特别是关于长期照护保险人的给付以及其他给付主体所提供的给付与协助，且说明：健康保险医事服务中心或保险人所委托其他评估者的评估通知请求权；

（三）为协助照护需求者依第二条第二项所行使的请求权，促进照护机构的竞争，主管的长期照护保险人应在照护需求者依本法规定提出给付申请后，立即通知此照护需求者，已立案的合法照护机构的给付、价格对照表和相关照护服务的提供。同时，照护需求者亦被告知最适当的照护据点（第九十二条）、照护咨询（第七条 a），该照护据点的协助和指导。照护咨询均为无偿。前述给付与价格对照表由邦长期照护保险人协会提供给各长期照护保险人，并随时更新数据；该项资料至少须包括依第八章规定的与相关机构协商的偿付费用，以及依第九十二条 c 所规定的住家附近的照料，以及依第九十二条 b 的达到整体供给的契约，同时须提供照护需求者适合其状况的照护机构的咨询，此外亦须提供其质量查核结果的出版物。

（四）长期照护保险人因履行此项咨询任务，须与其他共同分担此项工作的给付主体负担行政费用；咨询需保持中立与独立性。

第七条 a　照护咨询

（一）自 2009 年 1 月 1 日起，本法的给付受益人有达成协助其照护、照顾或安全看视需要的个别咨询、照护咨询保护、选择女照护咨询人员、使用联邦或邦法律所规定的社会给付，以及其他协助提供的请求权。

照护咨询任务包括：

（1）通过健康保险医事服务中心的评估结果，系统地分析与掌握照护需求；

（2）完成符合被保险人个人需要的社会给付、健康促进、预防、疗养、复健或其他医学与照护及社会救助的照管计划；

（3）执行照管计划不可或缺的条件，包括经过每一给付主体的准许；

（4）监督此照管计划的执行，按照需求改变的情形进行调整；

（5）对特别复杂的事件形成，分析或证明此协助过程。

此照管计划包括第二款，对个案必要措施的特别建议、指示现有就地给付提供及审查与调整建议。照管计划的完成与转换，应力求实现协助者及所有参与照护、照顾和安全看视者的意见一致。长期照护保险人得全部或部分将其照护咨询任务转至第三人；第十篇第八十条的规定，不在此限。如果给付的申请已依本法规定提出且存在协助与咨询需要，则照护咨询请求权成立。2009 年 1 月 1 日前，若长期照护保险人已完成相关机构的建置，则可提供照护咨询。

（二）此项咨询包括第三人提供，特别是眷属与同居伴侣，及生活于居家或机构的请求权人。被保险人得依本法或第五篇向照护咨询人员提出给付申请。此申请应立即通知主管的健康或长期照护保险人与照护咨询人员。

（三）照护咨询人员人数应加总估算，以便咨询人员以全面的方式履行第一项所定的任务，实现咨询者的利益。长期照护保险人通过照护咨询人员，即指定合资格的人员，特别是具有必要附加资格的照护专业人力、社会保险专业员与社工，对个人提供咨询。对于照护咨询人员必要的人数与资格证明，联邦长期照护保险人总会在 2008 年 8 月 31 日需提交。依第二句所要求的资格证明，最迟应于 2011 年 6 月 30 日完成。

（四）全国长期照护保险人为保证任务履行效率，应为根据照护咨询人员人数在就地管辖权的照护据点间相互调整，且在 2008 年 10 月 31 日以前签订共同协议。长期照护保险人须将此任务转至邦长期照护保险人协会。如果第一款时间点无法全部或部分实现，邦长期照护保险人协会应在一个月内作出决定；第八十一条第一项第二款规定适用。长期照护保险人与法定健康保险人须依本法第十篇第八十八条至九十二条规定，运用委任方式，通过照护咨询人员实现任务。此照护咨询人员工作的支出，由长期照护保险人负责，行政费用则依第四十六条第三项第一款，长期照护保险人负担一半。

（五）执行私人长期照护保险的私人保险公司须为其被保险人提供长期照护保险人的照护咨询人员来执行照护咨询。并按照长期照护保险人所需要的类别、内容与范围，以每件所产生的费用为前提订定契约协议。

（六）照护咨询人员与其他依第一项从事任务执行的单位，具体为以下几种类型：依据邦法律，在高龄范围内提供就地安全看视与依第十二篇提供照护协助的确定单位；私人健康保险与长期照护保险公司；第七十七条规定的照护机构与个别照护服务人员；自我协助团体成员、社工与其他非营利组织；

（七）关于照护咨询经验，联邦长期照护保险人总会在 2011 年 6 月 30 日，须提供学术性报告给联邦健康部，亦要将第八条第三项的资金列入计划。

第七条 b　咨询礼券

（一）长期照护保险人对于首次依本法提出照护需求评估与给付申请者的申请，在申请提出后最迟两周以内的时间内提供具体的咨询日期，就是发放给申请者一张咨询机构所承认的咨询礼券，以使长期照护保险人的负担在申请者提出申请的两周内得以兑现；第七 a 条第四项第五款的规定适用的。此项咨询依第七条与第七 a 条的规定。此项咨询应依被保险人的期待而在居家环境下进行，亦得于第一款所规定的期限内履行；关于咨询的可能性，长期照护保险人应对此说明。

（二）长期照护保险人应保障咨询站依第七条与第七 a 条提供咨询。长期照护保险人可单独、共同与其他长期照护保险人和中立的咨询站签订契约协议，该协议内容需规定：提供咨询给付与咨询人选，长期照护保险人因为错误咨询所造成的损害责任，费用。

（三）如果依第一项第一款规定，或基于第七条与第七 a 条规定，经被保险人或其法定代理人同意时才可提出、加工或使用个人资料。被险人或其法定代理人在咨询开始时应被告知，其可在任何时间撤回该项同意。

（四）第一至三项规定在私人保险公司执行私人长期照护义务时也适用。

第八条　共同责任

（一）向居民提供照护是整个社会的责任。

（二）邦、乡镇、长期照护机构与长期照护保险人在医事服务中心紧密合作，提供富有效率的、因地制宜的、就地可及的、小区及机构彼此相互协调的市民照料体系，并保障必要的照护提供体系的扩充与改善，特别对居家照护和机构照护给付提供补充，以及对医学复健的照护给付的暂时提供。此外，还可通过专业或社工与眷属、邻居和自助团体，支持并促进人性化照护，并发展助人文化与邻里互助。

（三）联邦长期照护保险人总会使用长期照护保险平准基金的资金，计划每年 500 万欧元用于确保照护输送质量。如果资金在上个会计年度未被使用，可转至下一年度。此计划最长期限为五年。联邦长期照护保险人总会规定计划的目的、期限、内容与执行。此计划须由联邦健康部调整。由于涉及各邦财政利益，各邦则须参加。联邦长期照护保险人总会与联邦保险局，通过协商，规定其他关于平准基金的支付程序。对资金运行进行学术性监测与分析。第四十五条第四项第六句规定也适用。

第九条　邦的任务

邦须负责维持具效率型、数量充足且经济型的照护输送结构。邦法律规定对照护机构的促进与计划等细节；对照护需求者经济给付提供稳定且可持续的财政支持，称为照护机构促进。

第十条　联邦政府的照护报告

联邦政府自 2011 年起，每 4 年向法定联邦社团报告长期照护发展与德国照护提供状况。

第十一条　照护机构的权利与义务

（一）照护机构依据一般公认的医护知识提供照护、照顾与照管。给付内容与组织，须在尊重人权原则下，确保人道与可调整的照护。

（二）本法的施行，须坚持照护机构主体的多元化原则，并尊重其自主性、自觉性与独立性。对生病、虚弱和有照护需求性者的照护、关怀、安慰与临终陪伴，可考虑委托教会式或其他独立福利照护组织。公益、私立给付主体优先于公立给付主体。

（三）《疗养院法》的规定不在此限。

第十二条　长期照护保险人的任务

（一）长期照护保险人负责保障被保险人的照护提供。同时与照护性、健康性和社会性照护参与者密切合作，特别是依第九十二 c 条，通过照护据点，形成地方性照护网络结构，使照护需求者能够得到就地照护。为执行法律委托的任务，长期照护保险人应成立地区性工作小组。适用第十篇第九十四条第二至四项规定。

（二）长期照护保险人与小区居家及住院型社会照护机关共同合作，以协助照护需求者。特别是保证第七 a 条规定的团体照护、治疗照护、医师的医疗、特别止痛的给予与预防给付、医学复健及家务照料等照护咨询。此外，长期照护保险人亦依第九十二 b 条，使用整体提供方式，开业医师到合作的照护机构出诊适用第五篇第一一九 b 条规定，以保障对照护需求者的居家、专业、牙医照护的提供。

第十三条　长期照护保险给付与其他社会给付的关系

（一）赔偿给付在下列情形优先于长期照护给付：照护需求依《联邦抚恤法》及其相关法律规定，照护需求源自法定职灾保险。

（二）第五篇第三十七条居家疾病照护给付，不在此限。

（三）长期照护给付优先于下列照护的救济给付：依第十二篇规定，依据《战争损害赔偿法》或《难民扶助法》规定，依《联邦抚恤法》的战争被害人保护，适用该法的相关法律规定。若长期照护给付未被提供，或此法规定的给付优于长期照护给付时，则该等给付优先于长期照护给付。

（四）如果照护给付与身心障碍者的扶助给付或第十二篇规定的持续性照护给付发生冲突时，长期照护保险人与社会救助主体应协商，一方负责给付，其他方负责偿还给付费用。

（五）依赖其他收入的社会给付或《难民给付法》的给付，不予考虑长期照护保险给付。第一款在私人长期照护保险的申请给付时适用，此私人长期照护保险的给付类型、范围与法定长期照护保险同。私人长期照护保险其他持续或补充给付排除资产调查的规定，不在此限。

（六）如果第三十七条照护津贴或等值现金给付转交给家庭照护者（第十九条），则不考虑调查家庭照护者的扶养义务和扶养请求权。此规定效力不涉及：民法第一百三十六条第三项、第一百一七十九条、第一百六十三条第二项与第一千六百一十一条第一项规定，如果家庭照护者的扶养义务可通过其收入获得满足，及其与具扶养义务的照护需求者无直系亲属关系。

第二章 给付受领权人

第十四条 照护需求的概念

（一）本法所称的照护需求，指身心疾病或障碍，在通常性、例行性的、反复的日常生活事务中可能至少六个月需显著或较高程度（第十五条）的协助。

（二）第一项所称疾病或障碍：支持与运动系统功能的丧失、瘫痪或其他功能障碍，内脏或感官器官功能障碍，中枢神经系统障碍，如运动、记忆或方向辨识障碍，及心因性精神病、神经或精神障碍。

（三）第一项所指的协助，指日常事务部分或完全执行的支持，或支持以日常事务独立自主执行为目的的说明或照管。

（四）第一项所谓通常性、例行性反复的日常事务指：洗澡、泡澡、冲澡、刷牙、梳头、刮胡、大小便等个人卫生部分，美味烹调或营养摄取等营养部分，自行起床、就寝、穿脱衣服、走路、上下楼梯等移动部分，采购、煮饭、房子打扫、清洗、洗衣等家务照料部分。

第十五条 照护需求等级

（一）照护需求者依照护等级，接受本法的照护给付：照护等级一（显著照护需求者）为个人卫生、营养摄取或身体活动部分，至少有两项日常事务每日需至少一次，家务照料扶助每周需多次扶助。照护等级二（重度照护需求者）为个人卫生、营养摄取或身体活动部分，每日不同时段需要至少三次的扶助，及每周多次的家务照料扶助。照护等级三（极重度照护需求者）为个人卫生、营养摄取或身体活动部分，日夜需要扶助且每周需要数次的家务照料扶助。一旦照护等级条件具备，即符合第四十三a条的给付提供。

（二）儿童的照护需求，以同年龄健康儿童相比较，额外设定照护需要重要性的划分标准。

（三）由家属或其他非职业性照护服务人员提供必要的基本照护给付与家务照料，每天平均的时间耗费：等级一者至少90分钟，其中基本照护至少45分钟；等级二者至少三小时，其中基本照护至少二小时；等级三者至少五小时，其中基本照护至少四小时。时间耗费的确认，需考虑必要的、与日常事务有关、特定疾病的照护措施；《社会法法典》第五篇给付的扶助需要亦同。与日常事务有关的特定疾病照护为治疗照护措施，即第十四条第四项与日常事务不可分割的治疗照护需要或与此日常事务重要的时间与实物关联者。

第十六条　授权命令

由联邦参议院发布第十四条照护需求性概念的法规命令，联邦健康部有权与联邦家庭、老年、妇女与青年部、联邦劳动社会部共同公布第十五条的照护等级与适用第三十六条第四项与第四十三条第三项的严重个案。

第十七条　照护保险人准则

（一）联邦长期照护保险人总会，在联邦健康保险人总会医事服务中心的参与下，依第十四条的照护需求性特征与第十五条照护等级的规定，公布照护需求的评估程序准则，以促进法律统一适用。联邦长期照护保险人总会应参与联邦特约医师联合会、照护职业与身心障碍联邦协会、自愿福利照护联邦工作小组、跨地域社会救助主体联邦工作小组、与联邦同级的乡镇总会、私立养老院与疗养的家联邦协会与私立小区式居家照护服务站协会。联邦长期照护保险人总会在联邦健康保险人总会医事服务中心参与下，公布准则，第三十六条第四项与第四十三条第三项的严重个案也适用。

（二）第一项的准则在联邦健康部批准后生效。如果此项准则向联邦健康部提出后，一个月内未被拒绝，视为批准；联邦健康部须在法定期限内提出拒绝。

第十八条　照护需求的确认程序

（一）长期照护保险人委托健康保险医事服务中心或其他独立的评估人员，评估照护需求条件与照护等级。健康保险医事服务中心或其他受长期照护保险人委托的独立评估人员应对申请者进行家庭访视，确认第十四条第四项所称的日常事务功能障碍的存在，以及调查受扶助需求性的种类、范围与所要求的存续期，以及依第四十五条a存在显著受限的日常生活能力。此外，如果被保险人向主管的给付主体有医学复健请求权，则该等照护需求的评估也涵盖用于消除、减轻或预防照护需求恶化的，适当、重要及可预期的医学复健给付。

（二）医事服务中心或受长期照护保险人委托的评估人员应在被保险人住所进行调查。如果被保险人就此不同意，长期照护保险人可拒绝其申请给付。第一篇第六十五条、第六十六条规定，不在此限。如果根据医学检验结果的档案就足以确认申请者的照护需求性，则对照护需求申请者的家庭访视，可为例外不进行。此项家庭访视应定期重复进行。

（三）长期照护保险人应将照护需求性确认的申请，转交于健康保险医事服务中心或受长期照护保险人委托的评估人员。长期照护保险人的决定，最迟应于申请人开始向主管的长期照护保险人提出申请的五周内，以书面通知申请者。如果申请人住院或住在住院型康复机构，且显示，有必要对其在机构内进行访视，以确定是否继续对其提供小区式居家或住院型供给与安全看视的保障，或照护人员已经依《家庭照护假法》向雇主提出照护假申请，或照护人员的雇主已依《家庭照护假法》第二条第一项与照护人员达成家庭照护假的协议，则此项照护需求性评估应即可执行，最迟于申请者提出的一周内由主管的长期照护保险人完成；此期间可通过地区性协商缩短。如果申请者在安宁病房或接受门诊止痛治疗，则缩短评估期限效力亦适用。如果申请者居住于自宅，未接受止痛治疗，且照护人员已依《家庭照护假法》向雇主提出照护假申请通知或已与雇主依《家庭照护假法》第二条第一项达成《家庭照护假》的协议，则健康保险医事服务中心或受长期照护保险人委托的评估人员，最迟应在申请者向主管的长期照护保险人提出申请后两周内完成评估，且健康保险医事服务中心或受长期照护保险人委托的评估人员应立即以书面方式通知申请者，评估人员应将就评估结果所做的建议，传达给长期照护保险人。该建议根据第三至第五款的情形仅包括确认是否存在第十四条与第十五条的照护需求。长期照护保险人应在健康保险医事服务中心或受委托的评估人员对其提出建议后，立即以书面将结果通知于申请人。申请者有权请求传递评估结果。进行此项评估，应记录申请者是否想行使此项使用权利。申请者亦可要求在时间节点前传递此项评估。

（a）长期照护保险人有义务向申请人提出至少 3 位独立评估者名单。如果依据第一项委托给独立评估者，应告知被保险人评估人员的独立性与质量。如果被保险人另外指定评估人员，则此评估费用由被保险人承担。申请人应在获知独立评估人员的名字的一周内，通知长期照护保险人，否则长期照护保险人就在剩余名单上委托 1 位评估人员。

（b）如果长期照护保险人未在申请提出的五周内给予申请的书面通知，或未遵守第三项所称的缩短评估期限，则应在期满之后，就其超过期限给付申请人每周 70 欧元。当长期照护保险人无迟误情形或申请者住在住院型照护机构，且已经很清楚至少处于照护等级一的情形时，此规定效力不涉及。此规定效力适用于私人长期照护保险公司执行私人照护义务保险。长期照护保险人与私人保险公司在第三项的期限内，在每年 3 月 31 日公布年度报告。

（四）当保险人同意时，医事服务中心或受长期照护保险人委托的评估人员应邀请其主治医师，尤其是家庭医师参与评估，并取得与照护需求评估相关的重要病史，以及扶助需求性种类、范围与时间。经被保险人同意，亦应询问照护家属或其他参与被保险人的照护工作者。

（五）长期照护保险人、健康保险人与给付提供者均有义务向健康保险医事服务中心或受长期照护保险人委托的评估人员，出示评估所需的文件、数据并提供信息。第五篇第二七六条第一项第二款、第三款规定适用。

（六）健康保险医事服务中心中受长期照护保险人委托的评估人员须立即向长期照护保险人，转达照护需求的评估结果，并根据评估结果和可能的预防和医学复健措施，建议照护等级、范围及照护计划。接受医学复健的确认须由健康保险医事服务中心或受长期照护保险人委托的评估人员另外做复健建议。如果照护需求者申请照护津贴，则须陈述说明居家照护是否妥适。

（七）医事服务中心的任务，通过医师与照护专业人员和其他适当专业人员的紧密合作实现。儿童照护需求的评估须由健康与儿童疾病照护服务员或小儿科医师担任评估人员进行。医事服务中心须提供不属于其的照护专业人员或其他适当专业照护需求者必要的个人资料。第一款至第三款的规定，对其他独立的评估人员适用。

第十八条 a   复健建议的传达，报告义务

（一）长期照护保险人至少应将照护需求评估结果通知给由医事服务中心或受长期照护保险人委托的评估人员，另外提出的复健建议传达给申请人，同时全面性和合理地指出此医学复健应执行至何种程度。

（二）长期照护保险人自 2013 年至 2015 年，在每个会计年度报告由医事服务中心或受长期照护保险人委托的评估人员所建议的医学复健。须记录的项目包括：医事服务中心或受长期照护保险人委托的评估人员在照护需求评估结果里，所做的医学复健给付建议的数目；申请者依本法第三十一条第三项和第九篇第十四条向主管的复健主体提出申请的数目；主管的复健主体许可与拒绝给付的数目，包括拒绝的原因与申诉的数目；已执行医学复健措施的数目。记录事项截止日期为向联邦长期照护保险人总会提供年度报告的下一年的 3 月 31 日止。关于记录程序的细节与内容，由联邦长期照护保险人总会与联邦健康部共同制定。

第十八条 b   评估程序的服务给付须知

第十九条   照护人员概念

本法所称的照护人员指，在居家照顾第十四条中的非营利性照护者。如果其对一位或数位照护需求者提供至少每周 14 小时照护，依第四十四条规定享有社会安全给付。

第十九条   照护人员概念

第三章   给付

第三十三条   给付的前提要件

（一）被保险人基于申请而取得长期照护保险给付，此项给付的提供始于申请提出时。如果在照护需求发生后的一个月提出申请，则给付的提供始于申请提出当月月初。

（二）给付请求权存在于：

自 1996 年 1 月 1 日至 12 月 31 日，被保险人在提出申请前至少 1 年成为被保险人；自 1997 年 1 月 1 日至 12 月 31 日，被保险人在提出申请前至少 2 年成为被保险人；自 1998 年 1 月 1 日至 12 月 31 日，被保险人提出申请前至少 3 年成为被保险人；自 1999 年 1 月 1 日至 12 月 31 日，被保险人提出申请前至少 4 年成为被保险人；自 2000 年 1 月 1 日至 2008 年 6 月 30 日，被保险人提出申请前 10 年至少 5 年成为被保险人；自 2008 年 7 月 1 日起，被保险人提出申请前 10 年至少 2 年，已为被保险人或依第二十五条规定成为被保险人。第二十六条第二项继续参保须一并考虑第一款保险期间的调查，如果一方父母已履行先行保险期间，效力亦适用被保险的子女。

（三）脱离私人长期照护保险而属于法定长期照护的被保险人，其依第二款的保险期间合并计算。

（四）删除。

第三十七条　自觅照护人力的照护津贴

（一）照护需求者可申请以现金给付或照护津贴取代居家照护实物给付与协助。此项请求权的前提为，照护需求者须确保以照护津贴方式亦可获得适当的基础护理与家务照料。此项照护津贴数额为：

（1）照护等级一者：自 2008 年 7 月 1 日起，215 欧元；自 2010 年 1 月 1 日起，225 欧元；自 2012 年 1 月 1 日起，235 欧元。

（2）照护等级二者：自 2008 年 7 月 1 日起，420 欧元；自 2010 年 1 月 1 日起，430 欧元；自 2012 年 1 月 1 日起，440 欧元。

（3）照护等级三者：自 2008 年 7 月 1 日起，675 欧元；自 2010 年 1 月 1 日起，685 欧元；自 2012 年 1 月 1 日起，700 欧元。

（二）如果第一款为非全月申请，则现金给付要减少；一个月是以 30 日计算，照护津贴支付至照护需求者死亡当月末日，处于第四十二条所定的短期照护和第三十九条所定的每年四周喘息照护期间，可领取一半的现金给付。照护需求者死亡后，照护津贴应以转账方式支付，第六篇第一一八条第三、四款规定适用。

（三）依第一款领取照护津贴的照护需求者，应定期邀请非自己所雇用的立案登记照护机构所属的、或第七项邦照护保险人协会认可或委托的专业照护人员，到宅提供咨询、指导，照护等级一和二为每半年一次，照护等级三为一季一次。此项指导提供居家照护质量维护、定期协助申请与居家照护等专业支持，咨询指导费用由照护保险人、私人保险公司或补助机构支付，照护等级一和二的最高支付额度为21欧元，等级三为31欧元。依第四十五a条确定有显著照管需要的照护需求者，有权在第一款规定的时间内提出两次咨询费用请求。依第四十五a条有明显照顾需求但未具备照护等级一的全部条件者，可半年请求一次咨询；该咨询费用适用第四款照护等级一与二的规定。

（四）照护服务站、被认可的咨询单位与受委托的照护服务人员，须向照护保险人、私人照护保险公司确认或经照护需求者同意后，告知照护保险人、私人照护保险公司，其在咨商中获得的关于照护需求者居家照护改善的情况，也要告知主管的补助机关。联邦照护保险人总会与私人保险公司就此项告知提供统一表格。受委托的照护服务站与咨询者，须明确设置照护服务人员在居家咨询访问、提供疾病与身心障碍特殊专业知识与照护需求者的照护需要，以及使用特殊的咨询权限。上述咨询访问应尽可能由同一专业照护人员负责并长期执行。

（五）联邦照护保险人总会、私人健康保险协会与联邦同级的小区式照护机构主体，在联邦健康保险人总会医事服务中心的参与下，共同签订促进第三项咨询访问质量的协议。此项协议亦适用于被认可的咨询单位。

（六）如果照护需求者违背第三项，照护保险人或私人保险公司应减少其照护津贴，如果一再违反，则停止发给。

（七）邦照护保险人协会须中立且独立认可咨询单位执行第三项、第四项的咨询。咨询单位重要照护专业权限证明和咨询提议质量维护计划，在提出确认申请时须一并附上。

（八）照护咨询师的执行与咨询费用。

第三十八条　现金给付与实物给付的组合

如果照护需求者请求第三十六条第三项、第四项部分实物给付，则其也获得第三十七条的部分照护津贴，照护津贴在照护需求者提出实物给付请求后依百分比扣减。照护津贴与实物给付的比例，由照护需求者自行决定，该决定以6个月为限。在第四十二条所定的短期照护与第三十九条照护服务人员无法照护的每年最高四周的情况时，从短期照护或照护人员无法照护开始，现金给付最高可提供一半。照护需求者居住在第四十三条的住宿型机构时，有权请求在这段期间使用居家照护的未被缩减的现金给付。

第三十九条　照护服务人员无法照护时的居家照护

如果照护服务人员因休假、生病或其他原因无法进行照护工作，照护保险人须承担每年最长四周必要的替代照护；第三十四条第二项第一款规定，不适用。前提为照护服务人员在第一次无法提供照护前，须对照护需求者已至少进行 6 个月照护。当替代给付通过照护人员进行，且该替代给付者与照护需求者非属二代内血亲或姻亲，且非同住，照护保险人所支出的费用，自 2008 年 7 月 1 日起，每年最高为 1470 欧元，2010 年 1 月 1 日起，每年最高为 1510 欧元，2012 年 1 月 1 日起，每年最高为 1550 欧元。如果进行替代给付的照护服务人员为照护需求者的二代内血亲或姻亲，或与其同住，则照护保险人所支出的费用不得超过第三十七条第一项的照护津贴费用，除非照护服务人员因该替代照护停止工作。与照护需求者是二代内血亲或姻亲，或其同住的替代照护服务人员，其照护津贴给付数额的领取，须向照护保险人提供照护相关重要费用的证明。照护保险人依第四款与第五款规定支付的费用，不得超过第三款规定的数额。

第四十条　辅具照护与住宅环境的改善

（一）照护需求者有权请求照护辅具，以便利照护工作的进行、减轻照护需求者疼痛。照护保险人在专业照护服务人员、医事服务中心的共同参与下，审核此项申请照护辅具的照顾重要性。如果被保险人自行决定使用超越重要性比例的辅具设备，须自行负担超过比例部分费用则。第三十三条第六项、第七项规定适用。

（二）照护保险人消费性照护辅具的支出每月不得超过 31 欧元。此项给付亦可以以费用偿还方式进行。

（三）照护保险人应优先以借用方式提供工具性照护辅具，并要求照护需求者熟悉辅具、自行学习或使照护服务人员学习使用辅具。此项请求亦包含照护辅具必要的改进、维修与代用品的取得。满 18 岁的被保险人，需自行负担 10% 的自负额，但每件辅具最高不超过 25 欧元。为协助特殊个案，照护保险人须依第五篇第六十二条第一项第一、二、六款及第二项、第三项规定，全部或部分免除其自负额。适用第五篇第六十二条或前述第四款规定的被保险人，其亦无须负担本法的自负额。如果被保险人无正当理由拒绝以借用方式取得照护辅具，则须自行负担全部费用。

（四）照护保险人提供支持性补助，以使个案居家环境获得改善，例如，对提供居家工具性照护辅具、便利个案居家照护、使其症状明显减轻或帮助其独立生活。此项补助额度依所采取的措施与个案收入而定，每项措施最高不得超过 2557 欧元。如果多位照护需求者共同居住，则每一照护需求者所领取的改善住屋补助，不得超过 2557 欧元。第三款的每项措施总额最高为 10228 欧元，且于超过四位请求权人时，向保险人分摊请求权。

（五）联邦健康部有权通过联邦家庭部、联邦劳动社会部与联邦参议院同意的法规命令，确定长期照护保险里得提供的照护辅具与工具性协助。

第四十二条　短期照护

如果一时不能、尚不能或不能在必要范围内提供居家照护，且部分式机构照护不充足，照护需求者可在全日住院式机构内请求短期照护。在以下情形亦有效力：照护需求者住院治疗后的过度期，或暂时的居家照护或部分式机构照护不可能或不充分时的其他紧急情况。

第四十三条　住宿型照护机构的给付内容

（一）当居家照护、部分式机构照护给付不可能或因个案的特殊性不被考虑时，照护需求者方可请求全机构式照护给付。

（二）照护保险人在第二款限制的费用范围内，负担照护需求者在全机构式照护机构的社会照顾与医学治疗费用。此项费用为：照护等级一的照护需求者为每月 1023 欧元；照护等级二的照护需求者为每月 1279 欧元；照护等级三的照护需求者自 2008 年 7 月 1 日起为每月 1470 欧元，自 2010 年 1 月 1 日起为每月 1510 欧元；自 2010 年 1 月 1 日起为每月 1550 欧元；特别严重的特殊个案自 2008 年 7 月 1 日起为 1750 欧元，自 2010 年 1 月 1 日起，为 1825 欧元，自 2012 年 1 月 1 日起，为 1918 欧元。

此项由照护保险人依第三十条负担的金额，不得超过第八十二条第三项与第四项照护费率、住院费、伙食费、可预计的投资费总合的75%。

（四）照护费用特别沉重、症状远严重于照护等级三者，如植物人、失智症或癌症末期的特殊个案，照护保险人依第二项第二款负担社会照顾与医学治疗给付的总费用。第一款的例外规定，不得超过接受全机构式照护服务的照护等级三被保险人总数的 5%。联邦照护保险人总会监督照护保险人是否遵守此项最高额规定，且在必要时采取相当措施。

（五）如果照护需求者选择全机构式照护，虽照护保险人认为该选择非必要，其仍依据第三十六条第三项根据护等级获得最高额补助。

（六）照护需求者暂时离开疗养机构，属于第八十七 a 条第一项第五、六款规定，即获得全机构式照护给付。

第四十三条 a　协助身障者的住宿型机构的给付内容

对于处于以协助就业、融入社会、教养与学校教育为宗旨的全机构式身心障碍者扶助机构的照护需求者，照护保险人负担第四十三条第二项费用与第十二篇第七十五条第三项协议的疗养院费用 10%。照护保险人此项负担每年不得超过 256 欧元。如果照护需求者在家接受数日照护，请求部分照护津贴，则出发日与返回机构日均以居家照护的全日计算。

第五章　组织

第一节　长期照护保险主体

第四十六条　长期照护保险人

（一）长期照护保险人为长期照护保险的主体，依附于健康保险人而建立。作为健康保险主体的德国矿业—铁路—海员年金保险对其被保险人亦执行长期照护保险。

（二）长期照护保险人为具有自治行政的法律能力的公法人。长期照护保险人的组织亦为健康保险人的组织，并依附其而建立。长期照护保险人中的工作者，其雇主为长期照护保险人所依附的健康保险人。

（三）行政费用包括健康保险人基于本法产生的人事费用，该费用占长期照护保险人报销给付费用与保费收入平均值的 3.5%；同时，对个别健康保险人依据第七 a 条第四项第五款与第十八条第三项 b 的报销，应降低至费用支出的 50%。第一款用以偿还健康保险人行政费用的总额，须根据健康保险人的实际支出进行分配，联邦长期照护保险人总会规定分配细节。此外，长期照护保险人负担健康保险医事服务中心 50% 支出。如果雇主依第五篇第一四七条第二项规定负担企业健康保险人的人事费用，则由长期照护保险人偿还的企业健康保险人的人事行政费用须转交给雇主。

（四）如果第三项第六款的行政支出审查完成，联邦健康部通过联邦参议院通过的法规命令授权，有权规定行政费用偿还的细节与新政费用偿还额度。

（五）第五篇第一百四十三条至第一百七十二条关于健康保险人协会、解散与结束规定，适用于其附属的长期照护保险人。

（六）长期照护保险人的监督由主管健康保险人的监督机关执行。联邦保险局与邦社会保险最高行政机关，至少每五年对其监督的长期照护保险人的业务、账目和经营管理进行审查。联邦健康部可委托公法上的审查机构，独立审查各邦社会保险最高行政主管机关的联邦长期照护保险人与邦长期照护保险人。该项检查涉及整体业务，包括合法性与经济性审查。长期照护保险人须出示所有审查所必须的书面证明与指导资料。第五篇第二七四条第二项与第三项规定，适用。

第四十七条　章程

（一）章程应包括：长期照护保险人的名称与所在地，长期照护保险人的行政区与成员范围，组织的权利与义务，代表人会议决定的类型，当其履行照护保险的任务时，对组织成员补偿的计算，经营管理、账目与年度会计等的年度审查，异议提出的机构，其组成与所在地，宣告的种类。

（二）略

（三）章程与章程的变更，应获监督机关批准。

第二节　权限、会员

第四十八条　健康保险人的被保险人与其他被保险人的管辖权

（一）依附于健康保险人而设立的长期照护保险人，有权对投保义务成员或自愿投保成员执行长期照护保险。长期照护保险人对第二十五条眷属保险被保险人亦有管辖权。

（二）依附于健康保险人设立的长期照护保险人，对第二十一条中被保险人的疾病有权委托健康保险人提供给付。如果健康保险人未受委托，则被保险人得依第三项规定，选择长期照护保险人。

（三）第二十一条被保险人可在不同的长期照护保险人中，选择其成员资格，长期照护保险人为：当被保险人参加法定健康保险时，依附于健康保险人成立；依附于住所地或居所地的地区健康保险人而成立；如果被保险人选择补充保险人并成为其成员时，附随于补充保险人而成立。

自 1996 年 1 月 1 日起，如果被保险人参加法定健康保险，得依第五篇第一百七十三条第二项规定，附随于健康保险人成立的长期照护保险人，选择成员资格。

第四十九条　成员

（一）长期照护保险人的成员资格，开始于第二十条或第二十一条出示的条件当日。结束于成员死亡日或第二十条、第二十一条条件消除，或未执行第二十六条续保权利时。第五篇第一百八十六条第十一项与第一百九十条第十三项规定，于第二十条第一项被保险人适用。

（二）第五篇第一百八十九条、第一百九十二条与《农民健康保险法》第二法第二十五条规定，在成员资格的继续存在情况下适用。

（三）第二十六条与第二十六 a 条自愿投保被保险人的成员资格结束于：该成员死亡；成员退出保险关系后二个月。

第四节　协会任务的履行

第五十二条　邦等级的任务

（一）区域健康保险人、企业健康保险人与手工业同业公会的邦协会、德国矿业—铁路—海员年金保险、《农民健康保险法》第三十六条的邦经济健康保险人协会与补充保险人，履行邦长期照护保险人协会的任务。适用第五篇第二百一十 a 条与第二百一十二条第五项规定。

（二）第五篇第二百一十一条，关于第一项邦协会任务，适用。

（三）第五篇第二百零八条规定，关于第一项邦协会任务的监督，适用。

（四）如果邦长期照护保险人协会履行本法任务，则依第一项规定进行。

第五十三条　联邦等级的任务

联邦健康保险人总会执行联邦长期照护保险人总会的任务。第五篇第二百一十七条b、第二百一十七条d与第二百一十七条规定，适用。

第五十三条a：医事服务中心的合作

（一）联邦照护保险人总会在下列范围，宣布法定长期照护保险准则；

（二）关于照护保险人与医事服务中心的合作；

（三）统一评估的执行与保障；

（四）关于由医事服务中心转达的消息与统计数据；

（五）评估与咨询的质量维护，及质量审查执行程序与质量审查的质量保障；

（六）进阶教育与进修的基本原理。

此项准则须经联邦健康部同意，且对医事服务中心具拘束力。

第五十三条b　长期照护保险对其他独立评估人员的委托

（一）联邦长期照护保险人总会在2013年3月31日应公布长期照护保险人与其他独立评估人员，确定照护需求性评估程序的共同合作的统一性法律适用准则。此项准则对长期照护保险人具拘束力。

（二）此准则应特别规定：对质量与独立评估人员的要求；此项由长期照护保险人委托独立的评估人员进行的确认照护需求与照护等级的归类的程序，应与健康保险医事服务中心执行的程序相同；确保评估程序中的服务给付须知；医事服务中心的质量程序，由长期照护保险人所委托的评估人员。

（3）此准则须经联邦健康部批准。

第六章　财源

第一节　保险费

第五十四条　基本原则

（一）长期照护保险资金来自保险费与其他收入。

（二）保费位百分率（保费费率），根据投保成员的收入至投保金额上限（第55条）征收。如果本法无特别规定，则保费根据成员资格的存续日数支付，一周以 7 日计算，一个月以 30 日计算，一年以 360 日计算。

（三）第五篇第十二章规定，适用。

第五十五条　保费费率、投保金额上限

（一）联邦统一的保险费率为投保工资的 2.05%；该项费率须通过法律确定。适用第二十八条第二项规定的成员，其保费费率为 1.025%。

（二）投保工资每日最高为第五篇第六条第七项所确定的年工作收入上限的 1/360（投保金额上限）。

（三）满二十三岁成员，第一项第一句与第二句保险费费率依月份而提高，该附加保险费率为 0.25%（即对无子女的保费附加费）。如果因其他原因无法被确定为父母，则须提出其向照护保险人缴纳保费的证明。联邦照护保险人总会则提供建议，何为适当的证明。如果在子女出生后 3 个月内提出证明，则以子女出生月为提出证明的月份，反之，该证明自提出证明当月起生效。2005 年 1 月 1 日以前出生的子女证明，如果在 2005 年 6 月 30 日提出，自 2005 年 1 月 1 日起生效。该项规定效力不涉及 1940 年 1 月 1 日以前出生的成员、消防队员、替代役者与受领失业给付者。

第七章　照护保险人与给付提供者的关系

第七十一条　照护机构

（一）本法所称的小区式居家照护机构（照护服务站），为独立自主的经济性机构，由常驻的受有专业训练的照护人员在照护需求者家中照顾照护需求者，并提供家务照顾服务。

（二）本法所称的全住宿型照护机构（养护之家），为独立自主的经济性机构，在其内照护需求者由经过专业训练的照护人员照顾，全天（全住宿型）、白天或晚上（部分住宿型）接受照顾。

（三）第一项与第二项所称受有照护专业训练的照护人员，指的是健康与疾病照护人员，健康与儿童疾病照护人员，或老人照护人员中，除教育外且拥有8年内至少两年以上实务工作经验者。在以照顾身心障碍者为主的小区的居家照护机构中，只要依邦法律受过培训的医疗卫生照护人员或医疗卫生教育者，其在最近8年内有两年实务工作经验，视为受过照护专业训练的照护人员。第一项与第二项期间的计算，自常驻照护人员在该机构工作起往前推算八年。

（四）第二项所称的照护机构不包括，设置目的为向病人或失能者提供医疗预护、医疗复健、复归工作生活或共同生活的给付，抑或学校教育及训练的全住宿型机构，医院。

第七十五条　照护提供的框架协议、联邦建议与协商

（一）长期照护保险人邦联合会在健康保险医事服务中心、各邦私人健康保险联合会的共同参与下，与各邦小区居家服务式或机构住宿式照护机构主体签订统一的框架协议，以确保向被保险人提供实用与经济的照护供给。在小区居家服务式照护的框架协议、机构住宿式照护的框架协议中，跨地域社会救助主体与地区性社会救助主体的工作小组，应以契约当事人地位参与契约的签订。框架协议对长期照护保险人与国内经许可的照护机构直接具拘束力。

（二）此项契约特别规定：

（1）照护给付内容，及在机构式照护中一般照护给付、食宿给付与附加给付三者的区别；

（2）照护的一般条款，包括费用承担、酬劳结算与其必要的证明和报告；

（3）照护机构经济的、与给付有关的，且提供任务取向的人员配置比例与原则；

（4）必要性审查与照护假的期间；

（5）照护需求者暂时离院时支付额度的核减；

（6）医事服务中心与其他保险人所委任的检查人员进入照护机构的权利；

（7）经济性审查的程序原则与审查原则；

（8）为保障照护给付提供的可及性，确定照护机构服务区域；

（9）自我协助团体成员、志愿照护服务人员与其他市民志愿者，以及居家照护和小区式居家服务处与机构住宿式照护机构里的组织，可参与照料照护需求者。

居住于养护之家者，其依第五篇第三十三条的辅具提供请求权既不取消亦不受限制。

（三）德国应参考其他已试验或有成效的国际经验，实施全邦应统一个人需求调查程序、照护假的安排、个人化标准值。

（四）略

（五）略

（六）联邦长期照护保险人总会与照护机构主体联邦层级联合会，应在健康保险医事服务中心、私人健康保险联合会以及独立专家参与下，与联邦乡镇总会联合会、跨地域社会救助主体联邦工作小组共同对第一项对框架协议内容做出建议。同时，须与照护业者联合会、身心障碍者与照护需求者联合会密切合作。

（七）联邦长期照护保险人总会、跨地域社会救助主体联邦工作小组、联邦乡镇总会联合会与联邦同级的照护机构主体联合会，对小区式居家照护服务处与机构住宿式照护机构规章制度的照护簿记，应协商形成统一。

第八章　照护支付

第九十二条 c　照护据点

（一）如果邦最高主管机关决定，则照护保险人与健康保险人须设立照护据点，以为被保险人提供就近性的咨询、照顾与照管。此照护据点机构应在邦最高机关决定后的六个月内设置。

（二）照护据点的任务为：提供社会法法典、联邦和邦法律规定的社会给付要求、其他扶助所提供的权利义务相关的就近性答复与咨询，协调给付需要，网络化已决定的照护与社会照顾和照管供应。

照护保险人应鼓励下列主体参与照护据点：依邦法律对区域性老人协助范围内的近地性照管与第十二篇提供照护救助的决定性机关，全国性获得认许与执业的照护机构，全国性的执业的私人健康保险与长期照护保险公司。也可将自助团体成员、社工和其他组织，安置在照护据点内工作，对照护工作有兴趣的教会与其他宗教和社会主体及组织，也可参与照护据点。

（三）略

（四）考虑到照护据点设置不当可能引致照护机构间不良竞争障碍，照护据点须在全国经认许并执业的照护机构内设置。照护据点营运的必要费用的分担，不得超过附随于健康保险人设立的个别照护保险人应分担部份。如果同时执行长期照护保险的私人保险公司未提供照护据点费用，其须与照护据点主体就照护据点需要的种类、内容与范围，按照私人照护被保险人每一事件的酬劳，根据协商费用费用偿付。

（五）对于以照护保险人与健康保险人为共同主体，和依邦法律规定的机关为基础而存在的照护据点，其设置的资金，至 2011 年 6 月 30 日，根据每一照护据点的需求，补助费最高为 45000 欧元；此需求亦包括照护据点的开办费用。如果自助团体成员、社工和其他组织，长期在照护据点内工作，根据此需求，赞助费用提高 5000 欧元。此需求、申请补助款项、支付现款计划与支付受领人则由照护据点主体，在其赞助申请范围内，通知联邦照护保险人总会。联邦保险局根据联邦照护保险人总会关于支付现款条件审查通知途径，支付此赞助资金于支付受领人。申请机关最迟须于前次支付的后一年，向联邦照护保险人总会出示赞助资金合理性使用的证明。

（六）联邦保险局在每一邦从长期照护保险平准基金提取最高总额6000万欧元，为赞助资金。赞助资金的使用与支付程序细节，由联邦保险局与联邦照护保险人总会通过协商规定。

（七）略。

（八）略

（九）略

第十一章　质量维护，保护照护需求者的其他规定

第一百一十二条　质量责任

（一）照护机构主体在不损害长期照护保险人（第六十九条）的委托情况下，对该机构所提供的给付质量，承担维护与改善责任。

（二）经许可的照护机构，有义务执行依第一百一十三条协商的准则进行的质量维护与质量管理，使用第一百一十三 a 条的专家标准，并对第一百一十四条的质量审查提供协助。在机构宿式照护中，质量维护除一般照护给付外，亦延伸于医疗照护、社会性安全看视、食宿给付（第八十七条）与其他附加给付（第八十八条）。

（三）健康保险医事服务中心与私人健康保险联合会审查照护机构，及时防止质量缺乏问题，以强化照护机构个别责任，强化其主体对照护质量的维护与改善。

第一百一十三条　照护质量维护与改善的原则与准则

（一）联邦照护保险人总会、跨地域社会救助主体联邦工作小组、联邦乡镇总会联合会与联邦同级的照护机构主体联合会，在 2009 年 3 月 31 日之前，在联邦健康保险人总会医事服务中心、私人健康保险联合会、与联邦同级照护职业联合会、履行利益的决定性组织、照护需求者与身心障

碍者自助组织和独立专家的共同参与下，制订小区居家式与机构住宿式照护质量检查与维护的准则与原则。

此协商应在联邦公告公布，并自公布的次月首日生效，且对所有长期照护保险人及其联合会与经许可的照护机构，直接发生效力。协商内容应特别规定如下条件：符合实务、支持照护过程与通过照护文件促进照护质量，该照护文件不得逾越对照护机构正当又经济的尺度；与其可靠性、独立性与资格相关的第一百一十四条第四项的专家与审核机构；要求第一百一十四条第四项证明程序与审核程序方法上的可靠性，其须符合联邦照护保险人总会所制定的关于照护机构内所提供的给付与质量审查准则；在住宿式范围达到结果质量可比较的量度与表达的支持指针性程序，在内部质量管理的框架内提出结构性数据，以使质量报告赔偿与外部质量审查成为可能。

（二）协商期或终止期限到期后，该协商继续有效至下一新协商订定。

（三）如果第一项的协商在契约当事人已以书面完成协商后6个月内全部或部分未实现，契约一方当事人或联邦健康部得依第一百一十三b条申请仲裁。仲裁机关于3个月内，以成员多数决确定协商内容。

第一百一十三条a 维护与改善照护质量的专家标准

（一）为实现照护质量的维护与改善，第一百一十三条契约当事人须确保专业上可靠和专业一致的专家标准的更新。专家标准有助于各该领域一般公认医护专业知识的具体化。联邦健康保险医事服务中心总会、私人健康保险联合会、与联邦同级照护职业联合会、履行利益的决定性组织、照护需求者与身心障碍者自助组织和独立专家均应参与。其应建议制定何种专家标准。更新的委任与专家标准的介绍，均通过契约当事人的决议进行。如果此决议未完成，任一方当事人与联邦健康部取得联邦家庭、老年、妇女和青年部同意，可申请第一百一十三b条的仲裁。

（二）契约当事人须确保专家标准的更新，使得照护专业质量及程序更加透明。专家标准发展的条件应在程序规则内规定。程序规则应确定的基本原则为，专业可靠性与独立性、发展步骤、专业协调步调、临床试验步骤与专家标准模型转换，及程序透明。此程序规则须获联邦健康部与联邦家庭、老年、妇女和青年部讨论后同意。如果程序规则的意见2008年9

月 30 日未完成，则由联邦健康部与联邦家庭、老年、妇女和青年部讨论后确定。

（三）专家标准应公布于联邦布告栏，并对所有照护保险人及其联合会与经许可的照护机构直接产生效力。契约当事人于临床上支持专家标准的介绍。

（四）专家标准更新的费用，由联邦照护保险人总会负担。经营私人长期照护保险的私人保险公司，负担此费用的 10%。私人保险公司分担的财源部份，得由私人健康保险联合会直接缴交给联邦照护保险人总会。

第一百一十三条 b 仲裁机构的质量维护

（一）第一百一十三条契约当事人至 2008 年 9 月 30 日止须共同建立质量维护仲裁机构。此仲裁机构依本法对其所分配的案件作决定。对仲裁决定不服，须向社会法院提起救济。先行程序无须进行；对仲裁决定所提起的诉讼不生延迟效果。

（二）仲裁机构由联邦照护保险人总会代表和与联邦同级的照护机构主体联合会代表组成，包括 1 位中立主席与其他 2 位成员。此中立成员及其代表由契约当事人共同推举产生。如果协调不成，该中立的成员与主席至 2008 年 10 月 31 日由联邦社会法院院长聘任。跨地域社会救助主体工作小组代表与乡镇总会协会代表也属于此仲裁机构；并计入依联邦乡镇保险人总会代表数。私人健康保险协会代表亦属于仲裁机构，亦计入依联邦乡镇保险人总会代表数。照护职业协会代表属于仲裁机构，但计入照护机构主体联合会代表数。如果参与的组织至 2008 年 9 月 30 未推举成员，则仲裁机构由联邦社会法院聘任的三位中立成员组成。

（三）第一百一十三条契约当事人依议事规则协商人数、推举、任期、治理、现金费用的补偿、仲裁机构成员时间花费的补偿与费用分担等细节。如果此议事规则至 2008 年 9 月 30 日未完成，其内容则由联邦健康部规定。仲裁机构的决定须于 3 个月内以多数票通过产生；其余则适用第七十六条第三项规定。

（四）对仲裁机构的法律监督，由联邦健康部执行。其亦得将此法律监督全部或一部、永远或暂时转交由联邦保险局进行。

第一百一十四条 质量审查

（一）为实施质量审查，长期照护保险人邦联合会与私人健康保险慎审服务联合会，须在一年内接受 10% 的审查委托与指定的专家范围内的分配审查。

分配审查任务给健康保险医事服务中心或由邦照护保险人协会指定的专家。此项审查委任包括审查种类、审查对象与审查范围。审查分为常规审查、特殊审查与重复审查。照护机构应使审查有规律地实施。全住院型照护机构自 2014 年 1 月 1 日起有义务直接依常规审查告知长期照护保险人邦联合会关于机构内医师、专科医师、牙医师所提供的服务，以及药品供给等相关信息，尤其应包括合作契约的内容与签订，或机构在医师网络的联系，与药师的协商。与医师、专科医师、牙医师的服务提供，以及药品供给相关的基本变动情形，须在 4 周内向长期照护保险人邦联合会申报。

（二）长期照护保险人邦联合会公布，至 2010 年 12 月 31 日经许可的照护机关至少一次且自 2011 年起，每年一次由健康保险医事服务中心、私人健康保险审查联合会或长期照护保险人邦联合会指定的专家审查（常规审查）。审查者是否履行本法规定的质量条件与已签订的契约协商原理。常规审查特别包括照护情形的基本观点，以及照护和安全看视措施的实用性（结果质量）。其亦涉及给付提供的过程、执行与改革（程序质量）与给付提供的框架要件（结构质量）。常规审查为针对一般性给付提供的质量、医学治疗照护、社会性安全看视，包括附加的安全看视第八十七 b 条的活化作用、食宿给付（第八十七条）、附加给付（第八十八条）与第五篇第三十七条居家疾病照护的给付。其亦涉及给付的结算。须审查照护需求者所提供的照顾给付是否符合委员会对《传染病防制法》第二十三条第二项预防传染与医院卫生的建议。

（三）长期照护保险人邦联合会须在常规审查前，与依疗养院法而有权限的监督机，就共同工作的范围进行商定，须兼顾本法的质量条件与监督机关究审查部分所签订的契约协商原理，抑或依邦法律所执行的审查程序。对此，须进行长期照护保险人邦联合会与与依疗养院法而有权限的监督机关，以及监督机关后续的审查程序间的协商。为避免重复审查，长期照护保险人邦联合会在下列情形，须以适当的方式缩小常规审查的审查范围：如果距上次审查时间少于九个月；如果根据审查专业标准所生的审查结果与常规审查的审查结果相同；如果由照护机构所提供的给付及其质量，尤其是与结果质量和生活质量相关的质量，依据第一百一十五条第一a项进行公布；照护机构要求降低审查义务的规定。

（四）如果由照护机构或机构主体促成的审查的程序质量与结构质量结果，呈送给长期照护保险人邦联合会，则长期照护保险人邦联合会应以适当方法缩小常规审查范围。其前提为：该呈现的审查结果，依据长期照护保险人邦联合会对照护质量测量与评价所承认的程序，由独立专家或审查机构依据第一百一十三条第一项确定的条件执行，且此项审查距上次审查及依第一百一十五条第一a项所公布的质量结果不超过一年。质量结果的审查须由健康保险医事服务中心或私人健康保险审查服务处执行。

（五）关于特殊审查，审查委任一般源自每个审查动机，包括以结果质量为重点做完整的审查。重复审查则与之前已执行的常规审查或特殊审查有关，其由长期照护保险人邦联合会以照护机构的费用进行，以审查是否此已确定的质量瑕疵得通过第一百一十五条第二项规定的措施而排除。如果已采取照护质量的基本观点，且对照护机构的补充审查无影响，则由长期照护保险人邦联合会所进行的重复审查。在重复审查的情形下形成的费用，仅为额外与确实产生的费用，不包括非属重复审查的行政与预备费用。

第一百一十四条a　质量审查的执行

（一）健康保险医事服务中心、私人健康保险联合会审查协会与由长期照护保险人邦联合会指定的专家，在审查委托范围内，依第一百一十四条，有权亦有义务对该地或机构进行审查，审查此经许可的照护机构是否履行本法的给付与质量条件。住院型照护机构的审查，基本上不提前通知，即可进行。小区式居家照护服务站的质量审查，须于前一天通知。健康保险医事服务中心、私人健康保险联合会审查协会与长期照护保险人邦联合会指定的专家，在质量审查范围内商讨照护机构质量维护问题。第一百一十二条第三项适用。

（二）健康保险医事服务中心、私人健康保险联合会审查协会与长期照护保险人邦联合会指定的专家，有权对部分住宿式和全日住宿式照护机构，以质量维护的目的，进入照护疗养机构，进行审查与访视，同时访问照护需求者、家属、有权的代理人、照顾者及员工和院民的利益代理人等相关人员。夜间审查与访视仅限于质量维护目的无法于白天达成，方可进行。如果为维护公共安全与秩序，避免紧急危害发生，寝室固然属于院民居住权，亦可不经其同意而进入；《基本法》（《基本法》第十三条第一项）所规定的不得无故侵入住宅的基本权利规定，在此受限制。健康保险医事服务中心与长期照护保险人邦联合会指定的专家于小区居家式照护，有权于照护需求者的同意下，于该住宅审查照护服务给付。如果此审查不因此而有延误，则健康保险医事服务中心与私人健康保险联合会审查服务协会应使依疗养院法而有权的监督机关参与此项审查。

（三）此项审查亦包括对照护需求者健康与照护情形的视察。不论照护需求者或照护机构员工、照顾者、家属、养护之家院民的《疗养院法》上的利益代理人成员，同时都须被询问。关于照护质量的评定，亦须考虑照护文书、照护需求者的视察、机构员工的询问与照护需求者、其家属与有权限的代理人。检查与询问的参与为自由参加；拒绝亦可。以提出审查报告为目的所进行照护需求者的视察、询问及因此而与之相关的照护需求者个人资料的提出、处理与使用，须经照护需求者同意。照护文件的审视、对照护需求者的视察与有权询问者的询问，以及与照护需其者有关的个人资料的提出、处理与使用，须基于制作审查报告的目的，经照护需求者当事人的同意，方可进行。

第二、三项的同意须于证书内或以其他适当的方法，指出声明者，或以书面方式并通过签名或其他可辨识的方式形成。如果照护需求者无同意能力，则征求对此有权利者的同意。

（四）照护保险人或其联合会代表、主管的社会救助主体代表及私人健康保险联合会，须依第一至三项参与审查。照护机构主体得要求联合会成员（主体联合会）的一依第一至三项的参与审查。当此审查的执行可能延迟时，则排除第一句或第二句的参与。如果独立于第一至第三项个别审查权限，则有权限的健康保险医事服务中心、私人健康保险联合会审查服务协会与受邦保险人指定的专家，须参与对或许可的照护机构的审查。于此情形，其须依本法将其参与照护机构的审查限制在质量维护范围。

（五）如果私人健康保险联合会审查服务协会未超过第一百一十四条

第一项规定的审查比例，此执行私人照护义务保险的私人保险公司须参与对小区居家式与住院型照护机构的审查，并按额分配最高至该等质量审查的10%。联邦保险局再年底确认审查比例的遵守、低于或高于比例与依私人保险联合会和联邦长期照护保险人总会所得而估计的审查平均费用，以及源自因私人健康保险人审查服务联合会所执行的审查数目与第一百一十四条所称的审查比例间所存在的差额。给私人保险公司的财政补贴，每年须直接由私人健康保险人联合会通过转账方式分摊给联邦保险局，以利于长照保险收支平衡（第六十五条）。如果私人健康保险联合会于履行缴费要求后4周内证实此未超过审查比例非须由其或由其服务审查所代理，则无须承担此项由联邦保险局所提出的缴费要求。

（5a）联邦长照保险人总会与私人健康保险联合会至2011年11月31日制定由私人健康保险联合会执行的质量审查，尤其关于审查比例的尺度、受审查的照护机构的选择过程，以及质量维护措施，和由私人健康保险联合会所做的质量审查结果的统一公布等细节。

（六）健康保险医事服务中心与私人健康保险联合会审查服务协会至2011年6月30日，其后每隔3年应向联邦健康保险人总会医事服务中心报告其运用本法的咨询与审查规定的经验、质量审查结果与照护质量和质量维护的现况与发展。其须在联邦健康保险人总会医事服务中心参与下，保障所取得资料的可比较性。联邦健康保险人总会医事服务中心则整合健康保险医事服务中心、私人健康保险联合会审查服务协会的报告，以及整合其发展照护质量与质量维护的专业知识与经验，并作成报告，且于报告完成后的半年内提交给联邦照护保险人总会、联邦健康部、联邦家庭、老人、妇女与青年部和联邦劳动社会部。

（七）联邦照护保险人总会应在联邦健康保险人总会医事服务中心与私人健康保险联合会审查服务协会参与下，签署第一百一十四条关于照护机构所提供的给付与质量审查准则。亦须加入自愿福利照护联邦工作小组、联邦私人养老院与养护之家联合会、私人小区居家服务站联合会、联邦照护职业联合会、联邦保险人特约医师协会、私人健康保险联合会、跨地域社会救助主体联邦工作小组、与联邦同级的乡镇总会联合会、身心障碍者与照护需求者自助和利益许可的决定性组织。且应于决定前一定期限通知其对此重要的讯息，为其提供发表意见机会；决定内应包括其发表的意见。此准则须定时依医护专业发展而调整，并须获联邦健康部批准。对于联邦健康部的指摘，应于该期限内修正且排除瑕疵。此质量审查准则对健康保险医事服务中心和私人健康保险联合会审查服务协会具有拘束力。

第一百一十五条　质量审查结果

（一）健康保险医事服务中心、私人健康保险联合会审查服务协会与长期照护保险人邦联合会指定的专家应通知长期照护保险人邦联合会、社会救助主管主体、为履行法定任务而对机构式照护额外拥有监督权的养护之家监督机关及对主管居家照护的照护保险人每一质量审查结果与同时获得的数据和数据。此效力亦及于通过第一百一十四条第四项独立专家所执行的质量审查结果及健康保险医事服务中心的补充常规审查结果。如果对照护机构的听证或发表的意见等的了解，对作成第二项的决定具有重要作用，则长期照护保险人邦联合会有权亦有义务于获得照护机构主体与主体协会同意后，通知其第一与第二句已知的数据。审查者与资料的取得者对第三人负有保密义务；此效力不及于第一项质量审查结果公开的必要数据。

（一a）长期照护保险人邦联合会应保证，由照护机构所提供的给付与质量，尤其是关于结果质量与生活质量，应使照护需求者可理解、可对照及在网络上等适当方法，无偿公开。就此应依第一一四条第三与四项同等评价的审查结果，健康保险医事服务中心、私人康保险联合会审查服务协会应呈现；其得通过自其他程序里获得的由照护机构提供的给付与质量，特别是关于结果与生活质量等信息描述与补充。已取得和可取得的个人资料须保密。重复审查结果应反映最近情况。通过健康保险医事服务中心或私人康保险联合会审查服务协会最后审查日期、依评价顺序排列的审查结果与审查结果的摘要，应悬挂于照护机构明显处。此项包含评价顺序的公开准则，应通过联邦长期照护保险人总会、联邦等级照护机构主体联合会、跨地域性社会救助主体联邦工作小组与联邦乡镇总会联合会至 2008 年 9 月 30 日，在联邦健康保险人总会医事服务中心的参与下协商。亦应及早加入对照护需求者与身心障碍者的自助与利益的决定性批准组织、联邦等级的独立消费者组织与私人健康保险联合会。且应通知其对此重要的讯息，并于决定前一定合理期限内，提供其发表意见机会；决定内应包括该发表的意见。包含评价系统的公开准则的协商，应以进步的医学照护专业调整。如果合意无法在协商当事人提出商谈的书面要求起六个月内达成，任一协商当事人得依第一百一十三条的规定，请求仲裁。如果联邦长期照护保险人总会、联邦层级的照护机构主体会的多数决一致同意请求仲裁，则前述六个月期限不予计算。仲裁应于三个月内完成。

（一b）保险人邦联合会应确保，自 2014 年 1 月 1 日起，在网络上及以其他无偿方法以方便地方式，随时提供住院型照护机构对照护需求者及其家属根据第一一四条第一项关于医师、专科医师和牙医师的医疗照顾以及药品给付等数据。照护机构有义务将资料张贴于机构内的明显处。

（二）如果依本法审查确定质量有瑕疵，则长期照护保险人邦联合会在主管的社会救助主体的参与下，根据照护机构主体与参与的主体协会的听证，决定采取何种措施，并分配机构主体关于此项决定，以及确立其须同时于相当期限内将已知的瑕疵排除。如果已知的瑕疵未在期限内去除，长期照护保险人邦联合会得因第七十四条第二项的重大情节，共同解除第七十四条第一项的供给契约3 第七十三条第二项规定适用。

（三）如果照护机构全部或部分未履行其法定或契约上义务，特别是依供给契约应提供合乎质量给付的义务，则依第八章协商的照护支付费用须因违反义务而减少。关于减少额度应力求第八十五条第二项当事人间的意见一致。如果此一致性无法完成，则基于一方当事人申请第七十六条由主席与其他两位中立成员担任的仲裁决定。对第三句仲裁决定不服，应向社会法院提起救济；无须实行先行程序，该诉讼生延迟效果。此协商或确定的减少费用应由照护机构对照护需求者偿还其部分，对照护保险人则偿还其他部分；如果此照护支付费用由其他给付主体负担，则应对的偿还减少费用。此减少的支付费用，不得依第八章关于支付或报酬，重新募集。照护需求者依据其他规定的损害赔偿请求，不在此限；第五章第六十六条规定，适用。

（四）长期照护保险人有义务在住院型照护机构就严重、短期无法消除瑕疵的确认，基于申请，通知养护之家院民其他可承接的具完善照护、照顾与安全看视的适当的照护机构。主管的社会救助主体应参与社会救助受领人事务。

（五）如果健康保险医事服务中心或私人健康保险联合会审查服务协会证实小区型居家照护存有严重瑕疵，主管的照护保险人须基于健康保险医事服务中心或私人健康保险联合会审查服务协会的建议，暂时禁止照护服务站对照护需求者进行其他安全看视；第七十三条第二项，适用。照护保险人于此情形应通知照护需求者其他可承接照护的适当照护服务站；同时注意第二条第二项照护需求者的选择权。第四项适用。

（6）照护机构主体于第四、五项的情形，如果其应依民法第二百七十六条对瑕疵负责，则应对照护需求者承担责任，并负担费用主体将照护需求者转介至其他小区居家式或住宿式照护机构的费用。第三项第七句规定，不在此限。

第一百一十六条　费用规定（略）

第一百一十七条　与养护之家监督机关的合作

（1）长期照护保险人邦联合会与健康保险医事服务中心，以及私人健康保险联合会审查协会与依《疗养院法》有管辖权的监督机关，在机构的许可与审查上密切合作，以使其依本法与《疗养院法》规定，特别是：规律性相互的讯息与咨询，与对个案重要措施的相互理解。就此应保证，尽量避免双重审查。为实现此任务，长期照护保险人邦联合会与医事服务中心，及私人健康保险联合会审查协会有义务依《疗养院法》规定共同合作，且参与协商。

（2）长期照护保险人邦联合会与健康保险医事服务中心须与依《疗养院法》有管辖权的监督机关，须提出关于依本法与依《疗养院法》所进行的机构质量审查的协调方法。同时，办法的目的与期限得不受依第一百一十四条a第七项所定的准则与依第一百一十五条第一项a第六款所得出的全国性约定的约束。长期照护保险人及其协会就本法规定的照护、照顾与安全看视质量的内容确定、维护与审查所负的责任，不得通过与养护之家监督机关的合作缩小和扩大。

（3）为实现此密切合作，长期照护保险人邦联合会与健康保险医事服务中心及私人健康保险联合会审查协会有权亦有义务通知主管养护之家监督机关依本法所定的可使用的养护之家数据，尤其是其照护床数与照顾者（配置）的数量与种类、人员或事务性配备以及养护机构的给付与支付。个人资料在资料传输中应保密。

（4）如果达到依疗养院法规定监督法上措施的准备与执行属必要，则来自养护之家审查的知识，应由依本法执行质量审查的健康保险医事服务中心、私人健康保险联合会审查协会或其他专家立即通知主管的养护之家监督机关。第一百一十五条第一项第一句与第二句，不在此限。

（5）长期照护保险人与其联合会、健康保险医事服务中心与私人健康保险联合会审查协会负担，与《疗养院法》下的有管辖权的监督机关的共同合作所产生的费用。对养护之家监督机关与和其他由养护的家监督机关参与的单位或小组费用，不予许可。

（6）如果存在第八十二条第一项费用支付理由，则通过养护之家监督机关的要求而生的视情况所产生的增加或减少费用，在下一次可能的照护收费标准的协商，应予重视。契约当事人或第八十五条第二项的参与者，对该规章的异议或诉讼，不生延迟效果。

第一百一十九条　与非《疗养院法》适用范围的养护之家的疗养院契约

《疗养院法》关于疗养契约的规定，适用于经许可但未适用《疗养院法》的机构式照护机构主体与居住在其的照护需求者。

第一百二十条　居家照护的照护契约

（1）就居家照护，经认许的照护服务站最迟于照护需求者依其照护需求程度与种类提出首次的照护押金开始，应提供合乎照护需求者请求的照护与家务照料给付。照护服务站对于照护需求者基本状况改变，应立即通知主管的照护保险人。

（2）照护服务站应主管的照护保险人要求，应立即交付照护契约文本。在首次照护押金支付的两周内，照护需求者得不具理由与遵守期限，解除照护契约。如果其于首次照护押金提出后交出照护契约，则于契约交付时，第二期限开始进行。

（3）在该照护契约内，应至少说明包括与费用主体依第八十九条协商的就每项给付或每一整体给付个别的费用偿付给付种类、内容与范围。

（4）照护服务站就其照护与居家照护给付的费用偿付请求权，应直接向主管的照护保险人提出。如果照护需求者要求的第一给付高于照护保险人依给付法决定对其支付的最高费用，则照护服务站不得向照护需求者额外索取高于第八十九条协商的偿付费用部分。

附录 2　韩国老人长期照护保险法

2007 年 4 月 27 日制定　　2009 年 1 月 30 日修订

2009 年 3 月 18 日修订　　2009 年 5 月 21 日修订

2010 年 1 月 18 日修订　　2010 年 3 月 17 日修订

2011 年 6 月 7 日修订　　2011 年 12 月 31 日修订

2013 年 8 月 13 日修订　　2014 年 2 月 14 日施行

第一章　总则

第一条　目的

该法规定给因高龄或者老人性疾病等不能进行日常生活活动的老年人，提供长期照护服务有关事项，以帮助老年人健康、稳定地生活，进而减轻家人照护压力，提高民众生活质量。

第二条　定义

该法所使用的术语定义如下：

（一）"老年人"是指，65 岁以上的老年人或者具有失智症、脑血管疾病等按总统令规定的老人性疾病的 65 岁以下的人。

（二）"长期照护给付"是指，依据第十五条第 2 项，向被 NHIS 认定 6 个月以上自己不能进行日常生活活动的人，提供家务、日常活动的支持跟看护等服务或者现金。

（三）"长期照护事业"是指，以长期照护保险费和国家及地方政府税收为财源，把长期照护给付提供给老年人的事业。

（四）"长期照护机构"是指，依据第三十一条被指定的机构或者依据

224

第三十二条被指定的居家型长期照护机构等提供长期照护服务的机构。

（五）"长期照护服务员"是指，属于长期照护机构，将家务、日常生活支持等服务提供给老年人等的人。

第三条　提供长期照护给付的基本原则

长期照护给付应该考虑老年人的身心状态、生活环境和老年人及其家人的需求和选择，在所需的范围的内进行适合提供。

长期照护给付应优先提供老年人和其家人一起生活的居家型服务。

长期照护给付应连接医疗服务提供，以避免老年人的身心状态及健康恶化。

第四条　国家及地方政府的责任等

国家及地方政府推行必要措施，保障老年人的身心健康和进行日常生活活动（以下简称"老人性疾病预防事业"）。

国家应对地方政府推行老人性疾病预防事业所需要的费用或者依据《国民健康保险法》的国民健康保险公团（以下简称 NHIS）所需要的费用提供财政补贴。

国家及地方政府在考虑老年人人口总量、地区特点基础上扩充长期照护机构，以便提供长期照护服务。

国家及地方政府应向 NHIS 提供行政性或财政性援助，以保障长期照护服务顺利提供。

第五条　关于长期照护给付的国家政策方向

第六条　长期照护基本计划

第二章　长期照护保险

第七条　长期照护保险

第八条　长期照护保险费的征收

第九条　长期照护保险费的计算

第十条　对于身心障碍者等的长期照护保险费的减免

在《身心障碍者福利法》的身心障碍者或总统令指定者作为被保险人

及其其眷属时，无法被视为第五条第二项的受益人，NHIS 按照总统令的规定可以部分或者全部减免其长期照护保险费。

第十一条　加入长期照护保险的资格等

关于长期照护保险的承保、眷属条件，长期照护保险费等的缴交及收取等以《国民健康保险法》第五条、第六条、第八条至第十一条、第六十九条的第一项到第三项、第七十六条至第八十六条及第一百一十条适用。此时，保险费视为长期照护保险费，健康保险视为长期照护保险，被保险人视为长期照护被保险人。

第三章　长期照护认定

第十二条　申请长期照护认定的资格

可申请长期照护认定的老年人属于如下的其中一个项目：长期照护保险的被保险人或其眷属；依据《医疗救助法》第三条第一项的受益者（以下称"医疗救助受益者"）。

第十三条　申请长期照护认定

（一）要申请长期照护认定者，依据保健福祉部法令规定，向 NHIS 递交长期照护认定申请书（以下称"申请书"）与医师或者韩医师所核发的意见书（以下称"医师意见书"）。医师意见书需在 NHIS 依据第十五条第一项向长期照护需求认定委员会提出该资料的日期前提出。

（二）依据总统令，行动不便的人或因住在偏远地区而不容易去医疗机构者，不受第一项限制，可不提出医师意见书。

（三）医师意见书的报销费用、费用负担方法、报销范围及其他需要的事项由保健福祉部单独规定。

第十四条　长期照护认定评估

（一）依据第十三条第一项，当 NHIS 接受申请书时，按照保健福祉部令的规定派遣所属职员评估如下事项：申请人的身心状态；申请人需要的长期照护给付的种类及内容；以保健福祉部令为规定的其他与长期照护有关事项。

但是，因为偏远地区等原因而不容易直接访问评估者，须向市郡区要求替代评估或者一起评估。

（二）依据第一项进行评估的保险人应将评估日期、地点及评估者个人信息等事项先告知申请人。

（三）NHIS 或者依据第一项条款受到委托评估的市郡区，需在评估结束后立刻做成评估结果报告书。受委托评估的市郡区需立刻将评估结果报告书寄交给 NHIS。

第十五条　认定等级等

（一）依据第十四条评估结束后，NHIS 应该将评估结果报告书、申请书、医师意见书及其他所需要的数据向依据第五十二条设立的长期照护需求认定委员会（以下简称"认定委员会"）提供。

（二）当申请人满足第十二条的条件又被认为 6 个月以上不能一个人过日常生活时，按照身心状态及长期照护需求程度等总统令所规定的等级认定标准，认定委员会将其认定长期照护需求者（以下称"受益者"）。

（三）认定委员会，当依据第二项审议及认定时，须听取申请人、其家人及核发意见书的医师等关系人的意见。

第十六条　认定等级的期间

认定委员会从申请人提出申请日起 30 日内应该完成依据第十五条的长期照护需求认定。但由于需要精细评估等不得已的理由在期限内无法完成认定，可最长延长认定期限 30 日。

当认定委员会依据第一项延长长期照护需求审议及认定期限时，NHIS 应向申请人及其代理人通报其内容、事由及期限。

第十七条　长期照护认定书

在认定委员会完成审议及认定长期照护需求后，NHIS 应立刻将以下各项内容做成长期照护认定书寄给受益人：长期照护等级，长期照护给付的种类与内容，保健福祉部令规定的其他与长期照护给付有关事项。

在认定委员会完成审议及认定长期照护需求后，NHIS 应立刻向没有通过认定的申请人通报其内容及事由。此时，市郡区的首长可向 NHIS 要求通报该事项，受要求的 NHIS 应响应。

在依据第一项送交认定书时，NHIS 为了使申请者顺利使用长期照护服务，须依据第二十八条的月额度做成标准化长期照护利用计划书一起送交。

依据第一项及第三项，长期照护认定书及标准化长期照护利用计划书的制作方法以保健福祉部令为准。

第十八条　制作长期照护认定书时要考虑的项目

当 NHIS 依据第十七条第一项长期照护给付种类及内容制作长期照护认定书时，应该考虑如下各项：受益者的长期照护等级及生活环境，受益者跟其家人的需求及选择，若要使用机构照顾给付时，该机构的设备及现况。

第十九条　长期照护认定的有效期限

依据第十五条长期照护认定的有效期限应不低于 1 年，并以总统令为规定。

第一项有效期限的计算方法及其他需要的事项，以保健福祉部令为规定。

第二十条　长期照护认定的更新

依据第十九条受益者的认定有效期限到期的时候，受益者还可申请长期照护服务更新。

依据第一项更新申请期限未到期日前 30 日。

认定更新申请程序以第十二条到第十九条的规定为准。

第二十一条　长期照护等级的变更

若已受长期照护服务的受益者要变更长期照护等级及长期照护给付的种类跟内容，应向 NHIS 申请变更。

变更申请程序以第十二条到第十九条的规定为准。

第二十二条　代理申请长期照护认定

（一）长期照护需求者或者受益者由于身体上及精神上原因不能直接申请的，本人的家属、亲戚及其他利害关系人可以代理申请。

（二）依据《社会福利事业法》的社会福利公务员在管辖地区居民的长期照护认定上，受到本人及家人的同意后方可代理申请。

（三）若第一项及第二项长期照护需求者及受益者不能直接申请时，市郡区的首长所指定者可以代理申请。

（四）依据第一项到第三项的规定，所需要的事项以保健福祉部令为准。

第四章 长期照护给付的类型

第二十三条 长期照护给付的类型

（一）本法长期照护给付的类型如下：

（1）居家型给付

①居家访视：长期照护服务人员到需求者的家中提供身体活动及家事辅助服务。

②到宅沐浴：具备到宅沐浴设备的长期照护服务人员到需求者的家中提供沐浴服务。

③居家护理：具有护理师资格的长期照护服务人员依据医师的护理指示书到需求者的家提供护理服务、辅助诊疗、照护咨询及口腔卫生等服务。

④日夜间照顾：在长期照护机构中向受益者提供一天内数小时的身体活动辅助服务、维持及提高身心功能的训练。

⑤短期照顾：短期（该时间范围由保健福祉部另行制定）内在长期照护机构受到身体活动辅助服务、维持及提高身心功能的训练。

⑥其他居家型服务：向长期照护对象提供辅具或者提供其他复健类的辅导。

（2）机构型给付：长期入住在按照《老人福祉法》第三十四条设置的老人医疗福祉机构，受到身体活动辅助服务、维持及提高身心功能的训练。

（3）特殊现金给付：

①家属照护费：依据本法第二十四条规定。

②特例照护费：依据本法第二十五条规定。

③长期疗养医院看护费：依据本法第二十六条规定。

（二）依据第一项可提供长期照护给付的长期照护机构的范围、业务、维修训练等所需要的事项，以总统令为准。

（三）长期照护给付的提供基准、程序、方法、范围及其他所需要的事项，以保健福祉部令为准。

第二十四条　家属照护费

（一）属于如下项目的受益者从家属或其他人得到相当于第二十三条第一项的居家照护服务时，NHIS须依据总统令的标准将家属照护费支付给该受益者：保健福祉部公布的偏远地区、长期照护机构极为不足的地区的居住者；因自然灾害或相似原因而难以获得长期照护机构服务，经保健福祉部认可者；因身体、精神或个性等总统令规定的理由而一定要受到家属照护的人。

（二）依据第一项家属照护费的支付程序及其他所需要的事项，以保健福祉部令为规定。

第二十五条　特例照护费

受益者在非长期照护机构的其他老人照护机构，受到相当于居家型服务或机构型服务的给付时，NHIS须按照总统令的标准支付部分给付费用，作为特例给付。

依据第一项可提供长期照护给付的机构的范围、特例照护费的支付程序及其他所需要的事项，以保健福祉部令为准。

第二十六条　长期疗养医院看护费

受益者依据《医疗法》第三条第二项在长期疗养医院住院时，NHIS须依总统令的标准支付部分给付费用，作为长期疗养医院看护费。

依据第一项长期疗养医院看护费的支付程序及其他所需要的事项，以保健福祉部令为准。

第五章　长期照护给付的提供

第二十七条　提供长期照护给付的时期

受益者依据第十七条第一项的长期照护认定书到达日开始，即可受长期照护服务。

除第一项，无家人照料受益者或有总统令所规定的事由的时候，从申请书提出日起即可接受长期照护服务。

第二项的长期照护认定范围及程序等以总统令为准。

第二十八条　长期照护给付的每月限额

长期照护给付须在每月额度范围内提供。月额度依据长期照护等级及长期照护给付种类不同。

第一项的月额度计算标准、方法及其他需要的事项以保健福祉部令为准。

第二十九条　长期照护给付的限制

若已受长期照护服务的人或能受长期照护服务的人处于如下情况，NHIS应该停止或终止长期照护给付：用不当的方法得到长期照护认定时；故意发生事故或因受益者的犯法行为而得到长期照护认定时。

若已受长期照护服务的人没有恰当理由且不符合第六十条及第六十一条的要求或者拒绝响应时，NHIS可以停止一部分或者全部长期照护服务。

第三十条　长期照护给付的限制适用

对于欠缴保险费者将限制及停止长期照护服务利用，适用《国民健康保险法》第五十三条第一项、第二项至第六项及第五十四条。此时，被保险人为长期照护保险的被保险人，保险给付为长期照护保险给付。

第六章　长期照护机构

第三十一条　长期照护机构的指定

第三十二条　居家型长期照护机构的设置

第三十三条　长期照护机构设备及人力的变更

第三十四条　长期照护机构信息的指南

第三十五条　长期照护机构的义务

第三十六条　长期照护机构废业的申报

第三十七条　长期照护机构指定的取消

第七章　居家型及机构型给付费用

第三十八条　居家型及机构型给付费用的申报及支付

第三十九条　居家型及机构型给付费用的计算

第四十条　本人部分负担费用

居家型服务及机构型服务的费用，受益者自己负担如下：居家型为当次长期照护服务费用的15%；机构型为当次长期照护服务费用的20%。

但属于《国民基础生活保障法》的受益者，不在此限。

如下情形发生的费用，受益者负担全部：不属于该法所规定的给付范围及对象的长期照护服务；当受益者享受长期照护服务与第十七条第一项长期照护认定书所记载的内容不一样时，其差额部分；超过第二十八条的长期照护给付每月限额的服务。

如果属于如下情形之一，减少本人部分负担的50%：《医疗救助法》第三条第一项到第九项所规定的受益者；所得、财产等在保健福祉部长所规定的额度以下者。但是对于居住在偏远、农渔村地区者，其金额可以另行决定；因为天灾等保健福祉部令所规定的事由，生活有困难者。

对于第一项到第三项规定的本人部分负担的计算方法、减少程序及减少方法等所需要的事项，以保健福祉部令为准。

第四十一条　对于家人等所提供的照护的补偿

如果受益者受到保健福祉部长所规定的金额以下的长期照护服务，又受到家人等所提供的长期照护服务（相当于第二十三条第一项的居家护理服务），NHIS按照保健福祉部令的规定可以减免一部分本人自付部分。

对于第一项本人部分负担的减免方法等所需要的事项，以保健福祉部令为准。

第四十二条　居家护理指示书等的费用计算

第四十三条　不当利益的收回

第四十四条　索赔权

第八章 长期照护委员会

第四十五条 长期照护委员会的设置及功能

保健福祉部须设置长期照护委员会以审议如下各事项：第九条第二项的长期照护保险费率；第二十四条到第二十六条的家属照护费、特例照护费及长期照护医院看护费的支付标准；第三十九条的居家型及机构型服务费用；其他以总统令为准的主要事项。

第四十六条 长期照护委员会的组成

长期照护委员会的组成包括组长 1 人、副组长 1 人，16 人以上 22 人以下的委员。

除组长之外的委员由保健福祉部长任命，主要源自如下类型：劳动者团体、雇用者团体、非营利组织（指《非营利民间团体支持法》第二条所提到的非营利、非政府组织）的代表、老人团体、农渔民团体或者自营业者团体的代表；长期照护机构或者医疗界的代表；总统令所规定的政府机构的高层公务员、代表长期照护有关学界的代表或者 NHIS 理事长的推荐者；由保健福祉部次长任命组长，组长在委员中指定副组长；长期照护委员会委员任期 3 年。但如果委员是公务员，他的任期与在任期间相同。

第四十七条 长期照护委员会的运作

长期照护委员会的会议以过半人数的出席开会，以出席人数过半数同意表决。

长期照护委员会为了有效运作，须依据各事务设置任务委员会。

除了该法规定以外，长期照护委员会的组成、运作及其他需要的事项以总统令为准。

第九章 管理运营机构

第四十八条 管理运营机构等

（一）NHIS 为长期照护事业的管理运营机关。

（二）NHIS 管理下列事项：被保险人、眷属及医疗救助的收益者的承保管理；长期照护保险费的计算及征收；对申请人的调查；等级认定委员会的运营及判定对象的等级；长期照护认定书的制作及标准长期照护给付利用计划书的提供；长期照护给付的管理及评估；向受益者提供相关信息、辅导、咨询等长期照护给付相关的支持；居家型及机构型给付费用的审查及支付、特殊现金给付的支付；机构所提供的长期照护给付内容的确认；与长期照护事业相关的调查、研究及宣传；老人疾病的预防事业；依照本法的不当给付的收回；设置长期照护给付提供标准以及审查给付的合理性；保健福祉部部长委托的其他与长期照护事业有关业务。

（三）NHIS 设置第二项的长期照护机构。

（四）依照《国民健康保险法》第十七条公团章程应包括下列事项：长期照护保险费，长期照护保险给付，长期照护事业的预算及决算，其他以总统令为规定的事项。

第四十九条　NHIS 的长期照护事业组织等

NHIS 依照《国民健康保险法》第二十九条规定与 NHIS 组织有关事项时，执行长期照护事业的组织与执行健康保险的组织应该分开安排。但是，与第四十八条第二项的承保、保险费计算及征收有关业务不受此限。

第五十条　长期照护事业的会计

（一）NHIS 针对长期照护事业应该设置及运作独立会计。

（二）NHIS 长期照护事业中应将长期照护保险费和国家及地方政府的财政补贴分开来运作。但是，行政管理费用无需分开。

第五十一条　关于权限的委任等的适用

依据本法的理事长权限的委任及准备金以《国民健康保险法》第三十二条及第三十八条为准。此时，保险给付为长期照护保险给付。

第五十二条　设置长期照护需求认定委员会

（一）NHIS 为了判定长期照护需求等级须设置长期照护需求认定委员会。

（二）认定委员会以市郡区为基准单位设置。但是，考虑人口数等，可以一个市郡区单位设置两个以上认定委员会或者两个以上市郡区单位设置一个认定委员会。

（三）认定委员会有 15 名委员，包括组长。

（四）NHIS 理事长从以下各项中委任认定委员会委员：依据《医疗法》的医疗人员；依据《社会福利事业法》的社会工作者；市郡区的公务员；其他跟法律学及长期照护相关专业及经验丰富的人。

其中 7 名委员由市郡区首长推荐，至少包括一名医师或者韩医师。

（五）认定委员会的委员任期为 3 年。但当委员是公务员时，其任期为在任期间。

第五十三条　认定委员会的运作

（一）认定委员会的委员长由市郡区首长委任。此时，依据第五十二条第二项在两个以上市郡区单位设置一个认定委员会时，由市郡区的首长共同委任。

（二）认定委员会的会议应有过半人数以上出席才能开议，经出席委员过半人数以上赞成才决议。

（三）除本法规定以外，认定委员会的构成、运作及其他需要的事项以总统令为准。

第五十四条　长期照护给付的监督与评估

NHIS 应持续监督评估长期照护机构所提供的给付内容，努力提高长期照护给付的品质。

NHIS 按照第二十三条第三项的长期照护给付提供基准、程序、方法等评估长期照护机构所提供的给付内容后，应公开其结果或者做所需要的措施。

依照第二项的评估方法、评估结果公开方法及其他所需要的事项，以保健福祉部令为准。

第十章　异议申请与审查请求

第五十五条　异议申请

（一）对与长期照护判定、等级、给付、给付费用、不当给付及长期照护保险费等有关的 NHIS 处理有异议者，可向 NHIS 提出异议申请。

（二）依照第一项的异议申请，应该从处置日起 90 日内以文件形式提出。但是，提供无法在期限内申请的适当理由的证明时不在此限。

（三）NHIS 应组成长期照护审查委员会，由委员会依照第一项的异议申请个案审议。

（四）依照第三项的长期照护审查委员会的构成、运营、委员任期及其他所需要事项，以总统令为准。

第五十六条　审查请求

（一）对于依照第五十五条异议申请结果不服的人，从处置日起 90 日内向长期照护审判委员会（以下称为审判委员会）提出审查请求。

（二）审判委员会属于保健福祉部，包括 1 位组长，以及 20 名以内的委员组成。

（三）审判委员会的委员由保健福祉部部长任选，以相关公务员或在法学及其他与长期照护事业有关的领域有丰富经验及学问的人中选任。

（四）审判委员会的构成、运营、委员的任期及其他所需要事项，以总统令为准。

第五十七条　行政诉讼

对于 NHIS 的处分有异议者、依照第五十五条的异议申请结果不服者及依照第五十六条的审查请求结果不服者，依照《行政诉讼法》可提出行政诉讼。

第十一章　补则

第五十八条　国家的负担

第五十九条　电子文件的使用

第六十条　资料的提出

第六十一条　报告及检查

第六十二条　禁止泄漏秘密

第六十三条　听证

第十二章　罚则

参考文献

一、中文文献

1.王新军、郑超.老年人健康与长期护理的实证分析［J］.山东大学学报（哲学社会科学版），2014（3）.

2.吕国营、韩丽.中国长期护理保险的制度选择［J］.财政研究，2014（8）.

3.景跃军、李元.中国失能老年人构成及长期护理需求分析［J］.人口学刊，2014（2）.

4.黄匡时、陆杰华.中国老年人平均预期照料时间研究——基于生命表的考察［J］.中国人口科学，2014（4）.

5.荆涛等.影响我国长期护理保险需求的实证分析［J］.北京工商大学学报（社会科学版），2011（6）.

6.戴卫东.台湾地区人口老龄化下长期护理政策及走向［J］.人口学刊，2011（4）.

7.曾毅等.老年人口家庭、健康与照料需求成本研究［M］.北京：科学出版社，2010.

8.张盈华.老年长期照护：制度选择与国际比较［J］.北京：经济管理出版社，2015.

9.魏华林、何玉东.中国长期护理保险市场潜力研究［J］.保险研究，2012（7）.

10.荆涛、谢远涛.我国长期护理保险制度运行模式的微观分析［J］.保险研究，2014（5）.

11. 戴卫东. 中国长期护理保险制度构建研究 ［M］. 北京：人民出版社，2012.

12. 卫生部统计信息中心. 2008 中国卫生服务调查研究 ［R］. 北京：中国协和医科大学出版社，2009：107.

13. 王晶、张立龙. 老年长期照护体制比较——关于家庭、市场和政府责任的反思 ［J］. 浙江社会科学，2015（8）.

14. 高春兰、班娟. 日本和韩国老年长期护理保险制度比较研究 ［J］. 人口与经济，2013（3）.

15. 辜胜阻. 中美老年人生活功能丧失问题的比较研究 ［J］. 中国人口科学，1988（6）.

16. 郝君富、李心愉. 德国长期护理保险：制度设计、经济影响与启示 ［J］. 人口学刊，1988（2）.

17. 舍曼·富兰德等. 卫生经济学第六版 ［M］. 北京：中国人民大学出版社，2011.

18. 杜鹏、谢立黎. 以社会可持续发展战略应对人口老龄化——芬兰老龄政策的经验及启示 ［J］. 人口学刊，2013（6）.

19. 牛越博文. 照护保险 ［M］. 日本：日本经济新闻出版社，2012.

20. 姜向群、杜鹏. 中国人口老龄化和老龄事业发展报告 ［M］. 北京：中国人民大学出版社，2013.

21. 杨燕绥. 中国老龄社会与养老保障发展报告 ［M］. 北京：清华大学出版社，2014.

22. 陈雪萍. 以社区为基础的老年人长期照护体系构建 ［M］. 浙江：浙江大学出版社，2011.

23. 蓝淑慧等. 老年人护理与护理保险 ［M］. 上海：上海社会科学院出版社，2010.

24. 刘金涛. 老年人长期照护保险制度研究 ［M］. 北京：科学出版社，2014.

25. 杨翠迎、郭光芝. 澳大利亚社会保障制度 ［M］. 上海：上海人民出版社，2012.

26. 戴卫东. 长期护理保险：理论、制度、改革与发展 ［M］. 北京：经济科学出版社，2014.

27. 住居广士主编，张天民等译.日本照护保险［M］.北京：中国劳动社会保障出版社，2009.

28. 王志红.老年护理学［M］.上海：上海科学技术出版社，2004.

29. 蔡林海.老化预防老年康复与居家养老［M］.上海：上海科技教育出版社，2012.

30. 施巍巍.发达国家老年人长期照护制度研究［M］.知识产权出版社，2012.

31. ［美］Gilbert. N. 和 Terrell. P.，黄晨曦等译.社会福利政策导论［M］.上海华东理工大学出版社，2003.

32. 彭华民等著.西方社会福利理论前沿［M］.北京：中国社会出版社，2009.

33. 裴晓梅、房莉杰.老年长期照护导论［M］.北京：社会科学文献出版社，2010.

34. 王莉莉.老年人健康自评和生活自理能力［M］.北京：中国社会出版社，2009.

35. 姚玲珍.德国社会保障制度［M］.上海：上海人民出版社，2011.

36. 王海霞.老年护理学［M］.上海：同济大学出版社，2012.

37. 谢美娥.老人长期照护的相关论题［M］.台湾：桂冠图书股份有限公司，1993.

38. 彭华民等.西方社会福利理论前沿［M］.北京：中国社会出版社，2009.

39. 何玉东、孙提溪.美国长期护理保障制度改革及其对我国的启示［J］.保险研究，2011（10）.

40. 陶建国.韩国老人长期看护保险法评介［J］.保险研究，2009（2）.

41. 何林广、陈滔.德国强制性长期护理保险概述及启示［J］.软科学，2006（5）.

42. 翟绍果、郭锦龙.老年人长期照护服务的需求意愿分析及对策建议［J］.老龄科学研究，2013（5）.

43. 曹艳春等.中国农村老年人长期照护意愿及其影响因素［J］.大连

理工大学学报，2014（1）.

44.曹艳春、王建云.老年长期照护研究综述［J］.社会保障研究，2013（3）.

45.尹尚菁、杜鹏.老年人长期照护需求现状及趋势研究［J］.人口学刊，2012（2）.

46.黄俊辉、李放、赵光.农村社会养老服务需求评估［J］.中国农村观察，2014（4）.

47.曾卫红等.贫困山区农村老年人长期照护需求的实证研究［J］.西安交通大学学报（社科版），2014（7）.

48.田北海、王彩云.城乡老年人社会养老服务需求特征及其影响因素［J］.中国农村观察，2014（4）.

49.周春山、李一璇.发达国家（地区）长期照护服务体系模式及对中国的启示［J］.社会保障研究，2015（2）.

50.席恒、丁一、翟绍果.物联网应用于失能老人长期照护体系的模式探讨［J］.山东社会科学，2014（11）.

51.吕学静、丁一.国外老年人长期照护制度研究述评［J］.山西师大学报（社会科学版），2014（1）.

52.霍普金斯等.21世纪初的社会保障［M］.侯宝琴，译.北京：中国劳动社会保障出版社，2004.

53.田杨.日韩老年长期照护保险政策对我国的启示［J］.老龄科学研究，2014（1）.

54.张小娟、朱坤.日本长期照护政策及对我国的启示［J］.中国卫生政策研究，2014（4）.

55.李明、李士雪.中国失能老年人口长期照护服务体系的发展策略［J］.山东社会科学，2014（5）.

56.杨团.以家庭为本、社区服务为基础的长期照护政策探索［J］.学习与实践，2014（6）.

57.方黎明.台湾失能老人长期照护政策的变革及启示［J］.台湾研究，2013（2）.

58.杨楠、胡守忠、贾萍.国外长期照护保险计划比较分析——以德国、

日本为例 [J].劳动保障世界（理论版），2013（2）.

59.刘晓雪.建立适合中国国情的长期照护服务制度 [J].社会福利（理论版），2013（1）.

60.施巍巍.发达国家破解老年长期照护难点带给我们的启示 [J].西北人口，2013（4）.

61.肖云、王冰燕.中国建立长期照护保险的必要性与路径 [J].社会福利（理论版），2013（6）.

62.姜日进、林君丽、马青.我国建立社会长期照护保险的可行性分析 [J].中国医疗保险，2013（7）.

63.李明、李士雪.福利多元主义视角下老年长期照护服务体系的构建 [J].东岳论丛，2013（4）.

64.尹尚箐、杜鹏.老年人长期照护需求现状及趋势研究 [J].人口学刊，2012（2）.

65.尹尚箐.老年人长期照护社会化服务收费现状分析 [J].经济研究导刊，2011（24）.

66.郑功成.中国社会福利的现状与发展取向 [J].中国人民大学学报，2013（2）.

67.高春兰.日本和韩国老年人长期护理保险制度的政策环境比较研究 [J].长春工业大学学报（社会科学版），2012（5）.

68.魏华林、何玉东.中国长期护理保险市场潜力研究 [J].保险研究，2012（7）.

69.穆光宗.人口生态重建 [M].北京：中国科学技术出版社，2016.

70.日本介护工作研究所.日本介护保险 [M].张天民，刘序坤，吉见弘，译.北京：中国劳动社会保障出版社，2009.

二、英文文献

1.Götting U.，Haug K.，Hinrichs K. The Long Road to Long-term Care Insurance in Germany [J].Journal of Public Policy 1994.14（3）：285-309.

2.Cuellar A. E.，Wiener J. M. Can Social Insurance for Long-term Care

Work? The Experience of Germany. [J]. Health Affairs 2000, 19 (3): 8-25. am

3. Geraedts M., Heller G. V., Harrington C. A. Germany's Long-Term-Care Insurance: Putting A Social Insurance Modelinto Practice [J]. The Milbank Quarterly 2000, 78 (3): 375-401.

4. Harrington C. A., Geraedts M., Heller G. V.. Germany's Long Term Care Insurance Model: Lessons for the United States [J]. Journal of Public Health Policy 2002, 23 (1): 44-65.

5. Statistisches Bundesamt (Federal Statistics Office). Pflegestatistik [R]. Wiesbaden: Statistisches Bundesamt, 2009.

6. Campbell J. C., Lkegami N., Gibson M. J.. Lessons From Public Long-term Care Insurance in Germany and Japan [J]. Health Affairs 2010, 29 (1): 87-95.

7. Bundesministerium für Gesundheit (Federal Ministry of Health). Zahlen und Fakten zur Pflegeversicherung [R]. Bonn: Bundesministerium für Gesundheit. 2000.

8. Bundesministerium für Gesundheit (Federal Ministry of Health). Selected Facts and Figures about Long-Term Care In-surance [EB/OL]. http://www.bmg.bund.de/ministerium/english-version/long-term-care/article-long-term-care.html, 2013.

9. Schölkopf M., Die Altenpflege und die Daten. Zur quantitativen Entwicklung der Versorgung pflegebedürftiger Men-schen [J]. Sozialer Fortschritt 1998, 47 (1): 1-9.

10. Colombo F., Llena-Nozal A., Mercier J., Tjadens F. Help wanted? Providing and paying for long-term care [M]. OECD Publishing 2011.

11. Engelhardt G. V., Greenhalgh-Stanley N. Home health care and the housing and living arrangements of the elderly [J]. J. Urban Econ. 2010, 67, 226-238.

12. GAO. Long-Term Care Financing: Growing Demand and Cost of Services are Straining Federal and State Budgets [M]. U. S. Government Accountabil-

ity Office 2005.

13. Golberstein E. , Grabowski D. , Langa K. , Chernew M. Effect of medicare home health care payment on informal care [J]. Inquiry 2009, 46, 58-71.

14. Lee, D. S. 2008. "Randomized experiments from non-random selection in us house elections. " J. Econ. 142, 675-697.

15. Lee D. S. , Lemieux T. Regression discontinuity designs in economics [J]. J. Econ. Lit. 2010, 48, 281-355.

16. Lo Sasso A. , Johnson R. Does informal care from adult children reduce nursing home admissions for the elderly? [J]. Inquiry 2002, 39, 279-297.

17. McKnight R. Home care reimbursement, long-term care utilization, and health Outcomes [J]. . " J. Public Econ. 2006, 90, 293-323.

18. Orsini C. Changing the way the elderly live: evidence from the home health care market in the United States [J]. J. Public Econ. 2010, 94, 142-152.

19. Pezzin L. , Kemper P. , Reschovsky J. Does publicly provided home care substitute for family care? Experimental evidence with endogenous living arrangements [J]. Hum. Resour. 1996, 31, 650-676.

20. Seok J. E. Public long-term care insurance for the elderly in Korea: design, characteristics, and tasks [J]. Soc. Work Public Health 2010, 25, 185-209.

21. Urquiola M. , Verhoogen E. Class-size caps, sorting, and the regressiondiscontinuity design [J]. Am. Econ. Rev. 2009, 99, 179-215.

22. Van Houtven C. , Norton E. Informal care and health care use of older adults [J]. J. Health Econ. 2004, 23, 1159-1180.

23. Ward D. , Drahota A. , Gal D. , Severs M. , Dean T. P. "Care home versus hospital and own home environments for rehabilitation of older people [J]. Cochrane Database Syst. Rev. 2008, 4, CD003164.

24. Organization for Economic Co-operation Development (OECD). OECD economic surveys Korea, Paris. http: //www. oecd. org/korea; 2012 [accessed15. 10. 12].

25. Organization for Economic Co-operation Development (OECD). Doing better for families: chapter1. Families are changing, Paris. http://www.oecd.org/social/family/doingbetter; 2012 [accessed15.10.12].

26. KwonH. Population change and development in Korea. http://asiasociety.org/countries/population-changeanddevelopment-korea; 2012 [accessed15.10.12].

27. Organization for Economic Co-operation Development (OECD). Help wanted? Providing and paying for long-term care. http://www.oecd.org/health/longtermcare/helpwanted; 2012 [accessed 15.10.12].

28. Korea National Health Insurance Corporation (NHIC). Long-term care insurance. http://www.longtermcare.or.kr/portal/longtermcare/main.jsp; 2012 [accessed15.10.12].

29. Korea National Health Insurance Corporation (NHIC). Long-term care statistics 2011. http://www.nhic.or.kr/portal/site/main/MENU WBD-DG0211; 2012 [accessed15.10.12].

30. KimEY, NamES, ChaeYR, LeeHK. Factors affecting the elderly's preference for utilization of long-term care services based on and ersen's behavioral model [J]. Journal of the Korean Geron to logical Society 2008, 28: 585-602.

31. LeeMA. Factors affecting older persons' expectations of using Institutions [J]. Journal of Welfare for the Aged. 2005, 27: 29-47.

32. LeeYK. Determinants of long-term care service use by elderly [J]. Journal of the Korean Geron to logical Society. 2009, 29: 917-33.

33. LimJG. A study on factors of elderly residential care service utilization for using decision tree regression [J]. Korean Journal of Social Welfare. 2008, 60: 129-50.

34. FriedmanSM, SteinwachsDM, RathouzPJ, BurtonLC, MukamelDB. Characteristics predicting nursing home admission in the program of all inclusive care for elderly people [J]. The Geron to logist. 2005, 45 (2): 157-66.

35. MartikainenP, MoustgaardH, MurphyM, EinioEK, KoskinenS, Martelin

T, etal. Gender living arrangements, and social circumstances as determinants of entry into and exit from long-term institutional care at older ages: a6-year follow-up study of older Finns [J]. The Geron to logist. 2009, 49 (1): 34-45.

36. Brodsky J. Jack Habib J., Mizrahi I. Long-Term Care Laws in Five Developed Countries: Austria, Germany, The Netherlands, Japan and Israel [J]. Social Security. 2001 (60): 46-89.

37. Brodsky J., Jack Habib J., Mizrahi I. Long-Term Care Laws in five developed countries: A review [M]. World health organization, Gevena, Switzerland, 2000: 41.

38. Bishop C E, Squillace M R, Meagher J, et al. Nursing Home Work Practices and Nursing Assistants' Job Satisfaction [J]. The Gerontologist 2009. (5): 611-622.

39. Colombo F, Ana L, Jerome M, et al. Help Wanted: Providing and Paying for Long-Term Care. OECD Publishing2011.

40. Cummings G, Macgregor T, Davey M, et al. Leadership Styles and Outcome Patterns for the Nursing Workforce and Work Environment: A Systematic Review [J]. International Journal of Nursing Studies. 2010 (3): 363-385.

41. Cantor M H. Neighbors and Friends An Overlooked Resource in the Informal Support System [J]. Research on Aging, 1979 (4).

42. Cantor, M. H. Family and Community Support Systems of Older New Yorkers [J]. Growing Older in New York City in the 1990s, 1993 (5).

43. Dill J S, Craft Morgan J, Konrad T R. Strengthening the Long-Term Care Workforce: the Influence of the Win a Step Up Workplace Intervention On the Turnover of Direct Care Workers [J]. Journal of Applied Gerontology, 2010 (2): 196-214.

44. Donoghue C. Nursing Home Staff Turnover and Retention: an Analysis of National Level Data [J]. Journal of Applied Gerontology, 2010 (1): 89-106.

45. Donoghue C, Castle N G. Leadership Styles of Nursing Home Administrators and their Association with Staff Turnover [J]. The Gerontologist, 2009 (2): 166-174.

46. Engberg J, Castle N, Hunter S, et al. National Evaluation of the Demonstration to Improve the Recruitment and Retention of the Direct Service Community Workforce. RAND Corporation. 2009.

47. Haesler E, Bauer M, Nay R. Recent Evidence On the Development and Maintenance of Constructive Staff-Family Relationships in the Care of Older People-a Report On a Systematic Review Update [J]. International Journal of Evidence-Based Healthcare, 2010（2）: 45-74.

48. Health Insurance Association of America. Long-Term Care: Knowing the Risk, Paying the Price [J]. Washington, DC: Health Insurance Association of America. 1997.

49. Herrick C M, Ainsworth A D. Invest in Yourself: Yoga as a Self-care Strategy [M]. Nursing Forum. Blackwell Publishing Ltd. 2000.

50. Hyler, S. E. Rieder, R. O. , Williams, J. B. W. 1988. "The personality diagnostic questionnaire: development and preliminary results. " Journal of Personality Disorders 2: 229-237.

51. Health Insurance Association of America. Long-Term Care: Knowing the Risk, Paying the Price [M]. Washington, DC: Health Insurance Association of America. 1997.

52. Ikegami N, Campbell J C. Japan's Health Care System: Containing Costs and Attempting Reform [J]. Health Affairs, 2004（4）.

53. K. Liu, K. G. Manton, C. Aragon. Changes in home care use by disabled elderly persons: 1982－1994 [J]. Journals of Gerontology. Series B: Psychological Sciences & Social Sciences, [J].2001, 55（4）: S245-253.

54. Kemper P. Long-term Care Research and Policy [J]. The Gerontologist, 2003（43）.

55. Katz, S. Ford, A. B. Moskowitz, R. W. Studies of illness in the aged. The index of ADL: A standardized measure of biological and psychosocial function [J]. Journal of American Medical Association, 1963, 185: 914-919.

56. Lipson D, Fielding J, Kiefer K, et al. Recent Findings on Frontline Long-term Care Workers: A Research Synthesis in 1999－2003. US Department

of Health and Human Services.

57. M. A. J. Aniel Judd, David Kim. Infections Following Arthroscopic Anterior Cruciate Ligament Reconstruction [J]. The Journal of Arthroscopic and Related Surgery, 2006 (4).

58. Mui A C. Rurnette D. Long-term care services used by frail elders: Is ethnicity a factor? [J]. The Gerontologist 1994, 34 (2): 190-198.

59. Powers ET, Powers NJ. Causes of Caregiver Turnover and the Potential Effectiveness of Wage Subsidies for Solving the Long-Term Care Workforce crisis [J]. The BE Journal of Economic Analysis & Policy, 2010 (10): 1682-1935.

60. Politzer R M, Yoon J, Shi L, et al. Inequality in America: the Contribution of Health Centers in Reducing and Eliminating Disparities in Access to Care [J]. Medical Care Research and Review, 2001 (2).

61. Pfau Effinger B. Welfare State Policies and the Development of Care Arrangements [J]. European Societies, 2005 (2).

62. R H Binstock, W D Spector. Five Priority Areas for Research on Long-term Care [J]. Health Services Research, 1997 (5).

63. Russell, Sarah. Policy and Non-cancer Palliative Care [J]. Practice Nurse, 2008 (5).

64. Simon-Rusinowitz L, Loughlin D M, Chan R, et al. Expanding the Consumer-Directed Workforce by Attracting and Retaining Unaffiliated Workers [J]. Care Management Journals, 2010 (2): 74-82.

65. Rothgang, H. Theorie und Empirie der Pflegeversicherung [M]. Berlin: LIT Verlag, 2009.